Il complesso monumentale di *Baitokaike* (Hoson Sulaiman – Siria)

Tarek Ahmad

Archaeopress Roman Archaeology 34

Archaeopress Publishing Ltd
Gordon House
276 Banbury Road
Oxford OX2 7ED

www.archaeopress.com

ISBN 978 1 78491 774 6
ISBN 978 1 78491 775 3 (e-Pdf)

© Archaeopress and Tarek Ahmad 2018

All rights reserved. No part of this book may be reproduced, in any form or by any means, electronic, mechanical, photocopying or otherwise, without the prior written permission of the copyright owners.

Printed in England by Oxuniprint, Oxford
This book is available direct from Archaeopress or from our website www.archaeopress.com

Per la Pace nell'amata Siria

Sommario

Indici figure iii

Ringraziamenti v

Premessa vi

Capitolo 1. Analisi architettonica e funzionale 1

1.1. Il santuario di Zeus 2

1.2. Il complesso minore (il *Dayr*) 25

1.3. Apparato figurativo 31

Capitolo 2. Analisi cronologica 39

2.1. Il periodo ellenistico 39

2.2. Lo sviluppo architettonico in epoca romana 40

2.3. La cronologia degli altri edifici legati al culto 45

2.4. Il mercato 47

2.5. Il declino del paganesimo e la trasformazione del sito in epoca cristiana 48

Capitolo 3. La fondazione del luogo di culto a *Baitokaike* 49

Capitolo 4. I privilegi del santuario 51

4.1. Cronologia dei documenti 51

4.2. I privilegi di *Baitokaike* 54

Capitolo 5. Il territorio sacro di *Baitokaike* 56

5.1. L'antico villaggio di *Baitokaike* 56

5.2. Il territorio *Baitokaike* nel periodo ellenistico 57

5.3. Il territorio di *Baitokaike* nel periodo romano 59

5.4. La gestione del santuario di *Baitokaike* 60

Capitolo 6. Il culto di Zeus a *Baitokaike* 61

6.1. Zeus/Baal-Šamên 61

6.2. Metodi di divinizzazione 61

6.3. Il clero del santuario 64

Conclusioni 66

Appendice I. Iscrizioni greco-romane 68

Appendice II. Monete di *Baitokaike* 81

Appendice III. Elenco dei materiali archeologici scelti 92

Bibliografia Generale 103

Abstract 112

Indici figure

Fig. 1: Mappa semplice dell'area del *Bargylus*. la costa siriana 1
Fig. 2: Foto d'aereo del sito di *Baitokaike* (Hoson Sulaiman), veduta da sud 3
Fig. 3: Veduta generale del sito da nord-ovest 3
Fig. 4: Mappa generale del sito di *Baitokaike* (Hoson Sulaiman) con i sondaggi effettuati nel 2003 e nel 2004 4
Fig. 5: Il muro settentrionale, il santuario di *Baitokaike* 5
Fig. 6: Il muro meridionale, il santuario di *Baitokaike* 5
Fig. 7: Il muro Occidentale (porta ovest e ninfeo), il santuario di *Baitokaike* 6
Fig. 8: Il ninfeo, veduta da ovest, il santuario di *Baitokaike* 7
Fig. 9: Dettaglio del raddoppiamento del muro, ninfeo, il santuario di *Baitokaike* 7
Fig. 10: Nicchia sul lato interno, ninfeo, il santuario di *Baitokaike* 8
Fig. 11: Il propileo, il santuario di *Baitokaike* 9
Fig. 12: Pianta del propileo, il santuario di *Baitokaike* 9
Fig. 13: Capitello corinzio, portico interno del propileo, il santuario a *Baitokaike* 10
Fig. 14: Capitello composito, portico esterno del propileo, il santuario di *Baitokaike* 10
Fig. 15: Soffitto di architrave, portico esterno del propileo, il santuario di *Baitokaike* 11
Fig. 16: Cornice di architrave, portico esterno del propileo, il santuario di *Baitokaike* 11
Fig. 17: Porta orientale, il santuario di *Baitokaike* 13
Fig. 18: Pianta della porta orientale, il santuario di *Baitokaike* 13
Fig. 19: Porta meridionale, il santuario di *Baitokaike* 14
Fig. 20: Pavimento antistante la cella, il santuario di *Baitokaike* 15
Fig. 21: Altare-torre, veduta da ovest, temenos, il santuario di *Baitokaike* 16
Fig. 22: Scalinata antistante l'area dell'altare-torre, veduta da ovest, il santuario di *Baitokaike* 16
Fig. 23: Cella, veduta da nord, il santuario di *Baitokaike* 17
Fig. 24: Pianta della cella, il santuario di *Baitokaike* 18
Fig. 25: Disegno capitello ionico e base di colonna, cella, il santuario di *Baitokaike* 19
Fig. 26: Apertura della *krypta,* cella, il santuario di *Baitokaike* 20
Fig. 27: Disegno della *krypta*, cella, il santuario di *Baitokaike* 20
Fig. 28: Edicola, veduta da ovest, il santuario di *Baitokaike* 22
Fig. 29: Sacello, veduta da ovest, il santuario a *Baitokaike* 23
Fig. 30: Disegno del sacello, il santuario a *Baitokaike* 23
Fig. 31: Disegno della facciata meridionale del sacello, il santuario di *Baitokaike* 24
Fig. 32: Contrappeso, sacello, il santuario di *Baitokaike* 25
Fig. 33: Facciata sud del complesso minore a *Baitokaike* 26
Fig. 34: Architrave di finestra, facciata meridionale del complesso minore a *Baitokaike* 26
Fig. 35: Pianta del sondaggio T.15, il complesso minore di *Baitokaike* 27
Fig. 36: Esedra, il complesso minore di *Baitokaike* 27
Fig. 37: Pianta dell'Esedra, piccolo complesso a *Baitokaike* 28
Fig. 38: Tempio in antis, il complesso minore di *Baitokaike* 29
Fig. 39: Bassorilievo di aquila, soffitto dell'architrave, porta occidentale, il santuario di *Baitokaike* 31
Fig. 40: Altorilievo di leone muro settentrionale, il santuario di *Baitokaike* 33
Fig. 41: Altorilievo di leone muro settentrionale, il santuario di *Baitokaike* 33
Fig. 42: Altorilievo di testa leonina, timpano della cella, il santuario di *Baitokaike* 34
Fig. 43: Altorilievo di Vittoria sul lato esterno dell'architrave, porta orientale, il santuario di *Baitokaike* 35
Fig. 44: Altorilievo maschile sul lato interno dell'architrave, porta orientale, il santuario di *Baitokaike* 35
Fig. 45: Altorilievo di sacerdote, propileo, il santuario di *Baitokaike* 36
Fig. 46: Maschere nella sottocornice dell'architrave, porta occidentale, il santuario di *Baitokaike* 37
Fig. 47: Bassorilievo di un portante di anfore, facciata meridionale, il complesso minore a *Baitokaike* 37
Fig. 48: Sondaggio Cella-S.T.D, veduta da ovest, il santuario di *Baitokaike* 40
Fig. 49: Dettaglio di lavorazione, muro meridionale, il santuario di *Baitokaike* 41
Fig. 50: Mappa generale del luogo di culto all'aperto a *Baitokaike* 46

Appendice I.
Fig. I.1: La grande iscrizione dei previlegi, il santuario di *Baitokaike* 68
Fig. I.2: Dedica della porta orientale, il santuario di *Baitokaike* 71
Fig. I.3: Dedica della porta occidentale, il santuario di *Baitokaike* 72
Fig. I.4: Dedica della porta meridionale, il santuario di *Baitokaike* 72
Fig. I.5: Tavoletta di bronzo di *Baitokaike*, luogo di conservazione incerto 75
Fig. I.6a: Dedica di un altare di *Baitokaike*, faccia principale, Museo Nazionale di Tartus – Siria 75
Fig. I.6b: Dedica di un altare di *Baitokaike*, faccia destra, Museo Nazionale di Tartus – Siria 76
Fig. I.7: Dedica di un altare inedito, *Baitokaike* 77
Fig. I.8: Dedica di un altare, il santuario di Mnin 79

Appendice II.
Grafico 1: Profilo numismatico ellenistico di *Baitokaike* 81
Grafico 2. Profilo numismatico cronologico di *Baitokaike* in base alle zecche di provenienza 82
nn.1-46: Monete in bronzo, il santuario di Baitokaike
    (foto T. Ahmad per gentile concessione della DGAM Siria 2008)

Appendice III.
Fig. III.1-19: Reperti ceramici, *Baitokaike*
    (foto e disegni T. Ahmad con la collaborazione di O. Ayash, per gentile concessione della DGAM Siria)
Fig. III.20-23 Oggetti in bronzo
    (foto e disegni T. Ahmad con la collaborazione di O. Ayash, per gentile concessione della DGAM Siria)
Fig. III.24: Oggetti in ossa
    (foto per gentile concessione della DGAM Siria)

Ringraziamenti

Questo libro è in gran parte basato sulle mie indagini svolte nell'ambito delle missioni archeologiche e di survey dirette dalla Direzione Generale delle Antichità e dei Musei in Siria (DGAM) e, successivamente, da Laurent Tholbecq dell'università libera di Bruxelles nel sito di Hoson Sulaiman (*Baitokaike*). I primi ringraziamenti sono rivolti dunque a tutti coloro che hanno reso possibile la raccolta dei materiali archeologici rivenuti a *Baitokaike* e il loro studio. Vorrei ringraziare in particolar modo il mio caro amico dottor Ali Othman, direttore degli scavi nel sito durante le stagioni del 2003 e del 2004, che mi ha cortesemente concesso il permesso di pubblicare una buona parte dei risultati degli scavi, e il direttore generale della DGAM professor Maamoun Abdulkarim per la sua gentile collaborazione.

La monografia nasce dalla mia tesi di dottorato difesa nel 2010 presso l'università La Sapienza a Roma, che è stata portata a termine con successo grazie agli indispensabili consigli scientifici della mia tutor di allora, la professoressa Eugenia Equini Schneider e alla sua assistente dottoressa Emanuela Borgia. Sento perciò il dovere di ringraziarle vivamente per il loro sostegno. Questo scritto è stato letto con grande attenzione dalla professoressa Cinzia Vismara (Università degli studi di Cassino) che mi ha dato, come sempre, preziosi suggerimenti per migliorare il testo, e di questo le sono molto grato. Un profondo ringraziamento va alla professoressa Eftychia Stavrianopoulou (Università di Heidelberg) per la sua straordinaria disponibilità a discutere alcune rilevanti questioni epigrafiche presentate in questo lavoro. La cura della lingua italiana è dovuta alla collega e cara amica Dr. Maia Gori (Università di Bochum).

Nel momento in cui è pubblicato questo volume, la nostra amata Siria è devastata dalla guerra che ha cambiato le vite di milioni di persone sparse nel mondo, rendendo oscuro il loro futuro. Questo libro non sarebbe potuto venire alla luce senza il generoso appoggio della *Philipp Schwartz Initiative* della Fondazione *Alexander von Humboldt* e dell'Università di Heidelberg in Germania, che mi hanno accolto come ricercatore post-dottorale. Desidero soffermarmi sul l'alto senso di responsabilità dell'accademia tedesca nei confronti dei ricercatori a rischio come me. Fra loro la mia gratitudine va senza dubbio al professor Thomas Meier (Università di Heidelberg) che mi ha appoggiato con grande spirito di solidarietà nei momenti difficili e ha reso possibile il complemento di questo volume e la sua pubblicazione. Mi ritengo perciò grato e fortunato ad averlo come *Mentor*.

Un speciale ringraziamento va rivolto ai miei genitori e mia sorella, ma soprattutto a mia moglie, il pilastro della mia vita e lo spirito che lo anima, che mi hanno sempre incoraggiato ad andare avanti nei momenti difficili della guerra. La grande speranza in un futuro di pace del nostro paese mi è stata di sostegno e mi ha permesso di portare a termine questo volume.

Premessa

Una delle peculiarità più rilevanti dell'architettura templare nella Siria romana risiede nella presenza di numerosi luoghi di culto extraurbani che sono variamente distribuiti sul suo territorio, ma che si trovano soprattutto a ridosso delle catene montuose lungo la costa. Sulla base delle prime indagini archeologiche svolte da E. Rena (1886), e successivamente da D. Krencker e W. Zschietzschmann (1939), focalizzate sull'area costiera della Siria e del Libano, furono intraprese nella prima metà del '900 una serie di indagini archeologiche incentrate sui santuari extraurbani e sui loro territori. Queste indagini si sono concluse recentemente con la pubblicazione dell'ampio studio sulla vita religiosa del Libano antico di J. Aliquot (2009), opera che raccoglie la maggior parte dei luoghi di culto finora conosciuti.

Un aspetto particolare è rappresentato dalla problematica relativa alla fondazione di tali siti e dalla loro connessione con determinati contesti ambientali e paesaggistici, come la cima dei monti, le valli, le sorgenti e i fiumi. È infatti molto difficile identificare delle strutture di epoca precedente a quella classica, che possano quindi indicare un'origine fenicia di questi luoghi di culto e quindi una continuità religiosa, nonostante l'uso comune di edificare santuari extraurbani presso luoghi considerati sacri per le loro straordinarie caratteristiche ambientali e paesaggistiche.[1] La nostra conoscenza della Fenicia settentrionale (l'attuale costa siriana) è purtroppo condizionata da notevoli carenze storiche e archeologiche, ed è lacunosa soprattutto riguardo al periodo romano, ad eccezione di alcuni siti come Hoson Sulaiman (*Baitokaike*), già noto nel '700 per le sue iscrizioni greco-latine, al quale questo lavoro è dedicato.

Il complesso cultuale di *Baitokaike* è considerato uno degli esempi più peculiari di architettura romana in Siria, dato che occupava una superficie paragonabile a quella dei più celebri complessi romani di Baalbek, Damasco e Palmira. *Baitokaike* rappresenta un esempio ben conservato di struttura cultuale che testimonia una forte interazione tra religiosità locale siriana e architettura sacra d'età romana, fornendo quindi dati importanti per comprendere le problematiche relative alla creazione dei luoghi di culto extraurbani e il loro sviluppo architettonico. Questo lavoro si propone di approfondire questo tema e proporre quindi una nuova interpretazione cronologica del sito, basata essenzialmente sulle evidenze archeologiche ottenute grazie alle recenti indagini. Questo lavoro esamina nel dettaglio la morfologia spaziale e architettonica del santuario di Zeus *Baitokaike* tramite una accurata raccolta e classificazione delle sue evidenze storiche e archeologiche, e degli edifici sacri ad esso confrontabili, proponendo un'analisi comparata delle strutture religiose siriane e dell'Asia Minore. Il problema delle trasformazioni architettoniche che sono individuabili nell'edilizia sacra siriana, nel momento in cui questa viene a contatto con l'apparato simbolico e amministrativo romano, è affrontato su un piano archeologico e storico. L'obiettivo di questo lavoro, dunque, è quello di riesaminare l'architettura del complesso monumentale di *Baitokaike* e di proporre un suo nuovo inquadramento cronologico e storico.

Il volume si articola in sei capitoli e tre appendici. Il primo presenta l'analisi architettonica del complesso templare di *Baitokaike* ed esamina gli elementi architettonici degli edifici in funzione di una loro interpretazione nell'articolazione dello spazio sacro. I singoli monumenti cultuali sono analizzati cercando di determinarne la loro destinazione d'uso e proponendo una ricostruzione dei percorsi rituali usati durante le festività religiose per il culto della divinità venerata a *Baitokaike*. Alla luce delle nuove scoperte riguardanti i monumenti appartenenti al sito, alcuni dei quali già parzialmente descritti negli ultimi studi, l'analisi architettonica qui proposta approfondisce il tema della prima monumentalizzazione di *Baitokaike* e del suo sviluppo. Il secondo capitolo propone un nuovo inquadramento storico e cronologico dell'intero complesso templare di *Baitokaike*, basato non solo sull'analisi architettonica, ma anche sui dati archeologici emersi dagli scavi della missione siriana del 2004 e dalle indagini operate dalle missioni

---

[1] Briquel-Chatonnet 2005: 30. La continuità dei modelli architettonici fenici in epoca romana nel complesso templare di Qadbuon nel *Bargylus*, che è stata proposta da Bounni 1991; Bounni 1997, risulta poco probabile.

siro-canadese e siro-belga effettuate tra il 2006 e il 2010.[2] Il terzo capitolo discute ed elabora i dati relativi all'analisi architettonica, funzionale e cronologica dei monumenti cultuali e propone un'ipotesi sull'edificazione del luogo di culto a *Baitokaike* e sulla modalità del suo sviluppo. Nel successivo capitolo lo studio si incentra sull'interpretazione e l'ordinamento cronologico delle fonti, ovvero dei privilegi concessi dai Seleucidi al santuario di *Baitokaike* e confermati successivamente dagli imperatori romani e che sono riportati nella grande iscrizione greco-latina rinvenuta nel santuario. Tale studio epigrafico rappresenta l'asse per discutere nel capito quinto lo *status* politico e amministrativo del sito durante l'epoca ellenistica e romana ed è teso ad approfondire la conoscenza del territorio rurale del *Bargylus*. Infine, nel capitolo sesto, l'apparato figurativo del sito e le varie iscrizioni dedicatorie ivi rinvenute sono analizzati al fine di presentare degli indizi diretti e indiretti a favore dell'identificazione della divinità venerata nel santuario durante il periodo ellenistico e poi romano.

Le tre appendici comprendono una raccolta di alcune classi di materiali, per lo più inediti, provenienti dalle indagini di scavo. Nella prima vengono presentate le iscrizioni relative a *Baitokaike* rinvenute nel sito, o relative ad esso ma rinvenute altrove. Si tratta di dediche di porte, di monumenti e di altari votivi note fin già dai primi studi epigrafici sul sito. Accanto a queste presentate due iscrizioni inedite, una rinvenuta a *Baitokaike*, e una proveniente dal sito di Mnin vicino a Damasco. La seconda appendice presenta l'intero dossier delle monete rinvenute a *Baitokaike* durante le campagne di scavo del 2003 e del 2004, nonché il riesame degli esemplari pubblicati nel 2007, e altri reperti numismatici risalenti soprattutto all'epoca ellenistica. In attesa della pubblicazione finale degli scavi di *Baitokaike*, nella terza e ultima appendice si presentano gli elementi più importanti selezionati fra i materiali rinvenuti nel sito. Si tratta di vari oggetti ceramici, bronzei e ossei classificati tipologicamente e corredati dai relativi confronti, i quali costituiscono i riferimenti per l'analisi cronologica del sito.

---

[2] Desidero ringraziare vivamente tutto il personale del museo di Damasco e in particolare gli archeologi dott. A. Othman, dott. Y. Dabbour e dott. L. Tholbecq per la loro gentile e fattiva collaborazione.

Capitolo 1.
Analisi architettonica e funzionale

A circa cinquanta chilometri dalla costa siriana, in un fondovalle ai piedi della più alta cima (Qmet el-Nabi Saleh) del *Bargylus* meridionale (Gibal el-Sahelia) si trova l'antico luogo di culto di Hoson Sulaiman. La valle è circondata da alture dalle quali sgorgano, da est e da nord-ovest, dei corsi d'acqua che confluiscono verso l'unico passaggio naturale a sud-ovest del sito, costituito dal letto del fiume Nahr el-Gamqa, che sfocia in mare presso l'antico sito di *Enidra* (Tel el-Gamqa) a pochi chilometri a nord da *Maratus*/Amrit (Figura 1).

Il nome del complesso templare e del villaggio moderno è Hoson Sulaiman. Tale toponimo è degno di nota perché il suo significato, fortezza di Salomone, ci ricorda che molti santuari dell'area Fenicia venivano spesso denominati fortezze. Alcuni di essi furono trasformati in veri e propri siti fortificati, come testimonia il caso di Baalbek (*Heliopolis*). L'attribuzione della fortezza a Salomone deriva, senza dubbio, dall'interpretazione islamica della leggenda ebraica del profeta Salomone,[1] mentre il nome antico del sito Βαιτοχαιχε (*Baitokaike*) aveva tutt'altro significato. Si tratta di un toponimo aramaico composto da *Baeto* che significa casa, tempio o villaggio, e da *kaike*, che vuol dire ricino.[2] Tale etimologia composita è molto frequente fra gli antichi toponimi dell'area, soprattutto nel *Bargylus* meridionale.[3] Le iscrizioni greche rinvenute nel sito mostrano una varietà

Fig. 1: Mappa semplice dell'area del *Bargylus*. la costa siriana (disegno T. Ahmad 2017).

---

[1] Le grandi dimensioni del santuario e delle pietre colossali del suo recinto attirarono l'attenzione della popolazione locale. Gli abitanti del moderno villaggio credevano che il profeta ebraico Salomone fosse l'unico in grado di costruire un'opera di tali dimensioni.
[2] La voce '*kaike*' o '*kiki*' si riferisce alla radice aramaica '*qayq*' che vuol dire 'ricino' come ha dimostrato Dussaud 1897: 329.
[3] Cfr. Sapin 1980: 51. È possibile osservare oltre mille toponimi aramaici composti dalle parti villaggio (borgo) + nome nel *Bargylus* come *Bait-Ana* (villaggio di Anat), *Bait-Aluni* ecc. Alcuni invece conservano il primo elemento '*bait*' nella lettera B come B-Rummana (villaggio di melograno) o B-Summaqa (villaggio di sommacco).

della scrittura del toponimo durante il periodo romano a seconda delle diverse pronunce delle radici aramaiche: Βετο-χιχι, Βετο-χειχει, Βαιτο-χειχει, e infine la sostituzione del primo elemento con la lettera B come in B-ηχιχι.[4]

Il complesso monumentale di Baitokaike è composto da due nuclei principali, il santuario di Zeus e un complesso minore detto 'il *Dayr*', con uno spazio intermedio fra i due che ospita altri monumenti cultuali (Figure 2-3). Il sito fu esplorato e brevemente descritto già nel diciottesimo secolo, durante le prime visite degli studiosi di antichità, che furono incuriositi dal sito per i privilegi di cui questo godeva in epoca ellenistica e romana che sono menzionati nella grande iscrizione bilingue greco-latina incisa su un blocco facente parte dell'ingresso del santuario.[5] Le prime ricognizioni del sito risalgono al 1937 e furono effettuate dagli studiosi tedeschi D. Krencker e W. Zschietzschmann, i quali descrissero e analizzarono per la prima volta in modo accurato il complesso templare, corredando la loro analisi con piante e disegni, e con la pubblicazione di nuovi testi epigrafici.[6] Recentemente K. S. Freyberger ha studiato il complesso templare cercando di proporre una nuova ipotesi sulla cronologia dei monumenti,[7] ripresa successivamente in un altro studio più approfondito in collaborazione con C. Ertel, dove vengono presentate anche nuove e aggiornate planimetrie del sito.[8] A partire dal 2003, la Direzione Generale delle Antichità e dei Musei in Siria ha intrapreso uno studio architettonico funzionale ad un progetto di restauro nel sito. Alcuni sondaggi, concentrati particolarmente nel grande santuario, sono stati effettuai durante le prime due stagioni da A. Othman, e hanno fornito dati estremamente importanti, anche se limitati, per la storia del sito. Tra il 2006 e il 2010 la missione siro-canadese condotta da Y. Dabbour e L. Tholbecq ha effettuato dei rilevamenti topografici e architettonici sul sito e pubblicato uno studio preliminare.[9] I risultati delle ultime ricerche sono stati pubblicati solo parzialmente, ma nel presente lavoro si fa riferimento, anche se in via preliminare, a tutti i dati, incluse le piante, i disegni e le foto, venuti alla luce durante le campagne di scavo del 2003 e del 2004 e alle nostre indagini successive.

1.1. Il santuario di Zeus

Il santuario di Zeus è situato nel fondovalle, in una zona nettamente in pendio verso ovest, tra un affluente a sud e una sorgente a ovest, (Figure 2-3).

Il recinto

Il complesso è costituito da uno spazio sacro (*temenos*) delimitato da un grande recinto che ha la forma di un rettangolo irregolare e che misura c. 138 x 82 m, con l'asse maggiore orientato in direzione nord-est/sud-ovest (Figura 4). Il *temenos* è accessibile da quattro ingressi posti ciascuno su un lato. I sondaggi effettuati nel 2003 hanno consentito di effettuare un'analisi più accurata della tecnica costruttiva del recinto, il cui muro settentrionale è composto da blocchi di grandi dimensioni posti a diretto contatto della roccia naturale che affiora nella parte orientale (sondaggio T.8.), o su fondazioni composte da un filare di pietre di medie dimensioni presso la porta principale. Sul lato occidentale le assise della fondazione del muro sono più numerosi. Anche se il muro settentrionale segue la pendenza del terreno (6 filari sul tratto ovest e 3 su quello est), la struttura è perfettamente livellata, grazie alle possenti fondazioni oggi visibili nella parte occidentale del muro (Figura 5). Il muro orientale, invece, è costituito da quattro filari di blocchi ciclopici di calcare poggianti direttamente sul banco roccioso che rimane sempre allo stesso livello (sondaggi T.8; T.9), eccetto nell'angolo sud-orientale dove è scavato direttamente nella roccia (sondaggio T.S.1). Buona parte del tratto settentrionale è crollata, mentre i blocchi rimasti ancora *in situ* sono fuori piombo a causa della forte pressione dovuta all'accumulo di terra e detriti nella parte esterna del recinto.

---

[4] La sostituzione del primo elemento 'Baeto' con la lettera B è molto frequente nei toponimi aramaici dei villaggi moderni del *Bargylus* come B-Malkeh (villaggio della regina).
[5] Sulla grande iscrizione cfr. *Infra* Cap. IV e l'appendice I di questo volume con la raccolta bibliografica.
[6] Krencker e Zschietzschmann 1938: 65-101.
[7] Freyberger 2004.
[8] Ertel e Freyberger 2008: 731-777.
[9] Dabbour e Tholbecq 2009: 207-223.

CAPITOLO 1. ANALISI ARCHITETTONICA E FUNZIONALE

Fig. 2: Foto d'aereo del sito di *Baitokaike* (Hoson Sulaiman), veduta da sud, (foto per gentile concessione dalla DGAM, Siria 2004).

Fig. 3: Veduta generale del sito da nord-ovest (foto T. Ahmad 2008).

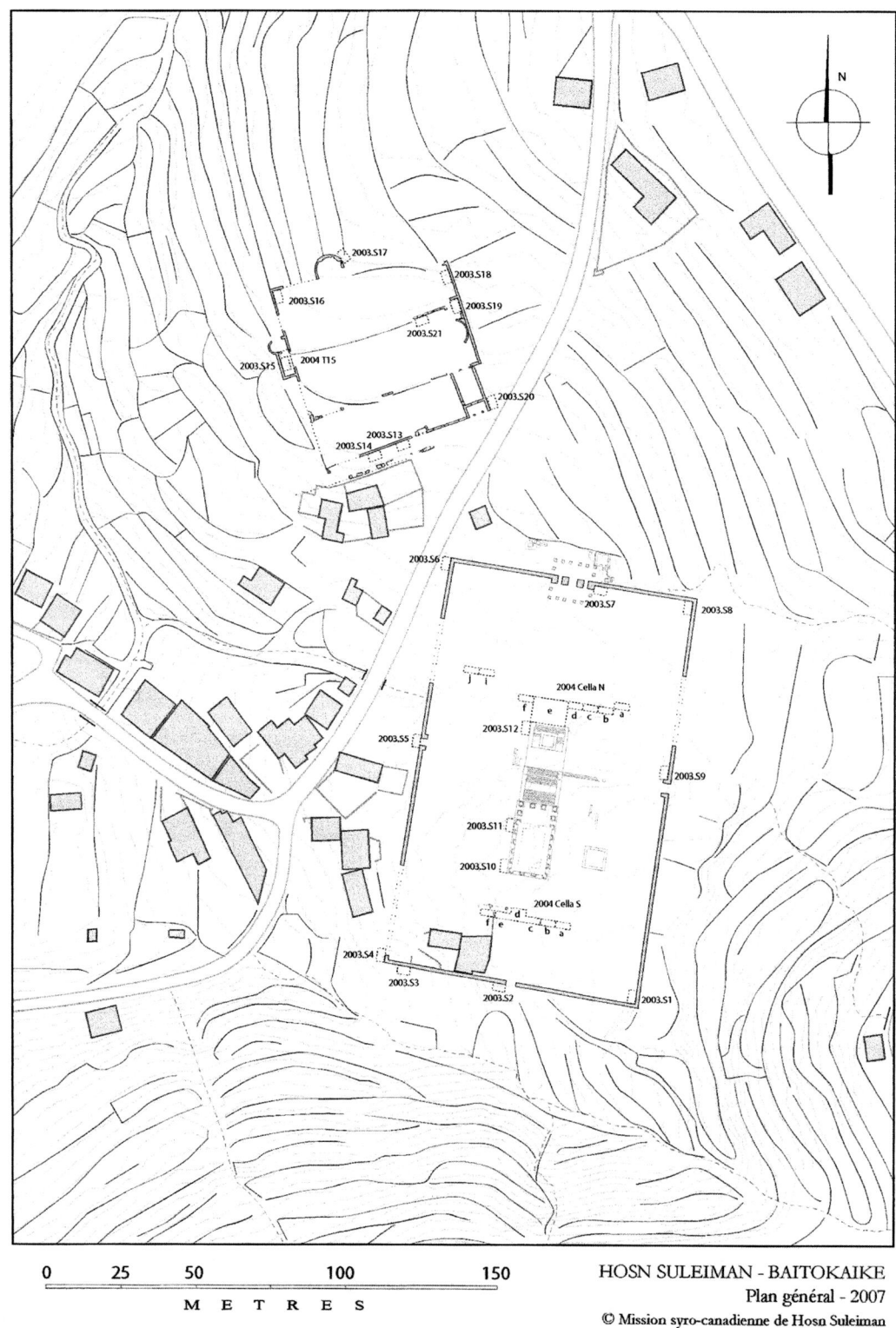

Fig. 4: Mappa generale del sito di *Baitokaike* (Hoson Sulaiman) con i sondaggi effettuati nel 2003 e nel 2004 (Dabbour e Tholbecq 2009: 209, Figura 1, per gentile concessione).

Il muro perimetrale meridionale, come quello settentrionale, segue il pendio naturale. Nel primo tratto, tra l'angolo sud-est del recinto e la porta meridionale, si conservano ancora tre filari di blocchi di grandi dimensioni, mentre verso ovest sono composti da quattro filari di blocchi di eccezionali dimensioni, la maggior parte dei quali ancora *in situ* (Figura 6). Gli scavi e gli studi geomorfologici evidenziano la notevole

Fig. 5: Il muro settentrionale, il santuario di *Baitokaike* (foto T. Ahmad 2003).

Fig. 6: Il muro meridionale, il santuario di *Baitokaike* (foto T. Ahmad 2007).

pendenza naturale del terreno nella parte meridionale del recinto, che rese necessarie consistenti opere di sostruzione. Diversamente dal muro settentrionale, le fondazioni di quello meridionale, in particolare quelle della sua porzione occidentale, sono composte non da filari regolari di blocchi quadrati, ma da piccole pietre di forma irregolare (sondaggio T.3).

Il muro occidentale fu costruito su un livello inferiore rispetto alle altre parti del recinto, motivo per cui appare notevole l'altezza della sostruzione, che è costituita da almeno due filari di blocchi di medie dimensioni sormontati da tre di ciclopici simili a quelli del muro settentrionale. Nel suo angolo sud-occidentale e in buona parte del suo tratto settentrionale, il muro è completamente crollato.[10] Al di sotto

---

[10] I blocchi crollati del muro occidentale sono stati in parte riutilizzati per costruire le case moderne addossate alla parte esterna dello stesso muro, in parte giacciono sotto la strada asfaltata che passa accanto al muro.

Fig. 7: Il muro Occidentale (porta ovest e ninfeo), il santuario di *Baitokaike* (foto T. Ahmad 2007).

a questo, presso la porta, sgorga l'acqua della sorgente principale che scorre verso ovest per unirsi con gli altri corsi d'acqua del fondovalle (Figura 7).

La tecnica costruttiva del recinto

Il recinto si caratterizza per essere costruito in blocchi ciclopici di calcare. Sembra che la scelta di tale tecnica fosse stata effettuata per la sua economicità e velocità di esecuzione, dato che le cave di pietra da cui furono estratti i blocchi si trovano in prossimità del santuario. Sulle pendici dell'altura nord-est del santuario si trovano ancora oggi evidenti tracce sul banco roccioso che attestano l'estrazione della pietra, anche se la cava principale sembrerebbe invece trovarsi nella parte sud-orientale dello stesso santuario, dove emerge un banco roccioso esteso lungo il suo lato orientale, sbancato fino al livello delle fondamenta del recinto.

Il grande peso dei blocchi del recinto, come di altri del tratto meridionale (*c.* 67 tonnellate) lascia pensare che la messa in opera fosse stata eseguita utilizzando la tecnica dello scivolamento dei blocchi e non tramite sollevamento, in quanto non è documentata in antico una macchina adatta al sollevamento di tali carichi.[11] Poiché la cava è stata identificata a pochi metri ad est del cantiere in un punto più alto del piano di posa, è probabile che i blocchi fossero stati fatti slittare lungo una carreggiata verso ovest. Le loro facce a vista vennero probabilmente rifinite sul piano di assisa, e così fu edificato il muro, dal suo punto più basso (a ovest) verso l'alto seguendo la pendenza naturale. In questo modo non era necessaria alcuna operazione di sollevamento. Argani e paranchi erano posti simmetricamente ai lati del carico e assicuravano il lento avanzare dei grandi blocchi, similmente a quanto ipotizzato da J.-P. Adam per la costruzione del cosiddetto *trilithon* di Baalbek.[12] I fori di olivella presenti sulla superficie superiore e i fori sui lati dei blocchi erano quindi funzionali loro trasporto, non al sollevamento. Sono però anche documentate le tecniche tradizionali di sollevamento per i blocchi di pietra meno pesanti come quelli impiegati nel propileo. Alcuni di essi presentano infatti fori di forma quadrata per l'inserimento dei bracci delle tenaglie; altri, invece, conservano i tenoni o i dadi per il sollevamento come quelli sul lato interno sopra la porta secondaria del propileo.

---

[11] Dabbour e Tholbecq 2009: 215.
[12] Adam 1977: 54-55, 61-62, Figure 14, 18.

Fig. 8: Il ninfeo, veduta da ovest, il santuario di *Baitokaike* (foto T. Ahmad 2010).

Fig. 9: Dettaglio del raddoppiamento del muro, ninfeo, il santuario di *Baitokaike* (foto T. Ahmad 2010).

Il ninfeo

Nel corso del rilievo architettonico del santuario, Y. Dabbour e L. Tholbecq hanno notato che presso la sorgente il tratto occidentale del recinto è costituito da due muri addossati l'uno all'altro, che si caratterizzano per essere formati da blocchi di piccole dimensioni rispetto a quelli ad essi sovrapposti (Figure 8-9). I due archeologi hanno attribuito tale raddoppiamento alla presenza di una struttura precedente inglobata nel recinto, senza precisarne però la forma architettonica o la sua funzione.[13] Si possono tuttavia fare alcune osservazioni preliminari nel tentativo di proporre una ricostruzione della struttura localizzata sopra la sorgente. I blocchi del tratto occidentale (ovvero esterno rispetto al recinto) di questo muro raddoppiato sono lavorati sulla superficie interna con facciavista bugnata e listello perimetrale liscio. Questo tratto apparteneva alla parete di fondo della struttura ed era probabilmente visibile prima della costruzione del recinto. A tale parete di fondo si legava due muri perpendicolari, fiancheggiati sul lato interno da due banchi di pietra, che delimitavano un canale in cui scorreva l'acqua (Figura 8). Alla luce di queste brevi osservazioni, sembra possibile ipotizzare che questa struttura fosse orientata est-ovest, avesse pianta rettangolare, fosse di altezza modesta e fosse coperta da una volta a botte che poggiava sui due lati lunghi. Questa tipologia architettonica trova confronti nei ninfei romani di Ain Houchbay e di Temnine el-Faouqa, nei pressi di Baalbek.[14] Sulla base dei dati a nostra disposizione è molto probabile che si trattasse di un ninfeo inglobato in un secondo momento nel muro di cinta del santuario ispessendone così la parete di fondo.

---

[13] Dabbour e Tholbecq 2009: 211.
[14] Aliquot 2009: 297-99, Figure 171, 174-75. Il ninfeo di Ain Houchbay è dedicato e a *Iuppiter Heliopolitano* cfr. Rey-Coquais 1967: n. 2923. È interessante, tra l'altro, la dedica del ninfeo di Temnine a Iuppiter *Beelsedde* (Iuppiter dei campi o delle terre coltivabili): Rey-Coquais 1967: n. 2925.

Fig. 10: Nicchia sul lato interno, ninfeo, il santuario di *Baitokaike* (foto T. Ahmad 2007).

Si nota sul lato settentrionale del muro raddoppiato, un altro muro ad esso perpendicolare e orientato verso est-ovest, di cui sono visibili alcuni blocchi sul lato interno del *temenos*, che si legano all'ultimo filare del muro raddoppiato. La sua posizione inferiore rispetto al livello di calpestio del *temenos* lascia pensare forse ad un ambiente sotterraneo o più antico rispetto al santuario stesso. Tuttavia, in mancanza di scavi nell'area resta molto difficile identificare la planimetria di questa struttura e la sua cronologia relativa rispetto al *temenos*. Inoltre, sul lato interno dei blocchi del recinto, al di sopra di quelli pertinenti al muro raddoppiato, si osservano tracce di una nicchia poco profonda che forniscono spunti interpretativi molto interessanti (Figura 10). Dalla nicchia resta solo un *kyma* con modanatura semplice composta da ovolo liscio e fascia a dentelli rettangolari raccordati con un gradino arretrato tra gli spazi intermedi. Sembra che la nicchia possa essere messa in rapporto con la sorgente, data la sua posizione all'interno del *temenos*, anziché con i resti del muro ad esso perpendicolare. Poco probabile risulta, invece, l'ipotesi recentemente proposta da C. Ertel e K. S. Freyberger sull'organizzazione dell'area della sorgente.[15] Osservando solamente il muro perpendicolare interno e la nicchia, i due studiosi hanno ipotizzato che questa dovesse essere protetta da un grande bacino coperto collegato ad un canale sul lato esterno e munito di una vera da pozzo per i servizi cultuali sul lato interno.

Gli ingressi del santuario

Il santuario è accessibile da quattro ingressi che si aprono quasi simmetricamente nei quattro lati del recinto. L'accesso principale avveniva attraverso un propileo situato sul lato settentrionale. Gli ingressi erano muniti in origine di porte in legno a due ante, spesse tra 14 e 19 cm, aperte, come di consueto, verso l'interno, che potevano essere bloccate con il noto sistema di paletti verticali e orizzontali, come dimostrano i resti dei fori angolari sulle due ante e dei fori laterali.

Il propileo

Il propileo è preceduto da un portico esastilo corinzio sul lato esterno e da un altro composito sul lato opposto (Figure 11-12). Le colonne poggiavano su piedistalli quadrati costruiti da zoccolo, dado e plinto superiore a due fasce, sul quale poggiano direttamente le basi delle colonne che sono state messe in

---
[15] Ertel e Freyberger 2008: 746-747, Figure 31-34, 55-56.

CAPITOLO 1. ANALISI ARCHITETTONICA E FUNZIONALE

Fig. 11: Il propileo, il santuario di *Baitokaike* (foto T. Ahmad 2003).

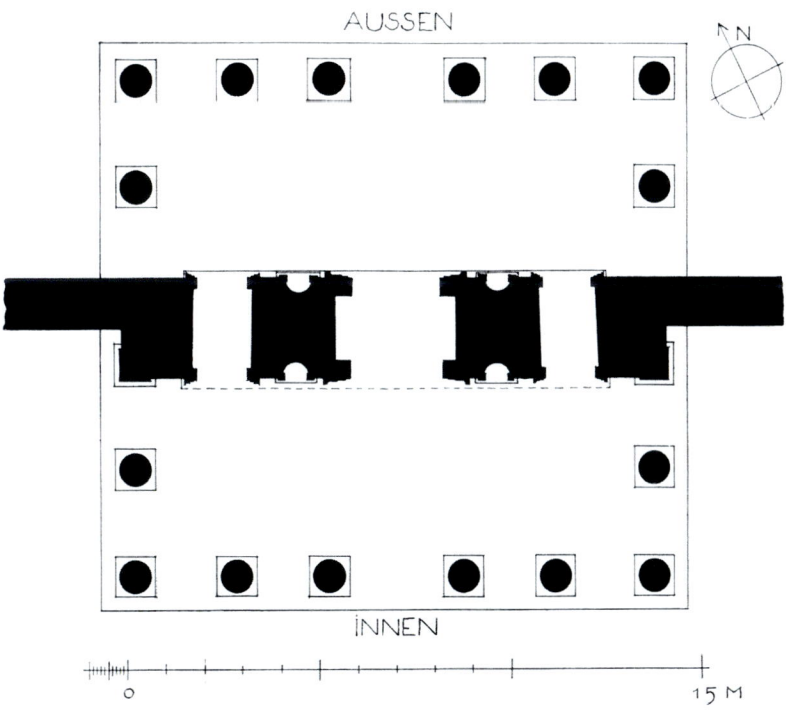

Fig. 12: Pianta del propileo, il santuario di *Baitokaike*
(Krencker e Zschietzschmann 1938: Figura 104).

opera senza essere rifinite. Si notano ancora *in situ* due capitelli corinzi a foglie lisce poggianti sui pilastri d'angolo del portico interno ed essi sono caratterizzati da due corone di foglie lisce, cioè senza costolatura centrale: quelle della prima corona, che si toccano per un lungo tratto, formano una massa compatta, mentre quelle della seconda sono ben distinte (Figura 13). I caulicoli sono cilindrici, lisci, diritti e verticali

Fig. 13: Capitello corinzio, portico interno del propileo, il santuario a *Baitokaike* (foto T. Ahmad 2008).

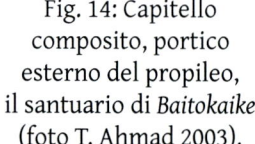

Fig. 14: Capitello composito, portico esterno del propileo, il santuario di *Baitokaike* (foto T. Ahmad 2003).

con il cercine superiore rilevato. I calici sono ben sviluppati, aperti e non simmetrici, con volute ed elici sottili rese con canali sagomati e con spirali sporgenti. D. Krencker e W. Zschietzschmann hanno disegnato e descritto il capitello composito del portico esterno, i cui frammenti si trovano ancora oggi fra le vestigia del portico (Figura 14).[16] Esso è caratterizzato nella parte corinzia da due corone di foglie lisce, ed è privo – nella parte superiore – della baccellatura e dell'astragalo a fusarole e perline. La parte ionica ospita nell'echino un *kyma* ionico composto da tre ovoli interi separati da freccette e racchiusi

---

[16] Krencker e Zschietzschmann 1938: 78, Figure 106-107.

Fig. 15: Soffitto di architrave, portico esterno del propileo, il santuario di *Baitokaike* (foto T. Ahmad 2007).

Fig. 16: Cornice di architrave, portico esterno del propileo, il santuario di *Baitokaike* (foto T. Ahmad 2003).

in sgusci sottili e profondi. Le estremità laterali del *kyma* sono lambite da due mezze palmette sottili a tre lobi circolari incurvati verso l'alto che obliterano il tratto superiore dei due ovoli laterali. Le volute sporgenti si appoggiano sulle fogliette laterali del secondo corno del calato corinzio. Un fiore centrale copre il canale delle volute e una parte dell'abaco ornato da baccelli sottili. Gli architravi del portico sono quasi del tutto privi di decorazione, ad eccezione della parte anteriore che presenta le consuete tre fasce lisce separate da semplici gradini progressivamente rientranti. Molto accurata è invece la decorazione del soffitto, che presenta un lacunare centrale di forma stretta e allungata, con il lato corto concavo verso l'interno ed una decorazione a fogliette lisce: al centro si trova un fiore a quattro petali (Figura 15). Questo stile decorativo ricorre frequentemente nell'area fenicia e rientra nella tradizione dell'Asia Minore nel periodo romano.[17] Le cornici sono caratterizzate dall'assenza di decorazioni nella sima, profilata a gola diritta piuttosto pronunciata, e nella corona sottile distinta dalla precedente tramite un listello sporgente (Figura 16). Il soffitto è ampio, con una serie di modiglioni a S, tra cui trovano posto

---

[17] Sull'analisi cronologica vedi *infra*.

dei lacunari decorati con rosette a cinque petali cuoriformi. La sottocornice presenta un ovolo liscio ed una fascia a dentelli rettangolari raccordati con un gradino arretrato tra gli spazi intermedi. I resti del portico permettono di confermare la presenza di un archivolto del tipo 'arco siriano' decorato con modanatura semplice, composta da tre fasce lisce separate da un gradino rientrante che era inserito nel timpano simmetricamente a quello posto sopra alla porta centrale del propileo.[18] Si tratta di una tipologia architettonica che caratterizza gli ingressi di molti templi siriani, come il caso del propileo del santuario di Damasco, di Seriane/Esriye e di Dmeir.[19]

Il propileo costituisce l'ingresso monumentale ed è composto da una porta centrale riccamente decorata di dimensioni doppie rispetto alle due minori cha la affiancano (Figure 11-12). L'apparato decorativo della porta centrale si concentra nell'architrave che reca una modanatura composta dal basso da due fasce, un listello, un largo ovolo liscio, un cavetto e infine un altro listello. Nonostante il suo cattivo stato di conservazione, è possibile notare alcune peculiarità sul lato esterno dell'architrave, come le fasce superiori con un'iscrizione poco leggibile a causa della superficie fortemente abrasa,[20] l'ovolo ornato al centro da una figura in rilievo anch'essa difficilmente interpretabile e infine le mensole decorate da una figura in rilievo di *Nike*/Vittoria, anch'essa in cattivo stato di conservazione. La decorazione della facciata interna dell'architrave centrale è molto simile a quella esterna, ma con qualche particolarità: mensole non rifinite, trace di dediche in greco sulle fasce superiori e un altorilievo di busto maschile con un copricapo sulla testa orna il centro dell'ovolo. La sottocornice su entrambi i lati reca una serie di modiglioni a S che delimitano lacunari occupati da vari tipi di rosette a cinque petali e da fogliette d'alloro. Il soffitto dell'architrave anch'esso in cattivo stato di conservazione, è decorato da un'aquila a rilievo.[21] La porta centrale è fiancheggiata, sia sulla facciata esterna che su quella interna, da due nicchie semicircolari coronate a conchiglia e poste su piedistalli.[22] Esse sono inquadrate da due pilastri a sezione rettangolare con capitelli corinzi a foglie lisce che sostengono una trabeazione a frontone ricavato in un archivolto. Nella parte superiore sono scavati piccoli pertugi quadrati che avevano probabilmente la funzione di alloggiare degli ex-voto. Le due porte laterali recano degli elementi decorativi simili a quelli della porta centrale,[23] ma sono privi di decorazione figurate nelle mensole e nei soffitti.

Le porte secondarie del santuario

Il santuario è accessibile anche tramite altri tre ingressi secondari che si aprono in ciascun lato del recinto. Quelli laterali (orientale e occidentale) costituiscono due grandi porte decorate in modo simile a quella principale del propileo, ma con alcune variazioni soprattutto nelle mensole interne, che sono decorate con figure maschili, e nella protome leonina posta al centro dell'ovolo superiore del lato interno dell'architrave.[24] La decorazione della porta orientale è caratterizzata da un busto maschile a rilievo simile a quello sulla facciata interna del propileo, ma qui si trova sul lato esterno dell'architrave al di sopra della dedica in greco della porta (Figure 17-18).[25] Un altro elemento caratteristico di questa porta è una testa femminile che occupa il lacunare centrale della sottocornice del lato interno.[26] La porta ovest si differenzia per altri elementi peculiari come l'ovolo esterno completamente liscio, i lacunari della sottocornice decorati alternativamente da rosette a cinque petali di varie forme e da tre maschere sul lato esterno, e infine per la presenza di fori atti a fissare lettere in metallo di un'iscrizione dedicatoria sul lato esterno dell'architrave (Figura I.3).[27] Contrariamente a quanto osservato nella porta centrale del propileo, affiancata da nicchie semicircolari, le porte laterali del recinto sono fiancheggiate sui lati esterni da due edicole poco profonde, di forma rettangolare e coronate da un frontone. Questo doveva essere sorretto da

---
[18] Dabbour e Tholbecq 2009: 212.
[19] Per Damasco cfr. Freyberger 1989: 72, Tavola 22.c; per Seriane/Esriye cfr. Gogräfe 1996: 180, Figure 3,6; per Dmeir cfr. Brümmer 1985: 57, Tavola 22.b; e per la ricostruzione della facciata del tempio di Dmeir cfr. Klinkott 1989: 149-157, Figure 11-12.
[20] Cfr. appendice I. 2.
[21] Sull'apparato figurativo del propileo, cfr. *infra*.
[22] R. Dussaud riporta un'iscrizione in greco sulla nicchia destra, che ora non è più leggibile, cfr. Appendice I. 3.
[23] I lacunari della sottocornice sono ornati da fogliette d'alloro, oltre alle rosette a cinque petali.
[24] Vedi *infra*.
[25] Cfr. Appendice I. 4, Figura I.2
[26] Sull'apparato figurativo vedi *infra*.
[27] Cfr. Appendice I. 5, Figura I. 3.

CAPITOLO 1. ANALISI ARCHITETTONICA E FUNZIONALE

Fig. 17: Porta orientale, il santuario di *Baitokaike* (foto T. Ahmad 2007).

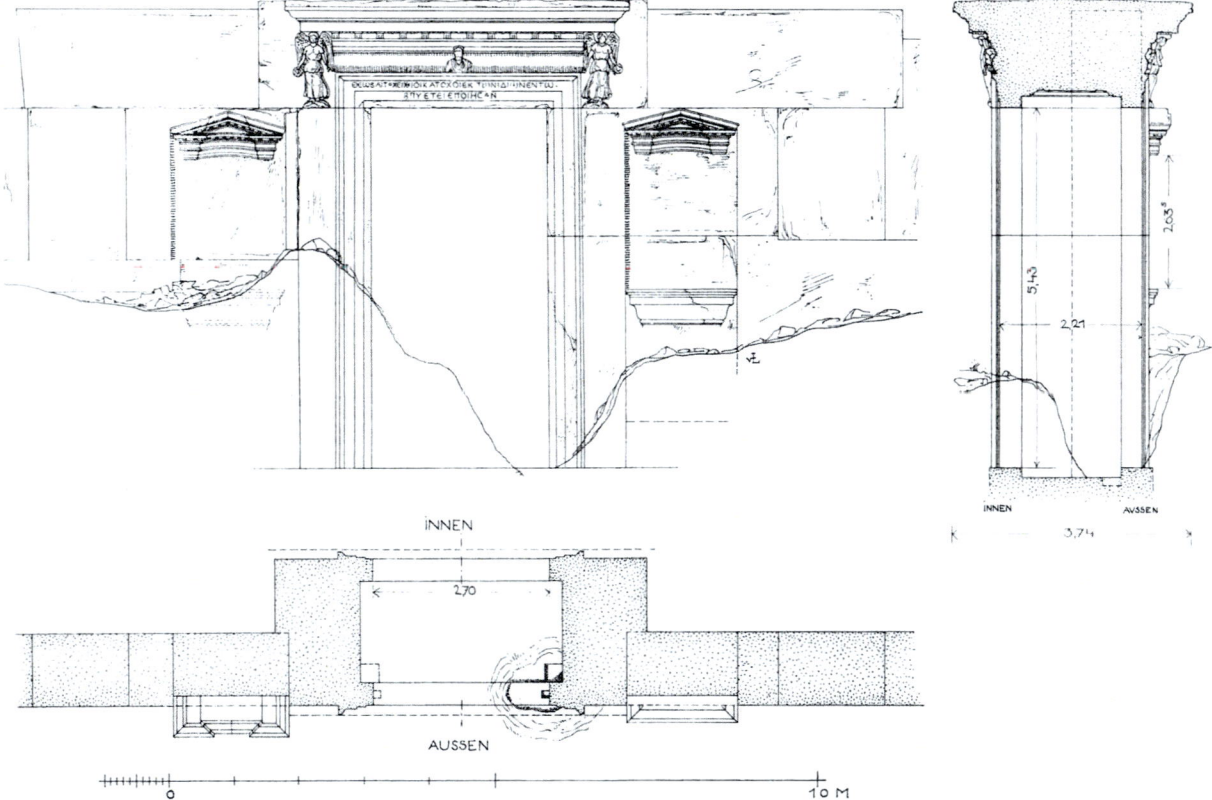

Fig. 18: Pianta della porta orientale, il santuario di *Baitokaike* (Krencker e Zschietzschmann 1938: Tavola 34).

due capitelli, oggi non più reperibili, alloggiati su una larga mensola priva di decorazioni atta a sostenere l'arco modanato con due fasce lisce e due ovoli.[28] Al di sopra delle nicchie si trova una cornice a dentelli sormontata da un frontone triangolare. La sottocornice del frontone è decorata con modiglioni a S che delimitano lacunari occupati da rosette a cinque petali.

---
[28] Krencker e Zschietzschmann 1938: 73, Tavola 34.

13

Fig. 19: Porta meridionale, il santuario di *Baitokaike* (foto T. Ahmad 2007).

La porta meridionale, la più semplice, è composta da due piedritti ricavati da unico blocco e decorati con tre fasce lisce. I piedritti erano sormontati da un architrave che ora giace a terra nell'area antistante. I suoi elementi decorativi sono di difficile lettura, ma dai resti dell'angolo destro ancora in posto si può supporre che si tratti di una decorazione semplice a due fasce superiori ospitanti un'iscrizione dedicatoria (Figura 19).[29]

Il *temenos*

Il *temenos* del grande santuario occupava poco più di un ettaro. Le sue dimensioni erano consone allo svolgimento di cerimonie rituali e celebrazioni connesse al luogo di culto, che era anche meta di pellegrinaggi.

I sondaggi effettuati nel 2004 avevano come scopo quello di approfondire la conoscenza dell'organizzazione dello spazio sacro e di rintracciare le prime strutture cultuali. Quelli effettuati sul lato settentrionale della cella hanno mostrato la particolare attenzione rivolta alla sistemazione della parte settentrionale del *temenos*, in prossimità dell'accesso principale, in contrasto con il resto del recinto che preservava invece il suo aspetto originario.[30] Il percorso principale fra il propileo e la cella era probabilmente livellato e lastricato, come dimostrano i resti di un pavimento costituito da lastre in calcare locale di diverse dimensioni, ritrovati nel sondaggio denominato 'Cella-N.E.' effettuato in prossimità della scalinata del tempio (Figura 20). Lungo il lato occidentale del *temenos* è stato possibile rintracciare tre muri perpendicolari al recinto, il più significativo dei quali è quello sul lato interno del ninfeo.[31] Resta tuttavia difficile interpretare esaustivamente queste vestigia senza l'ausilio di scavi estensivi in quest'area.

Terrazza dell'altare-torre

Il lato orientale del *temenos* è l'area più elevata del sito (812 m s.l.m.) e si presenta come una terrazza che è delimitata ad est dal recinto del santuario, mentre nella zona a ovest del tempio è tagliata nel

---
[29] Cfr. Appendice I. 6, Figura I. 4.
[30] Othman 2004: 2; in particolare i sondaggi 'Cella.N.a.', 'Cella.N.b.', 'Cella.S.a.' e 'Cella.S.b.'.
[31] Vedi *supra*.

Capitolo 1. Analisi architettonica e funzionale

Fig. 20: Pavimento antistante la cella, il santuario di *Baitokaike*
(foto A. Othman, DGAM Siria 2004, per gentile concessione).

banco roccioso che affiorava probabilmente in tutta l'area sud-orientale.[32] La terrazza era accessibile dal lato sud-occidentale tramite una scalinata scavata nella roccia, che era collegato all'accesso orientale del santuario. Questo lato fu edificato seguendo la pendenza del terreno che rendeva possibile l'accesso diretto alla terrazza nel tratto adiacente alla porta orientale del santuario. Nel tratto occidentale invece si trova una larga scalinata formata da nove gradini, i primi quattro scavati nel banco roccioso e gli altri cinque costruiti in muratura a fianco della scalinata del tempio. Quest'area elevata del *temenos* era destinata ad accogliere un altare-torre, oggi conservato solo al livello delle fondamenta, di cui rimane un ambiente dalla pianta quadrata di 7,5 m per lato, e costruito per racchiudere uno sperone roccioso parzialmente lavorato (Figura 21). L'altare-torre inglobava quindi una parte del banco roccioso. Tale uso di racchiudere un elemento orografico all'interno di un edificio religioso è eccezionale e trova alcuni riscontri nella Fenicia, come ad esempio l'altare di Ain Harsha e la cella del santuario di Baalshmin a Si' in Arabia.[33] La forma chiusa della struttura quadrata dell'altare-torre a *Baitokaike* suggerisce l'esistenza di una terrazza soprelevata all'ambiente chiuso e accessibile dall'esterno tramite una scala, come hanno correttamente proposto P. Collart e P. Coupel nel loro studio sugli altari monumentali nella Fenicia.[34] Inoltre le indagini di D. Krencker e W. Zschietzschmann hanno osservato un setto murario costituito da due blocchi perpendicolari al lato orientale dell'altare, ornato da una modanatura composta da un toro, una scozia, un tondino e un listello.[35] È possibile inoltre notare la presenza di alcuni blocchi posti perpendicolarmente ai

---
[32] Sulla tecnica di costruzione del recinto vedi *supra*.
[33] Per Ain Harsha, cfr. Freyberger 2006: 236-237, Tavola 25a.; e per il santuario di Si', cfr. Dentzer 1985: 71-73.
[34] Collart e Coupel 1977: 62; cfr. Will 1991: 261.
[35] Krencker e Zschietzschmann 1938: 87-88, Tavola 121.

Fig. 21: Altare-torre, veduta da ovest, temenos, il santuario di *Baitokaike* (foto T. Ahmad 2010).

lati settentrionale e meridionale degli angoli della struttura quadrata, che potrebbero costituire le fondamenta di altri muri che la circondavano su tutti i lati eccetto quello occidentale. È probabile che questi lacerti appartenessero alle basi di alcune scale poste sui lati nord ed est, che conducevano ad una terrazza superiore. I dati a nostra disposizione sono purtroppo ancora insufficienti per proporre una ricostruzione attendibile dell'altare-torre. Ci si limita quindi in questa sede a formulare alcune osservazioni preliminari in attesa di nuove indagini nell'area che possano confermare la ricostruzione qui ipotizzata.

La terrazza dell'altare-torre è caratterizzata anche dalla presenza di sei buche di palo di forma circolare distribuite irregolarmente sul suo margine nord. Il diametro e la profondità suggeriscono una loro funzione come sostegno per oggetti mobili, che possono essere interpretati come alloggiamenti per gli stendardi in metallo che si portavano nelle processioni o per le barre a cui erano affisse le immagini

Fig. 22: Scalinata antistante l'area dell'altare-torre, veduta da ovest, il santuario di *Baitokaike* (foto T. Ahmad 2007).

CAPITOLO 1. ANALISI ARCHITETTONICA E FUNZIONALE

Fig. 23: Cella, veduta da nord, il santuario di *Baitokaike* (foto T. Ahmad 2007).

cultuali.[36] In prossimità delle buche di palo si trova un pozzetto, di 1 m di un diametro e 0,38 m di profondità, scavato nel banco roccioso e ubicato nel lato orientale della scalinata, che potrebbe essere stato utilizzato come contenitore per l'acqua dedicata all'uso rituale e come sostegno di *thuribulum* in metallo (Figura 22).

Se osserviamo il rapporto della terrazza dell'altare-torre con gli ingressi del santuario e con il tempio, sembra che questa abbia avuto un ruolo centrale nella vita del santuario. Stendardi militari o religiosi, oggetti di culto, altari votivi e ex-voto probabilmente occupavano tutta l'area davanti all' altare-torre, destinata ad accogliere le processioni e le pratiche rituali che si svolgevano nel complesso sacro.

Il tempio

Il tempio non si trova al centro del temenos, ma occupa un terzo della superficie di esso ed affianca a ovest la terrazza dell'altare-torre (Figure 23-24). È uno pseudo-periptero tetrastilo ionico (24 x 13,5 m) con 8 colonne ioniche sui lati lunghi, orientato verso nord-est ed eretto su un alto podio (*c.* 3 m) che poggia direttamente sulla roccia, ad eccezione dell'angolo sud-occidentale dove il sondaggio T.10 ha rivelato la presenza di una sostruzione composta da blocchi di pietra non lavorati sovrapposti. Tale sostruzione è sormontata da due filari di blocchi in pietra lavorati con listello perimetrale liscio e facciavista bugnata e leggermente sporgente. Il podio è costituito da due filari di blocchi lisci e ornati da una modanatura inferiore composta da un toro atrofizzato, gola rovescia leggermente concava e un cavetto rovescio, e da un'altra superiore a due fasce lisce separate da un semplice gradino rientrante, un cavetto, un ovolo, una scozia e un listello.

---

[36] I fori di palo sono state recentemente rilevati da Ertel e Freyberger 2008: 743-44, Figure 2, 25-27.

Al tempio si accedeva da una scalinata lunga 24 m costruita su tre livelli: Quello inferiore è diviso in due dal basamento di un altare in asse con la cella, al quale potrebbe appartenere il blocco monolitico a forma di plinto che giace di fronte alla rampa sinistra (Figura 23). Queste rampe sono delimitate da due contrafforti e danno accesso alla piattaforma dell'altare che è anche raggiungibile, dal lato orientale, direttamente dall'area antistante la scalinata, ovvero dall'accesso orientale del santuario, e dell'altro lato tramite una scalinata posta in asse con la porta occidentale del santuario.

È possibile ricostruire l'elevato del tetrastilo, la cui facciata totalmente crollata, grazie ad un'unica semicolonna rimasta *in situ* nell'angolo nord-orientale. Le colonne erano collocate su basi attiche a forma canonica con due tori separati da una scozia: quello superiore era abbastanza sottile, mentre l'inferiore più alto. Analogamente a quanto osservato per la semicolonna superstite, i capitelli dovevano essere di ordine ionico con un abaco liscio e semplificato, e i lati sagomati a listello inclinato, che era separato dall'echino tramite il canale delle volute diritto di altezza leggermente ridotta (Figura 25). Sull'echino della semicolonna è intagliato un *kyma* ionico che si compone di cinque ovoli interi separati da freccette e racchiusi in sgusci sottili e profondi; le sue estremità laterali sono lambite da due mezze palmette a tre lobi, con la cima ricurva verso l'alto, emergenti da un piccolo caliceto conico che nasce dalla spirale delle volute. Tali mezze palmette obliterano il tratto superiore degli ovoli laterali. La spirale delle volute presenta un nastro a sezione concava bordato da un listello piatto con un'incisione;

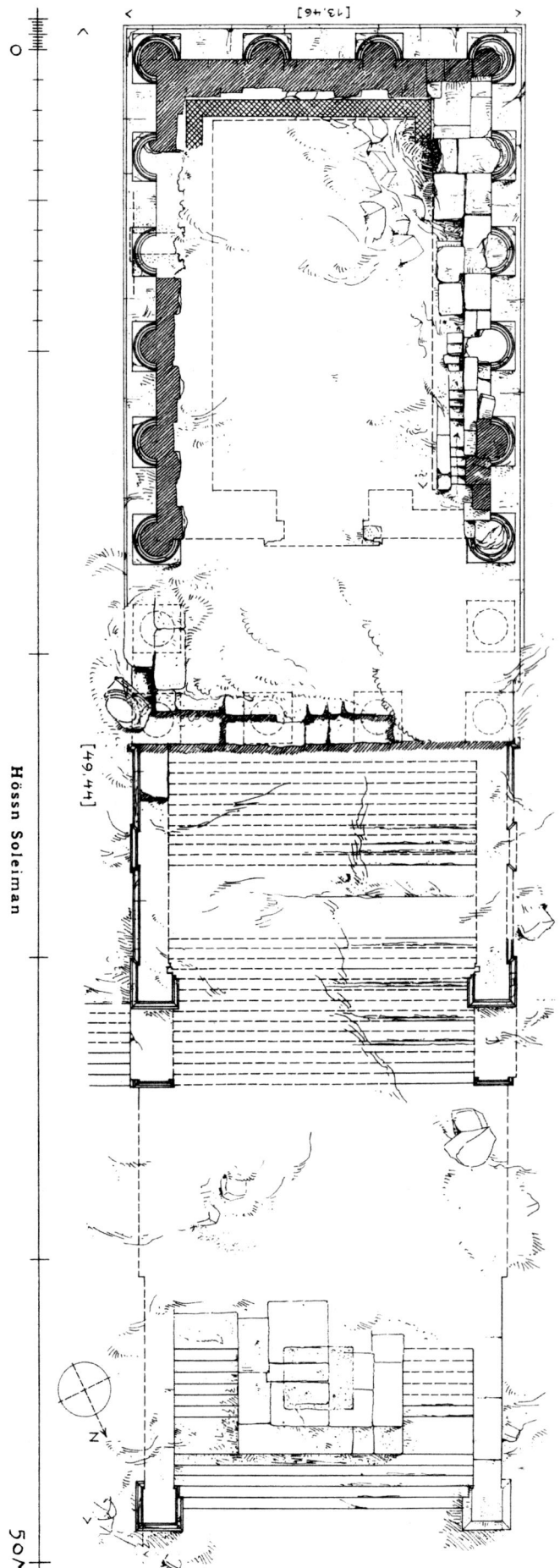

Fig. 24: Pianta della cella, il santuario di *Baitokaike* (Krencker e Zschietzschmann 1938: Tavola 35).

l'occhio centrale è un lobo circolare liscio situato al di sotto degli ovoli dell'echino. È possibile ipotizzare che anche le colonne della facciata avessero una simile decorazione. Infine, la trabeazione è costituita da un architrave composto da tre fasce lisce, la cui parte superiore è costituita da un listello coronato da una modanatura a gola rovescia. Il fregio è liscio e modanato a gola diritta, e la cornice è modanata da due listelli e un tondino.

L'angolo nord-occidentale del *naòs* dava accesso ad una stretta scala che correva lungo il lato occidentale del tempio. La sua posizione nascosta e le sue modeste dimensioni fanno propendere per una interpretazione come scala destinata ai servizi di manutenzione o come accesso alla soffitta del tempio dove erano solitamente depositati gli oggetti cultuali.[37] Nell'angolo sud-orientale della parete di fondo del tempio si nota la giustapposizione di due strutture murarie. Questo raddoppiamento anomalo delle pareti è dovuto all'inglobamento nella costruzione templare di una precedente struttura muraria e rispecchia,

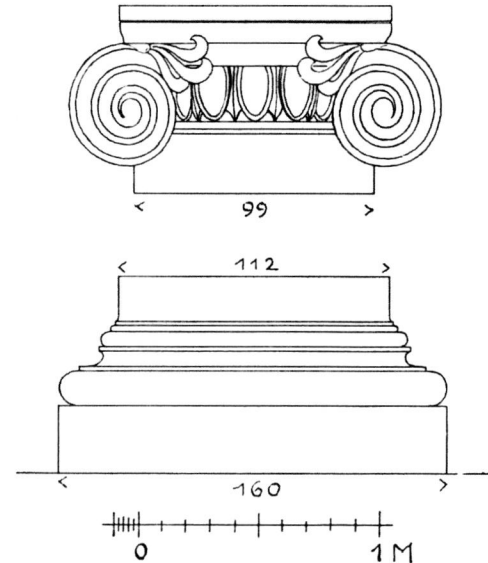

Fig. 25: Disegno capitello ionico e base di colonna, cella, il santuario di *Baitokaike* (Krencker e Zschietzschmann 1938: Figura 114).

oltre a esigenze cultuali, anche la scelta architettonica di trasformarla in un tempio tetrastilo. Questa tradizione architettonica è assai diffusa nella Siria romana come testimonia ad esempio il caso del tempio di Omrit.[38]

La Krypta

Il crollo delle pareti del tetrastilo verso l'interno impedisce di comprendere appieno la tipologia dell'*adyton*, che era verosimilmente appoggiato alla parete di fondo e la cui esistenza è ipotizzabile in base alla presenza di una *krypta* sotto alla parte posteriore del *naòs* (Figure 26-27).

La *krypta* era accessibile tramite un'apertura quadrangolare (alta 0,9 m e larga 0,69 m), situata nel terzo filare orientale del podio, sotto la quarta semicolonna, il cui architrave reca una modanatura semplice, composta da dentelli rettangolari raccordati da un gradino arretrato tra gli spazi intermedi. L'apertura era provvista di due ante che si aprivano verso l'esterno, differentemente dal sistema di chiusura degli altri edifici del sito. Lo confermano i quattro piccoli fori, due per lato, che servivano all'alloggiamento dei paletti che sostenevano la porta lignea. È difficile ricostruire l'ambiente interno della *krypta* a causa dei blocchi crollati dal soffitto, ma sembra, sulla base dei recenti studi effettuati sul sito, che essa conservasse al proprio interno una più antica struttura inglobata successivamente nel tetrastilo.[39] Questa ipotesi può essere formulata in base ai resti di un'altra apertura più stretta, di c. 10 cm, nello spazio fra i blocchi della *krypta* e quelli del podio appartenenti allo stesso muro orientale della struttura più antica, le cui tracce sono ancora visibili nell'angolo sud-orientale del *naòs* del tempio tetrastilo.

Anche se è plausibile ipotizzare la presenza di una scala rimovibile posta davanti all'apertura della *krypta*, le dimensioni modeste del suo ingresso e la sua posizione all'interno del podio rendono questa interpretazione piuttosto dubbia. Queste caratteristiche suggeriscono piuttosto che essa servisse come via di comunicazione fra la *krypta* e l'altare-torre ubicato nella area antistante invece che come ingresso

---

[37] Sui numerosi esempi dei templi muniti di scale e scale cfr. Aliquot 2009: 83-84; Amy 1950: 110.
[38] La struttura più antica di Omrit è costituita da una semplice piattaforma incorporata in un tempio tetrastilo che fu trasformato successivamente in un altro periptero esastilo aggiungendo una peristasi su tre lati: Ovadiah e Turnheim 2011: 21-22; Nelson 2011: in particolare 38-40.

Fig. 26: Apertura della *krypta*, cella, il santuario di *Baitokaike* (foto T. Ahmad 2008).

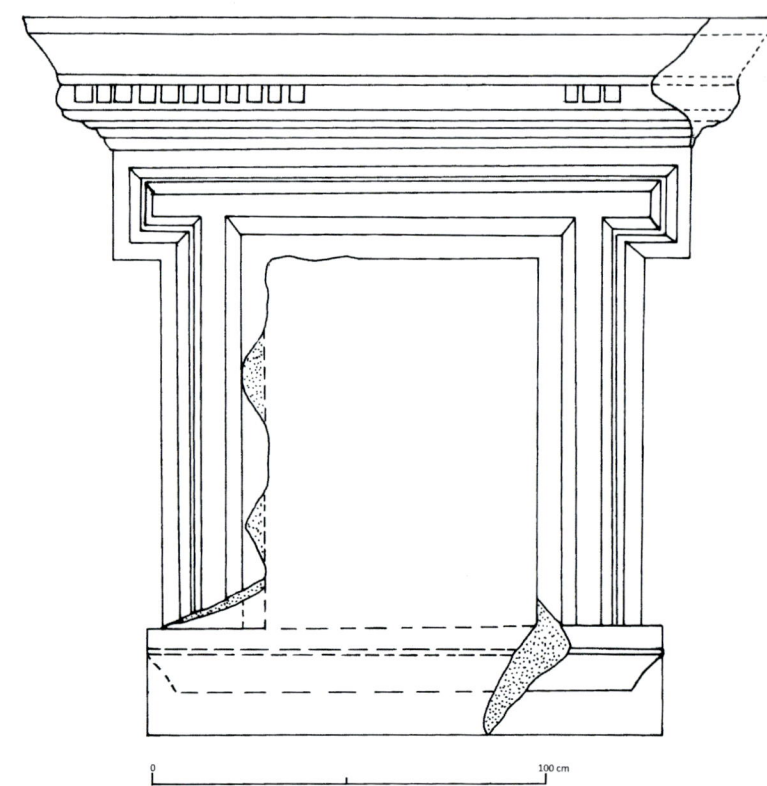

Fig. 27: Disegno della *krypta*, cella, il santuario di *Baitokaike* (disegno T. Ahmad).

alla *krypta* stessa. È possibile ipotizzare che le attività religiose, in particolare quelle connesse al culto oracolare che è attestato nella grande iscrizione del sito,[40] avessero luogo presso la *krypta* e fossero accompagnate da offerte di statue o di ex-voto che venivano posti nell'area antistante o sulla terrazza

---

[39] Freyberger 2004: 24-25; Ertel e Freyberger 2008: 741, Figura 23.
[40] Sul culto oracolare a *Baitokaike* vedi *infra*. Per la *krypta* come luogo di culto oracolare cfr. Freyberger 2004: 24; Ertel e Freyberger 2008: 742.

dell'altare-torre. Questo uso sembra essere confermato dalle impronte delle tavole metalliche dedicatorie di diversa forma che dovevano essere agganciate attorno all'apertura. La tavoletta bronzea pubblicata da H. Seyrig potrebbe essere stata alloggiata in una di queste cavità.[41]

I percorsi rituali del santuario

Nell'angolo nord-est della piattaforma dell'altare antistante il tetrastilo è presente una buca di palo[42] che sembra plausibile mettere in relazione con quelle poste lungo la via dell'accesso orientale al *temenos*, tra la porta orientale e il tetrastilo, ai confini settentrionali della terrazza dell'altare. Probabilmente la piattaforma costituiva il punto di incrocio di tre percorsi rituali che partivano dalle porte del santuario e attraversavano le scale laterali, come sembra suggerire la forma allungata della scalinata davanti al tempio.[43] Nonostante le scarse testimonianze archeologiche a nostra disposizione, è possibile immaginare che le processioni accompagnate da musica, danze e incensi bruciati, si dirigessero verso la piattaforma e la terrazza dell'altare-torre.[44] Il primo percorso si snoda lungo l'asse principale del santuario, e prima di raggiungere la piattaforma, è diviso in due dalle due scale fiancheggianti l'altare. Il secondo, che nasce dalla porta orientale e va verso la piattaforma, è caratterizzato sul lato meridionale dalla presenza della larga scalinata che parte dalla terrazza dell'altare-torre, dove verosimilmente i fedeli lasciavano le offerte, come testimoniano i resti di numerosi altari votivi. Nel terzo percorso, invece, è possibile mettere in rapporto la sorgente adiacente alla porta ovest con la piattaforma del tempio che è preceduta da una scalinata sul lato occidentale di fronte alla porta occidentale del santuario.[45] È possibile ipotizzare che l'ultimo dei tre percorsi potesse essere quello effettuato per il rito del trasporto dell'acqua sacra dal ninfeo del santuario, che trova paralleli in alcuni santuari romani della Siria e dell'Arabia.[46] Sono note anche alcune testimonianze letterarie ed epigrafiche come ad esempio quelle di Luciano di Samosata per il santuario Hierapolis,[47] la dedica di una idria a Zeus e alle altre divinità nel santuario di Brahlia, vicino *Abila di Lysanias*.[48] Le due piccole *favissae* contemporanee al tempio e rivenute fra questo e il recinto occidentale possono essere identificate come i luoghi più adatti alla conservazione o alla libagione delle offerte[49] e non è da escludere che la *krypta* potesse essere usata come deposito anche per l'acqua sacra utilizzata nei rituali.[50]

Resta molto difficile mettere la porta meridionale del santuario in relazione con i percorsi rituali, in quanto essa si apre verso un'area di dimensioni modeste, apparentemente non edificata e incolta, ed attraversata da un corso d'acqua che scorre verso ovest riunendosi con quello della sorgente del santuario. Si può ipotizzare che quest'area fosse dedicata alla coltivazione del ricino, oppure all'allevamento, come avveniva nel del santuario di Hierapolis.[51]

Altri monumenti di culto

Di fronte al recinto settentrionale sono localizzati altri monumenti cultuali che non sembrano appartenere al santuario. D. Krencker e W. Zschietzschmann hanno rilevato uno di questi monumenti posto alla

---

[41] Seyrig 1951: 191-92. Sull'iscrizione dedicatoria cfr. appendice I. 13, Figura I. 5.
[42] Ertel e Freyberger 2008: 744-45, Figura 29.
[43] La forma allungata del tetrastilo di *Baitokaike* è straordinaria e trova confronto nel tempio A a Niha. Questa forma era senza dubbio connessa a esigenze cultuali. Per la ricostruzione cronologica del complesso a Niha cfr. Yasmine 2009: 145-46.
[44] La musica, ad esempio, giocava un ruolo essenziale nei riti presso i templi, come e.g. nel tempio V ad Hatra, dove sono state portate alla luce due statue che raffigurano donne con strumenti musicali. Safar – Mustapha 1974: 171, 252, Figure 174, 243.
[45] Steinsapir 2005: 39.
[46] Citiamo e.g. il caso di Si' 8 che costituisce un punto di incrocio davanti all'accesso della via sacra che conduce al grande santuario: la sua posizione si mette chiaramente in rapporto con la processione rituale, come in Dentzer-Feydy 2003: 105-106. K. S. Freyberger suppone un rapporto tra Si'8 e la 'birkeh', una cisterna a cielo aperto situata 200 m ad ovest, per quanto riguarda l'utilizzo dell'acqua sacra nel rito a Si', Freyberger 1998: 55.
[47] I fedeli, racconta Luciano, portavano dal mare (l'Eufrate) i vasi pieni d'acqua per effettuare libagioni nel santuario: Luc. *Syr.D.* 48; cfr. Lightfoot 2003: 492-93.
[48] Cfr. Rey-Coquais 1997: 937.
[49] I due pozzi sono stati rinvenuti nei sondaggi '2004 Cella N-J' e '2004 Cella N-I', cfr. Othman 2004: 2.
[50] Poche evidenze archeologiche confermano che la conservazione dell'acqua avvenisse all'interno della *krypta*, fra queste è degno di nota il sistema di conservazione dell'acqua piovana nella *krypta* del tempio di Daht Ras nell'Arabia, che veniva riempita con l'acqua proveniente dai discendenti pluviali del tetto, nonostante il sito fosse ricco di pozzi per attingere l'acqua presenti nel sito: Eddinger 2004: 22.
[51] Luciano menziona che tori, cavalli, leoni e aquile erano allevati nel cortile del santuario di Hierapolis: Luc. *Syr.D.* 41; cfr. Lightfoot 2003: 479.

Fig. 28: Edicola, veduta da ovest, il santuario di *Baitokaike* (foto T. Ahmad 2007).

sinistra del propileo.[52] Si tratta di una piccola edicola costruita su un basamento quadrato di *c.* 2 m di lato e composta da un blocco monolitico largo 1,1 m, la cui parte inferiore è lavorata a forma di zoccolo non modanato, e sulla cui parte superiore è scavata una nicchia semicircolare orientata verso sud (Figura 28). L'edicola era probabilmente circondata da una peristasi di piccole colonne come dimostra un piccolo timpano triangolare fotografato da D. Krencker e W. Zschietzschmann e che ora non è più reperibile.

L'edicola di *Baitokaike* si inserisce nella categoria dei cosiddetti 'monumenti a colonne' interpretati come piccole strutture autonome e attestati soprattutto nei luoghi di culto della Fenicia già dal I secolo a.C.[53] La molteplicità delle problematiche d'ordine storico e funzionale connesse a tale tipologia architettonica locale ha suscitato tra gli studiosi un acceso dibattito.[54] La peculiarità dei 'monumenti a colonne' è costituita dal nucleo cubico monolitico ornato da una nicchia con figure (Kafer-Dan) o con un'iscrizione (Deir el-Qalaa),[55] che indica, senza dubbio, la sua funzione di *naiskos* o *sacellum* non necessariamente riconducibile all'analoga categoria palmirena nota dalle iscrizioni come *ḥmana*. A tale tipologia architettonica va attribuito anche il cippo monolitico riportato alla luce dagli studiosi tedeschi, anch'esso purtroppo non più reperibile.[56] Il cippo è caratterizzato da pilasti corinzi presso gli angoli e da nicchia con figura maschile su ogni lato. Le sue modeste dimensioni (1,2 x 1,3 m) trovano confronto nei cippi rinvenuti nella Fenicia.

Gli scavi effettuati negli anni '90 hanno portato alla luce alcuni nuovi elementi architettonici nell'area antistante il propileo.[57] Nell'angolo nord-orientale del portico esterno del propileo è stato rinvenuto un

---

[52] Krencker e Zschietzschmann 1938: 78, Figure 108-110.
[53] Si tratta di una costruzione modesta composta da un piccolo monumento generalmente quadrato di *c.* 3 m di lato, eretto su un podio quadrato di *c.* 5 m di lato, che racchiude al centro un cippo costituito da un blocco monolitico generalmente cubico e circondato da 8 o 12 piccole colonne, come nel caso di Qaalat Fakra, Hoson Sfire, Deir el-Qalaa, Hoson Niha, Nebo di Palmira, etc., cfr. Collart e Coupel 1977: 78-82.
[54] Secondo H. J. W. Drijvers tutti gli esempi di 'monumenti a colonne' appartengono alla stessa categoria di *ḥmana* del santuario di Allat a Palmira, Drijvers 1988: 178-179. Quest'ipotesi è seguita da S. K. Freyberger che riporta esempi dalla Siria occidentale di cui è anche l'edicola di *Baitokaike*, Freyberger 1997: 853. Al contrario M. Gawlikowski afferma che l'etimologia di *ḥmana* va utilizzata per il caso del santuario di Allat dal quale proveniva. L'autore mostra anche la differenza fra le varie categorie di monumenti cultuali locali e propone per il monumento di Machnaka la funzione di altare-torre destinato ai sacrifici come nel caso di Khirbet Tannur, Jebel Ramm e il santuario di Zeus a Gerasa: Gawlikowski 1999: 496 con bibliografia. Per il caso del santuario di Alla cfr. Gawlikowski 1997: 837-849.
[55] Al contrario di L. Nordiguian che definisce il monumento a Deir el-Qalaa come un altare a colonne: Nordiguian 1993-94: 371.
[56] Krencker e Zschietzschmann 1938: 101, Figura 133.
[57] Non è stata purtroppo eseguita una documentazione adeguata al momento dello scavo e i materiali archeologici non risultano registrati dalla DGAM-Tartuts.

CAPITOLO 1. ANALISI ARCHITETTONICA E FUNZIONALE

Fig. 29: Sacello, veduta da ovest, il santuario a *Baitokaike* (foto T. Ahmad 2003).

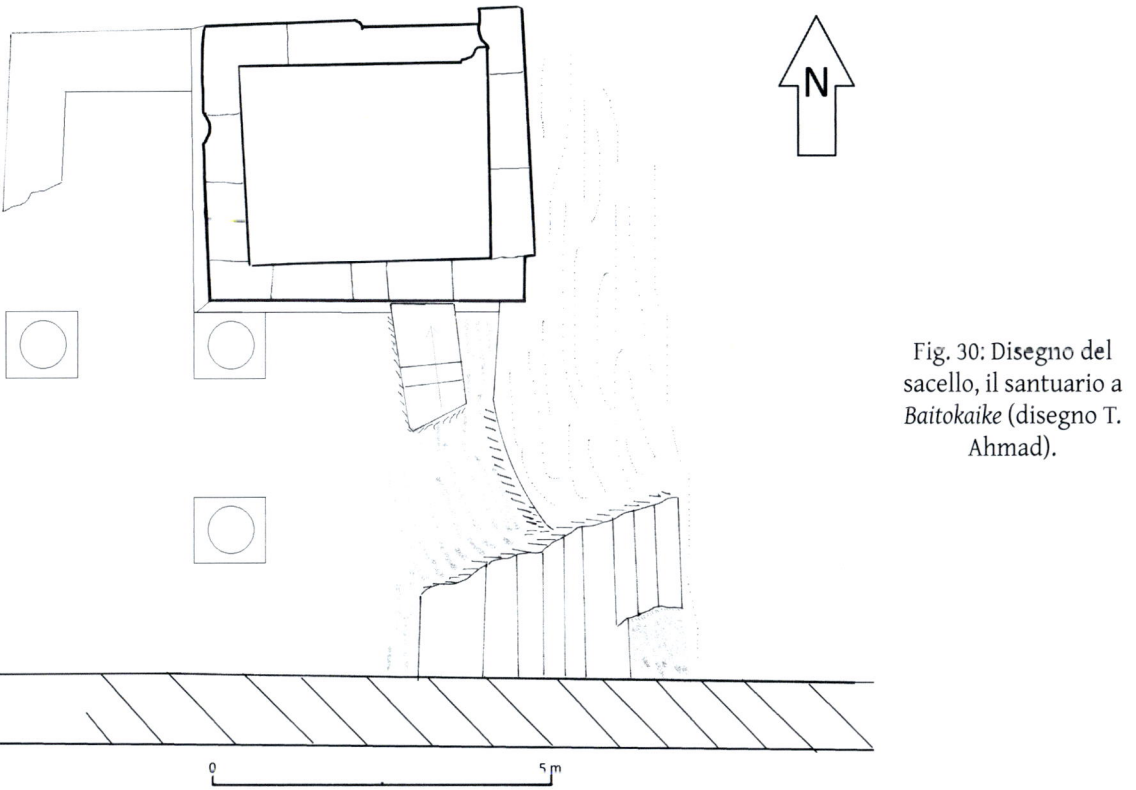

Fig. 30: Disegno del sacello, il santuario a *Baitokaike* (disegno T. Ahmad).

piccolo sacello che non era stato identificato durante le prime indagini effettuate nel sito (Figure 29-30).[58] Si tratta di un ambiente a pianta quasi quadrata che misura 4,2 x 4,9 m, costruito su un basamento sovrapposto a un podio leggermente più porgente sui lati meridionale e occidentale. Il basamento assume la forma di uno zoccolo sui lati meridionale e occidentale ed è ornato su quest'ultimo lato da una modanatura inferiore con una scozia e un tondino. Come coronamento ha un cavetto e una fascia liscia,

---

[58] Il sacello è segnalato da Tholbecq e Dabbour 2009: 212, Figura 3; e dettagliatamente analizzato da Ertel e Freyberger 2008: 735-40, Figure 7-17.

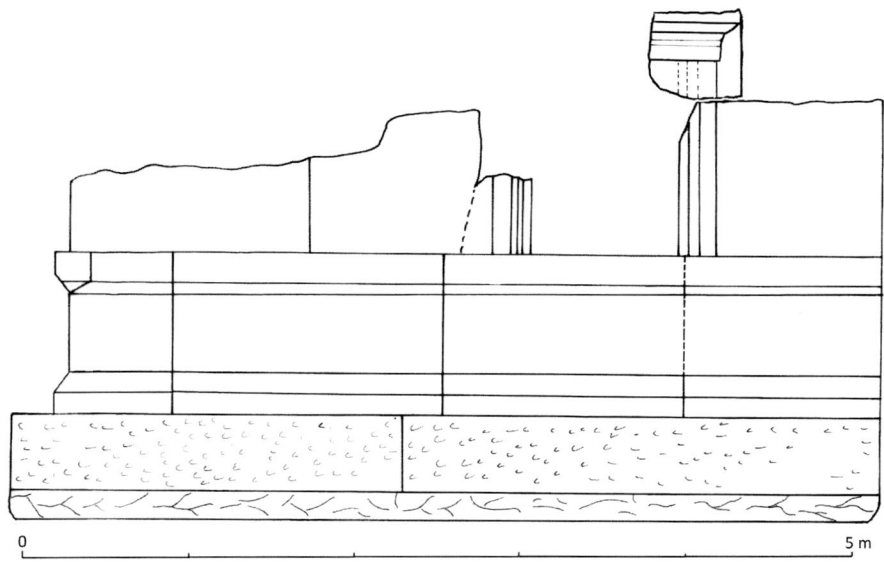

Fig. 31: Disegno della facciata meridionale del sacello, il santuario di *Baitokaike* (disegno T. Ahmad).

mentre lo zoccolo meridionale presenta una modanatura non rifinita. Sul lato orientale il monumento poggia direttamente sul banco roccioso che affiorava probabilmente anche in tutta l'area retrostante. Il sacello era accessibile attraverso una porta larga 90 cm situata sul suo lato meridionale, che presenta le consuete decorazioni a tre fasce lisce separate da semplici gradini progressivamente rientranti (Figura 31). La porta è preceduta da una scala formata da quattro gradini addossati al basamento larghi 88 cm. La facciata del monumento ha un'apertura centrale che probabilmente era incorniciata da due basi di piccole colonne a modanatura composta da un toro e una scozia (Figura 29). Le pareti sono conservate solamente al livello del primo filare e non è quindi possibile ricostruire l'interno elevato del monumento, ma si può ipotizzare che si trattasse di un sacello aperto verso ovest in cui, sulla parete di fondo, era alloggiata un'immagine di culto. La posizione del monumento, in asse con l'edicola che si trova a *c.* 20 m a ovest, è molto indicativa, dato che suggerisce un'organizzazione architettonica per tutta l'area fra i due monumenti attribuita ad una fase precedente alla costruzione del propileo del santuario Questa ipotesi ricostruttiva è confermata dal rinvenimento di una base di colonna nella zona nord-est del portico che si sovrappone a una parte del podio del monumento. Il setto murario che corre dall'angolo nord-orientale del basamento dell'edicola in direzione est potrebbe appartenere ad una struttura architettonica più complessa che però non è stata ancora scavata.

Y. Dabbour e L. Tholbecq ipotizzano due fasi d'uso del *naòs*,[59] la più tarda delle quali sarebbe stata la trasformazione in *torcular* : un fusto di colonna rinvenuto in *situ* a *c.* 5 m a ovest del monumento, che presenta un foro centrale e due altri laterali, avrebbe funto da un contrappeso del tipo a vite legato all'estremità di un *prelum* lungo probabilmente 10 m (Figura 32).[60] L'altra estremità del *prelum* doveva essere inserita in un incavo al centro della parete posteriore del vano.[61] Di fronte alla facciata occidentale si trovava una grande vasca, i cui resti si notano nella zona nord-occidentale del monumento. Questa era destinata ad accogliere l'olio o le acque reflue provenienti da due scarichi scavati nella facciata soprastante. La trasformazione del *naòs* in *torcular* indica senza dubbio una risistemazione di tutta l'area antistante il santuario per impiantarvi una struttura per la produzione dell'olio o del vino. Se ipotizziamo che il *trocular* sia stato usato per la spremitura, è presumibile immaginare che ci fossero anche delle macine (*trapetum* o *mola* olearia) destinate alla triturazione delle olive. A questa fase di risistemazione dell'area è attribuibile una scala poggiante sul banco roccioso a ridosso dell'area meridionale del *naòs* e

---

[59] Dabbour e Tholbecq 2009: 212.
[60] Ertel e Freyberger 2008: 744, Figura 28; Freyberger 2009: 283-284, Figura 15. Tale tipo del contrappeso corrisponde a quello n. 53 secondo la classificazione di Brun 1986: 122, Figura 60, n. 53.
[61] Sui *torcular* della Sira settentrionale cfr. Callot 1984: 45, Tavole 41, 46-47, in particolare il modello di Sarfud a Gebel Barisha tipo 1a.

CAPITOLO 1. ANALISI ARCHITETTONICA E FUNZIONALE

Fig. 32: Contrappeso, sacello, il santuario di *Baitokaike* (foto T. Ahmad 2004).

addossata al recinto del santuario, forse per raggiungere la sommità del banco roccioso, in una zona in cui si localizzavano probabilmente le attività industriale.[62]

1.2. Il complesso minore (il *Dayr*)

Su una terrazza leggermente elevata, a circa quaranta metri a nord-ovest del santuario di Zeus, si trova un altro complesso monumentale delimitato da un recinto grossomodo quadrato che misura *c.* 58 m di lato, conservato in buona parte dei lati sud e ovest (Figura 4).

Questo piccolo complesso è accessibile da sud tramite due ingressi affiancati. Il primo è costituito da una porta monumentale che misura 6 m di altezza e 3 m di larghezza. Le dimensioni del secondo corrispondono grossomodo alla metà di quella dell'altra porta (Figura 33).[63] Dai due ingressi si conserva in *situ* solo l'architrave della porta più piccola che presenta una modanatura composta da fasce lisce fiancheggiate da due mensole non decorate e sormontate da una serie di dentelli rettangolari, raccordati con un gradino arretrato tra gli spazi intermedi. La sottocornice reca una serie di modiglioni a S che delimitano dei lacunari occupati da rosette a cinque petali. È probabile che l'architrave della porta monumentale avesse delle modanature simili a quelle della porta più piccola, anche se purtroppo è conservata solo la mensola sinistra decorata da una *Nike*/Vittoria, analoga alla decorazione degli ingressi del santuario descritta in precedenza. La facciata meridionale del complesso è caratterizzata da quattro finestre nel tratto occidentale, ed è possibile ipotizzare che ve ne fossero altrettante, disposte simmetricamente nella parte orientale. La presenza di una cornice nello stipite di una di quelle a destra della porta minore, fa pensare che anche le altre ne fossero provviste. La parte inferiore della finestra è ornata da una mensola

---
[62] Cfr. Dabbour e Tholbecq 2009: 212.
[63] Krencker e Zschietzschmann 1938: 95, Tavola 39. Gli autori suggeriscono un terzo ingresso situato nel tratto occidentale sotto la terza finestra a un livello leggermente inferiore rispetto alle altre porte. Questo settore del complesso è ancora poco conosciuto, e una migliore interpretazione potrà essere fornita solo in seguito a nuove indagini.

Fig. 33: Facciata sud del complesso minore a *Baitokaike* (foto T. Ahmad 2007).

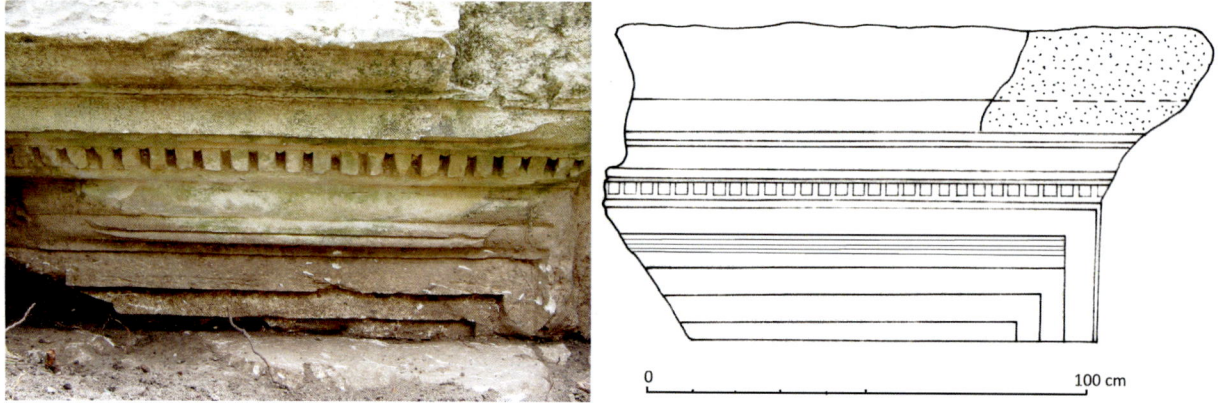

Fig. 34: Architrave di finestra, facciata meridionale del complesso minore a *Baitokaike* (disegno e foto T. Ahmad 2010).

alloggiata nel muro con profilo a S, mentre quella superiore ha un architrave modanato simile a quello dell'apertura della *krypta* del tempio tetrastilo, che è formato da dentelli rettangolari arretrati rispetto alla gola diretta soprastante e raccordati mediante un gradino arretrato tra gli spazi intermedi (Figure 34 a-b).[64] Il sistema di chiusura delle porte e delle finestre del complesso era verosimilmente simile a quello del santuario, come attestano i fori per l'alloggiamento di cardini e paletti. Accanto alla seconda finestra del tratto occidentale della facciata, un blocco rettangolare presenta un bassorilievo raffigurante un portatore di anfore.[65] L'area antistante la facciata meridionale rimane poco conosciuta, ma si notano ancora oggi alcuni blocchi posti parallelamente al tratto occidentale della facciata e a *c.* 5 m dalla stessa, ai quali sono addossate alcune abitazioni moderne. Tali blocchi potrebbero appartenere ad un'opera di sostruzione per livellare quest'area nel suo tratto occidentale.

Il lato occidentale del complesso è costituito da un'alta sostruzione formata da massi quadrati di medie dimensioni, sopra i quali è una struttura rettangolare di 5 x 10 m che era probabilmente accessibile dal

---

[64] Cfr. Ertel e Freyberger 2008: 747, Figura 37, che pubblicano un architrave appartenente probabilmente alla prima finestra nel tratto occidentale, riutilizzato in un'abitazione moderna nell'area antistante la facciata. Durante le nostre indagine ne abbiamo individuato un altro a pochi metri del muro occidentale del complesso, che purtroppo è in cattivo stato di conservazione.
[65] Sull'apparato figurativo vedi *Infra*.

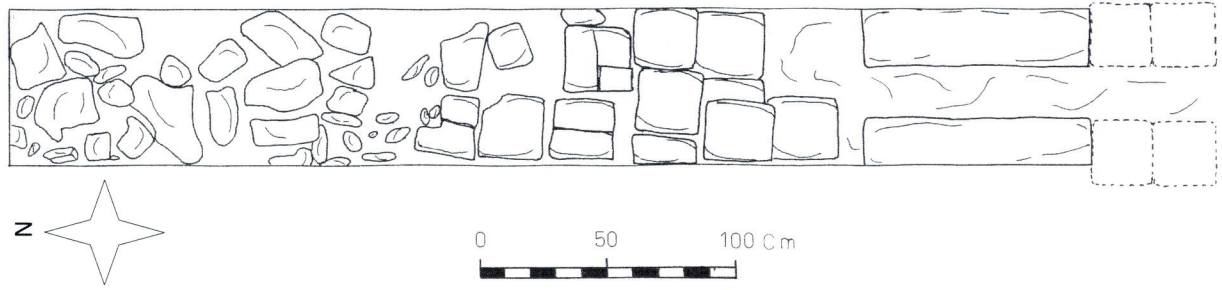

Fig. 35: Pianta del sondaggio T.15, il complesso minore di *Baitokaike* (disegno O. Aiash, DGAM Siria 2004).

lato orientale; essa è composta da due ambienti collegati tra loro tramite una piccola apertura. Il primo ambiente ha la pianta a forma di ferro di cavallo che sporge leggermente rispetto al corpo principale della struttura stessa, il secondo invece ha una pianta rettangolare e ha due piccole finestre che si aprono una sulla sua parete occidentale e l'altra sulla parete meridionale.[66] Il sondaggio denominato T.15, effettuato nell'angolo sud-occidentale e lungo il muro occidentale del secondo ambiente, ha consentito l'individuazione di lacerti della pavimentazione originaria che è interrotta nell'angolo sud-occidentale da un pozzo di 0,6 x 3 m, profondo al massimo 4,58 m (Figura 35). La pavimentazione del pozzo è composta da piccoli lacerti di pietra, e il fondo è costruito mantenendo una pendenza verso sud-est, dove sfociava in un canale costruito con tegole sui lati laterali e con pietre nel fondo e nella copertura. Sembra che il canale continui in direzione sud-ovest probabilmente fuori dal muro meridionale. La struttura appena descritta solleva diversi problemi interpretativi: il canale e la pianta absidata della struttura hanno spinto Y. Dabbour e L. Tholbecq a interpretare quest'ultima come facente parte di un edificio termale.[67] È necessario però sottolineare che allo stato attuale delle nostre conoscenze il pozzo non risulta munito di un sistema di canali e quindi non è idoneo all'approvvigionamento idrico dell'intero complesso. Poco probabile sembra anche l'ipotesi recentemente proposta da C. Ertel e K. S. Freyberger, secondo cui un corso d'acqua sarebbe sgorgato da due sorgenti situate sul lato settentrionale del complesso e che, attraversando questa struttura, si sarebbe riunito con il corso d'acqua che aveva origine nella sorgente principale del sito e che scorreva nel fondovalle.[68]

Fig. 36: Esedra, il complesso minore di *Baitokaike* (foto T. Ahmad 2007).

---

[66] Krencker e Zschietzschmann 1938: 96-97, Figura 130, Tavola 38.
[67] Dabbour e Tholbecq 2009: 213.
[68] Ertel e Freyberger 2008: 757-61, Figura 54-56. Non è stato notato nessun corso d'acqua nel piccolo recinto, ma esiste un altro ruscello che scorre a nord di questo complesso e si riunisce con quello della sorgente in un bacino nel fondovalle. Le indagini non hanno individuato un sistema idrico che collega i due lati interni del piccolo recinto.

Allo stato attuale delle nostre conoscenze non è possibile prendere posizione per l'una o l'altra delle due ipotesi.

Il muro settentrionale ospita una grande esedra di 10 m di diametro, orientata verso il grande santuario e in asse con la sua diagonale invece che con gli ingressi del complesso (Figure 36-37). Le ricognizioni degli inizi del secolo scorso hanno rivelato l'esistenza di un edificio a cui si accedeva da una scalinata e da un portico di sei colonne corinzie caratterizzato, sulle pareti interne, da due piani di nicchie ricavate nello spazio fra i pilastri che sorreggevano dei piccoli architravi.[69] Anche se questi ultimi non si sono conservati, da un frammento della modanata a dentelli e modiglioni si può dedurre che presentassero una decorazione simile a quella degli ingressi del complesso. Nonostante non è possibile affermare attualmente la presenza di un portico, la forma architettonica dell'esedra, caratterizzata da due serie di nicchie, trova confronto nella categoria dei templi ad abside che solitamente hanno la funzione di esporre le statue oggetto di culto.[70] La sua posizione al centro del lato posteriore del complesso minore suggerisce una funzione di 'esedra-tempio', come i *kalyabe* imperiali di *Bostra* e di *Philippopolis*, e potrebbe inoltre avere anche un significato politico, essendo una struttura dove la differenza fra l'aspetto mondano e quello sacro dell'immagine imperiale si annulla.[71]

Il lato est del complesso è ancora in buona parte conservato. A differenza degli altri, è caratterizzato nel tratto meridionale da grandi blocchi quasi cubici che sono sormontati da altri rettangolari allungati e da una cornice a *kyma recta*. Questa tecnica di costruzione trova confronti soprattutto con il recinto meridionale del santuario. Si notano inoltre tre muri perpendicolari al lato orientale del complesso di cui restano ben conservati gli angoli. A 42 m dall'angolo nord-orientale, il lato orientale

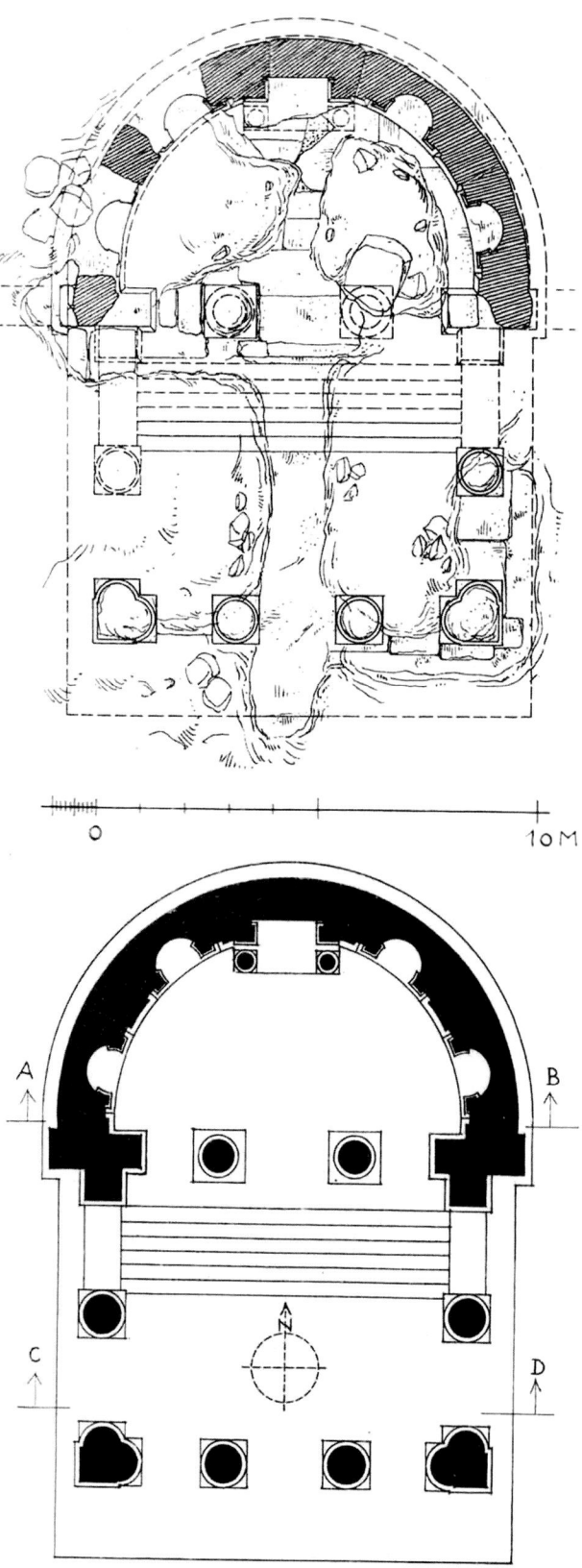

Fig. 37: Pianta dell'Esedra, piccolo complesso a *Baitokaike* (Krencker e Zschietzschmann 1938: Tavola 41).

---

[69] Krencker e Zschietzschmann 1938: 99-101, Figura 132, Tavole 41-42.
[70] M. Gawlikowski confronta l'esedra con gli edifici cultuali ad abside nell'Haramon e nell'Hauran: il tempio B di Rakhlé e il tempio Nord (A) di Burqush, il Tychaion di Sanamein e il cosiddetto 'pretorio' di Mismiyé nel Leja, e ritiene inoltre che l'esedra di *Baitokaike* costituisca un rifugio di statue cultuali: Gawlikowski 1989: 339; Gawlikowski 1998: 40.
[71] Segal 2008: 129.

Fig. 38: Tempio in antis, il complesso minore di *Baitokaike* (foto T. Ahmad 2007).

del complesso viene interrotto da un muro ad esso perpendicolare, che corre quindi in direzione est-ovest, parallelamente alla facciata sud del complesso e che ha una lunghezza uguale ad essa, cioè di 60 m. Anche se questo muro perpendicolare è conservato solo fino a metà della sua lunghezza, il suo angolo sud-occidentale è ancora visibile e ci consente quindi di stimarne la lunghezza totale.[72]

Il tempio in antis

A 2 m di distanza dal muro est del complesso minore si trova il tempio distilo *in antis* (8 x 16 m) orientato a sud, ovvero verso l'edicola, che si addossa ad un muro a esso perpendicolare. Il distilo è privo di podio ed è costruito in *opus quadratum*, ancora ben conservato fino al livello della cornice a forma di *kyma recta*, che è identica a quella del muro orientale del complesso (Figura 38). Si può ipotizzare che la copertura del tempio fosse a tetto piatto e quindi senza un frontone, come ad esempio nel tempio di Kaser Nimrud in Libano.[73] Dato che nessun capitello è conservato, la determinazione dell'ordine architettonico del tempio risulta difficoltosa. Tuttavia, le due lesene delle anti e quelle presso gli angoli posteriori del tempio potrebbero suggerire il suo ordine dorico. Esse presentano semi pilastri incorniciati da una modanatura molto simile al capitello dorico: un echino profilato a forma di semplice *cyma recta* con un abaco basso.

La cella è accessibile dal pronao tramite una porta ornata da una semplice modanatura composta da tre fasce lisce che conservano i fori destinati all'inserimento di ex-voto come nelle nicchie del propileo del santuario.[74] L'architrave della porta presenta una modanatura a *kyma* ionico con freccette e ovoli sormontato da una sottocornice decorata con modiglioni/mensole profilate a forma di S, tra le quali vi sono lacunari occupati da rosette a sei petali di diverse forme. Al di sopra dell'architrave, in posizione centrale, è raffigurata a rilievo un'aquila con le ali spiegate, che è fiancheggiata da quattro grandi fori, due per lato, che servivano probabilmente per sostenere altre figure. Sulla sinistra della porta, a metà altezza, v'è una piccola nicchia con coronamento a conchiglia scavata in un unico blocco di calcare e fiancata da due pilastri che sostengono un piccolo arco. La parete di fondo non è conservata e non si può affermare senza scavi la tipologia del *naòs*.[75] Tuttavia il tempio, dato la sua asse nord-sud, era illuminato grazie a due finestre che si aprono nei lati lunghi.

---
[72] Ertel e Freyberger 2008: 750, Figure 43-42. Dabbour e Tholbecq 2009: 213.
[73] Krencker e Zschietzschmann 1938: 99.
[74] La posizione regolare dei fori non suggerisce che questi fossero destinati all'inserimento di lettere come nel caso della porta occidentale del santuario, dove i fori sono disposti in modo diverso e corrispondente alle forme delle lettere.
[75] Krencker e Zschietzschmann 1938: 99, propongo un *adyton* innalzato sul fondo del *naòs* come si nota in molti templi siriani di età romana.

L'organizzazione dello spazio interno

La costruzione del recinto minore fu probabilmente eseguita sulla base delle proporzioni del grande santuario: la distanza fra l'angolo nord-occidentale di quest'ultimo e i due angoli del lato meridionale del complesso minore sono infatti uguali. Inoltre l'orientamento dell'esedra è in asse con la diagonale del grande santuario.[76] Come già ricordato, gli architravi delle porte e delle finestre presentano modanature analoghe a quelle del santuario.

È doveroso sottolineare che, in mancanza di scavi estensivi nell'area, proporre una interpretazione precisa dell'organizzazione dello spazio interno e della sua cronologia nelle varie fasi di utilizzo risulta molto difficile. Tuttavia l'analisi planimetrica consente di fare alcune considerazioni di carattere generale. Le due costruzioni presso i lati est e nord del recinto hanno la medesima larghezza di 10 m, il che fa pensare ad una loro simmetricità rispetto al tempio distilo (16 m) e non all'ingresso del complesso (Figura 4). Si può notare infatti che tutte le distanze fra i monumenti e gli ingressi distribuiti lungo il muro del recinto sono analoghe: quella tra la porta principale e il tempio sulla facciata meridionale, quella tra l'angolo sud-occidentale del complesso e il muro parallelo ad esso, quella tra quest'ultimo e la struttura rettangolare, poi l'angolo nord-occidentale e infine l'esedra. In base alla planimetria di questo complesso si può quindi ipotizzare che la costruzione inglobasse il tempio distilo che rimaneva accessibile da un'area aperta fra i due complessi.

D'altra parte, la presenza del muro parallelo alla facciata meridionale del complesso fa pensare a un cortile in cui la struttura curva e l'esedra si trovano esattamente al centro dei suoi lati settentrionale e occidentale. Risulterebbero quindi due ambienti posti sui lati est e sud del complesso con lunghezza equivalente a quella del distilo, che misura 16 m. Questo potrebbe spiegare la posizione leggermente sporgente del lato orientale rispetto al tempio distilo.

I sondaggi di estensione limitata che sono stati effettuati nel complesso non hanno fornito dati archeologici significativi sulla funzione degli spazi interni. Sembra però plausibile suggerire che, in base alle particolari caratteristiche della facciata meridionale munita di finestre e decorata con raffigurazioni di anfore, il mercato menzionato nella grande iscrizione del sito si trovasse nel complesso minore, dove il lato meridionale avrebbe potuto accogliere una serie di magazzini e negozi destinati al commercio del vino e/o dell'olio d'olivo accanto alle sale da banchetto.[77] È infatti possibile riconoscere nel complesso minore una dimensione economica di centro attivo sul piano commerciale in un vasto territorio rurale.[78]

Basilica bizantina

A ridosso della zona posteriore del tempio distilo, D. Krencker e W. Zschietzschmann hanno identificato i resti di una basilica bizantina probabilmente a tre navate con un'abside addossata al muro orientale del complesso (Figura 4).[79] Il lato meridionale della basilica è costituito da un muro perpendicolare al lato orientale, ma parallelo alla facciata meridionale del complesso, mentre il lato settentrionale è stato identificato in base alla presenza di alcuni blocchi.[80] Si nota una forte concentrazione di frammenti di tegole sulla superficie di quest'area del complesso, ed è probabile che l'edificio fosse pavimentato usando piccole pietre calcaree come dimostra il lacerto di pavimento ritrovato nel sondaggio T.S.21. Oltre all'ingresso ipotizzato sul lato occidentale, la basilica sarebbe stata accessibile anche da quello meridionale tramite gli ingressi del complesso, e probabilmente dall'angolo sud-orientale. Questo potrebbe spiegare la mancanza del muro di fondo del tempio distilo.

---

[76] Dabbour e Tholbecq 2009: 212-13.
[77] Dabbour e Tholbecq 2009: 213 (area distinta all'accoglienza dei pellegrini, al loro alloggio, cure e banchetti); Ertel e Freyberger 2008: 750 (mercato); Fani 2004-2005: 107-109 (banchetti); Freyberger 2004: 36 (negozi e magazzini di vino); sul bassorilievo del portatore di anfore cfr. *infra*.
[78] Tale attività è bene attestata nei santuari urbani e rurali, alcuni potrebbero avere alcuni strutture adatte a questa attività all'interno del santuario, come nel temenos esterno del santuario di Damasco, cfr. Watzinger e Wulzinger 1921: 26-30; eseguiti da Sauvaget 1949: 325-326 che suppone un raddoppiamento del portico destinato a ospitare una serie di negozi e magazzini; al contrario, Will 1994: 38, che l'attribuisce alle esigenze religiose più che ad un uso come mercato.
[79] Krencker e Zschietzschmann 1938: 101, Tavola 38.
[80] Dabbour e Tholbecq 2009: 213.

CAPITOLO 1. ANALISI ARCHITETTONICA E FUNZIONALE

Fig. 39: Bassorilievo di aquila, soffitto dell'architrave, porta occidentale,
il santuario di *Baitokaike* (foto T. Ahmad 2003).

1.3. Apparato figurativo

Aquila

L'iconografia dell'aquila si ripete frequentemente nel santuario, e attira l'attenzione sia per la sua posizione prominente sui soffitti e sulla sommità degli architravi delle porte, che per i suoi profondi significati cultuali. Si tratta di una scena cosmica dove l'aquila è raffigurata con le ali spiegate e con il caduceo alato negli artigli, ed è affiancata da due figure maschili che recano una ghirlanda (Figura 39).

Il motivo dell'aquila con le ali spiegate è molto frequente nella decorazione dei soffitti dei santuari romani in Siria: fra gli esempi conosciuti si ricordano l'*adyton* nel santuario di Bel a Palmira[81] e il tempio A ad el-Hadet,[82] dove essa è rappresentata come 'signora del cielo' che si staglia su uno sfondo stellato. Sono note iconografie più tradizionali, e non manca la figura più classica dell'aquila con un ramo nel becco, spesso raffigurata sui soffitti dei templi come ad esempio in quelli di Kadesh[83] e di Rakhle (C).[84] Se il motivo dell'aquila con le ali spiegate è ampiamente diffuso, meno noto è invece nella scultura romana e dunque più difficilmente interpretabile quello dell'aquila con il caduceo tenuto negli artigli.[85] Tale scena trova infatti confronto solamente in un rilievo sulla sommità dell'architrave dell'ingresso del tempio B a Baalbek-Heliopolis (Bekka), dedicato probabilmente a Bacco.[86] Il caduceo è abitualmente il simbolo di Hermes nel mondo greco, ma fra i suoi vari significati connessi ai culti misterici è conosciuto soprattutto come attributo dei messaggeri.[87] In questo senso, il caduceo nella scena dell'aquila a Baalbek è stato interpretato come un'emanazione di Zeus-Iuppiter e di Hermes, il suo intermediario con il mondo terrestre.[88] Le raffigurazioni relative al culto di Bacco nel tempio di Baalbek hanno spinto molti

---
[81] Cfr. Seyrig, Amy e Will 1975: 50, Album 58.
[82] Cfr. Krencker e Zschietzschmann 1938: 143-144, Figure 198-200.
[83] Cfr. Fischer, Ovadiah e Roll 1984: 163, Tavola 37.1.
[84] Cfr. Krencker e Zschietzschmann 1938: 229, Figure 346-347.
[85] Si tratta di pochi esempi numismatici di Antiochia risalenti alla fine del I sec. d.C., cfr. Seyrig 1962: 203-204, Tavola xiv,15; Burnett, Amandry e Carradice 1992: 282, nn. 1973-1975.
[86] Cfr. Wiegand 1923. 22, Figura 38. Si cita un altro analogo esempio rivenuto a Dionisia (Sweida) nel Hauran, ma di incerta provenienza, cfr. Dunand 1934: 33, n. 38, Tavola 33.
[87] Cfr. e.g. *h. Hom.*: III, 529. cfr. Vergados 2013: 558-560. In una serie numismatica coniata nel III sec. a.C. si nota la figura di Poseidone accompagnato dall'aquila recante il caduceo, che viene interpretata come l'uccello messaggero di Zeus, Seyrig 1962: 204, nn.1, 6.
[88] Seyrig 1962: 205; Hajjar 1977: 56.

studiosi ad attribuire giustamente il tempio a tale divinità e l'aquila viene in questo caso riferita alla natura hermesiana della divinità heliopolitana come messaggero di Iuppiter.[89] A *Baitokaike*, invece, non si nota alcun accenno epigrafico o figurativo a un'altra divinità che non sia Zeus. Sembra piuttosto che il caduceo nella scena di *Baitokaike* si riferisca al culto oracolare di Zeus attestato anche nella principale iscrizione del sito,[90] come mezzo di comunicazione della divinità attraverso il suo profeta-sacerdote e non attraverso un messaggero divino.

Le due figure maschili associate all'aquila nella scena possono essere identificate come due putti. Nonostante siano raffigurati privi di ali, contrariamente agli Eroti del rilievo di Baalbek, il loro movimento reso con le gambe piegate e la ghirlanda stretta nella mano appartengono a motivi frequentemente attestati nell'arte romana in Siria.[91] Questa interpretazione si collega a quella dell'iconografia del tempio B a Baalbek,[92] dove i putti sono stati correttamente interpretati come motivi decorativi associati all'immagine principale senza però possedere una particolare connotazione divina, confutando quindi la loro interpretazione come le figure divine di *Azizos* e *Monimos*, o di *Phosphoros* e *Hesperos* (stelle del mattino e della sera).[93] Inoltre, questi putti non trovano confronti nell'iconografia nei santuari siriani, in cui l'aquila è affiancata da due divinità che rappresentano il sole e luna. Infine, la posizione particolare di questa composizione sui soffitti degli ingressi del santuario di *Baitokaike* potrebbe svolgere anche una funzione apotropaica e rappresentare per i fedeli la celebrazione dei misteri della grande divinità celeste di Zeus *Theos Hagios Ouranios*.

Se l'iconografia dell'aquila nelle porte del santuario presenta notevoli problemi d'interpretazione, la sua presenza nel tempio in *antis* può essere invece connessa direttamente a Zeus. Qui infatti l'aquila, che è raffigurata a riposo con le ali spiegate solo per metà, occupa la parte centrale superiore della porta del *naòs*. Tale iconografia è frequentemente attestata nell'arte figurativa religiosa della Siria romana, ma ricorre spesso anche nei santuari dedicati a Baal-Šamêm, dove è raffigurata tra una divinità solare e una lunare, come nel caso del santuario di Palmira e di Si'. I fori ancora visibili ai lati dell'aquila di *Baitokaike* erano probabilmente destinati a sostenere altre due statue.

Leone

La figura del leone si trova raffigurata presso gli angoli della facciata settentrionale del santuario: quella a nord-ovest è di fronte ad un cipresso (Figura 40), mentre l'altra di profilo a destra con la testa di fronte (Figura 41). Un elemento decorativo a protome leonina era probabilmente al centro del lato interno degli architravi delle porte e occupava totalmente un lato di blocco proveniente probabilmente dal timpano del tempio (Figura 42).

Il leone associato al cipresso trova un parallelo in una moneta di *Aradus* del III sec. d.C., ove un toro ed un leone sono raffigurati ai lati di un cipresso.[94] L'iconografia del leone di *Baitokaike* può essere paragonata a quella presente sulla serie numismatica di *Aradus*, anche se con cautela, in quanto quest'ultima riproduce chiaramente la raffigurazione del culto di Baal/Hadad e della sua consorte Atargatis/Dea Syria, dove il leone è associato alla divinità femminile e non a quella maschile.[95] Vista l'assenza del toro nell'iconografia di *Baitokaike,* la linea di interpretazione che risulta più verosimile è quella che considera l'associazione del leone ad entrambe le divinità solo quando esse sono raffigurate separatamente. Infatti, le stele di Amrit[96] e di Qadbuon[97] risalenti alla prima metà del I millennio a.C., mostrano un leone sormontato da Baal stante

---

[89] Cfr. Aliquot 2009: 210.
[90] Cfr. appendice I. 1. Linea 25.
[91] Si ricorda e.g. i sarcofagi di Sidone, cfr. Meurdrac e Albanèse 1939: 48, Tavola VI. b-c; di Tiro: Will 1946-48: 114, Tavola 3 a.; le pitture murale della tomba di el-Awtin a Tiro, cfr. Dunand 1965: 35, Tavole IV-VI.; e infine, il famoso mosaico di Artemide proveniente da Philippopolis, cfr. Balty 1977: 20-22.
[92] Hajjar 1977: 54-56.
[93] Dussaud 1903: 130, era fra i primi a dare tale interpretazione simbolica all'iconografia e a metterla in rapporto con la triade di Baalbek. L'ipotesi viene ripresa da molti studiosi, vedi per ultimo: Steinsapir 2005: 36.
[94] Cfr. Hill 1910: *Aradus (Elagabalus)* nn. 383-385, Tavola. VI. 8-10; Rey-Coquais 1974: 235-236; Seyrig 1951: 198-199.
[95] Basti ricordare l'iconografia a Hierapolis, cfr. Luc. *Syr. D.*: 32.
[96] Cfr. da ultima Cecchini 1997.
[97] Cfr. Bounni 1991: Figura 1. Resta dubbiosa l'ipotesi dell'autore sulla continuità di utilizzo della stele in epoca romana, cfr. Bounni 1997: 779-780.

con i suoi simboli divini. Tale iconografia preclassica sopravvisse in quella romana di Aflad identificato come Baal/Hadad proveniente da Dura-Europos.[98] Vi sono anche inoltre testimonianze epigrafiche come la dedica di due statue leonine a Zeus Ορειος a Helaliye nei pressi di Sidone, databile al 147 d.C.,[99] e varie iscrizioni greco-romane dove la divinità è indicata semplicemente come leone.[100] Alla luce di queste considerazioni è possibile proporre una lettura del motivo del leone a *Baitokaike* in riferimento a Zeus come l'unica divinità venerata nel luogo di culto.

L'iconografia del leone a *Baitokaike* non è mai connessa alla raffigurazione antropomorfa di Zeus, e simboleggia quindi essa stessa la divinità. Tra i molteplici significati del leone risulta molto suggestivo quello connesso alla costellazione dello zodiaco, già attestata nelle fonti letterarie e nei documenti figurati della Siria greco-romana, dove è frequente l'associazione della protome leonina a divinità pianeti.[101] Troviamo infatti spesso le teste leonine raffigurate insieme alle divinità/pianeti nelle statue di Iuppiter Heliopolitano.[102] L'associazione della costellazione del leone con il sole è inoltre testimoniata nelle fonti classiche dove questa viene indicata come 'dimora del sole'.[103] Anche il cipresso davanti al leone a *Baitokaike* potrebbe riferirsi a questa correlazione, dato che il cipresso è sempre associato alle divinità solari nella Siria romana, come ad esempio ad

Fig. 40: Altorilievo di leone muro settentrionale, il santuario di *Baitokaike* (foto T. Ahmad 2007).

Fig. 41: Altorilievo di leone muro settentrionale, il santuario di *Baitokaike* (foto T. Ahmad 2003).

---

[98] Cfr. Downey 1977:193-194, Tavola 1.
[99] Cfr. Renan 1864: 396-97.
[100] Si cita e.g. la dedica di Qalaat Qalota: Jalabert e Mouterde 1939: n. 383; Gatier 1997: 762.
[101] Marcob. *Sat*. I. 21. 16. Tra le prime figure astrologiche del leone va citato il 'leone oroscopo' raffigurato nel gruppo scultoreo di Antioco IV a Nemrud Dagh, cfr. Cook 1914: 750, figura 547.
[102] Hajjar 1977: 239-41, n. 209 (statua di Beirut, 261-62 n. 222 (statua di Biblo), cfr. Aliquot 2009: 204. Alcune fonti tardo-antiche affermano che la divinità si manifesta anche sotto forma di leone, cfr. Dam. *Isid.*, fr. 138, cfr. Athanassiadi 1999: 308-31.
[103] Plin. *Nat*. XXIV, 17, 162.

Apollo nella regione di Antiochia,[104] a Malakbel nella regione di Palmira[105] e a Mercurio nella regione di Baalbek,[106] dove il carattere cosmico della divinità è rappresentato tramite il simbolo zodiacale del leone.[107]

Nike/*Vittoria*

Le mensole sul lato esterna degli architravi delle porte del santuario (Figura 43) sono figurate in due Vittorie. Esse sono figure alate di profilo, poste su un globo e vestite con un lungo peplo che doveva essere fermato da fibule sulle spalle, e con un *apoptygma* aderente al corpo legato con un nastro annodato alla vita che forma pieghe molto nette che danno l'effetto del vento. La posizione della gamba sinistra (o destra a seconda della posizione della *Nike/Vittoria* nell'architrave) è leggermente avanzata e rinforza questo effetto dinamico che conferisce l'illusione del volo e della leggerezza. Lo stile della scultura sembra simile anche all'impostazione della figura di *Nike*, che presenta una netta spinta in avanti del busto sottolineata dalla linea continua inclinata della schiena, da cui si dipartono grandi ali piumate. La sua

Fig. 42: Altorilievo di testa leonina, timpano della cella, il santuario di *Baitokaike* (foto T. Ahmad 2003).

posizione nell'architrave trova confronto con un esemplare conservato al museo di Palmira, di incerta provenienza.[108] Lo stile con l'illusione del volo trova stretti paralleli con le Vittorie del *Hauranites*,[109] mentre la resa del chitone ricorda quella della Vittoria-Fortuna proveniente da *Seleucia di Pieria*.[110]

È possibile mettere le due *Nikai* in rapporto con la scena cosmica dell'aquila che rappresenta Zeus come divinità onnipotente e trionfante. È una lettura iconografica che può essere paragonata a quella della decorazione del soffitto del tempio A a Niha in cui l'aquila con le ali spigate viene coronata da una *Nike/Vittoria*.[111]

Rilievo con personaggio maschile

Al posto delle mensole sulla facciata interna degli architravi dei due ingressi laterali del santuario vi sono due figure maschili nudi emergenti da un calato decorato con foglie di acanto (Figura 44).[112] Nonostante il cattivo stato di conservazione, è possibile notare almeno un abbraccio sollevato all'altezza delle spalle,

---

[104] Cfr. Cumont 1928: 106.
[105] Basti ricordare il famoso altare palmireno nei Musei Capitolini, Cumont 1928: 104-105.
[106] Si ricorda e.g. l'insegna di piombo rinvenuta ad Ain el-Gioug vicino a Baalbek, dedicata probabilmente a Mercurio e raffigurante un cavallo con il cipresso: Hajjar 1977: 136-139, n. 125. Simile alla raffigurazione numismatica di Damasco: cipresso fra un leone e un cavallo, Wroth 1899: Tavola 35-6.
[107] Sulla natura della divinità cfr. *Infra*.
[108] Tanabe 1986: 105-106, Tavole 66-67.
[109] Cfr. e.g. la Vittoria di al-Harra conservata al museo nazionale di Damasco (In. 7752/3585): Weber 2006: 41, n. 23, Tavola 17 a-c.
[110] Stillwell 1941: 121, n. 311, Tavola 2.
[111] In realtà si tratta di due *Nikai*/Vittorie: la prima incorona l'aquila con la mano destra e tiene nell'altra un ramo di palma, la seconda -di dimensioni minori- corona invece, un Erote, cfr. Freyberger 1999: 571, Figura 2.
[112] Le due mensole del lato interno della porta principale del propileo sono incomplete. È chiaro che la facciata interna non è stata mai rifinita, come mostrano i tenoni ancora presenti sui blocchi sovrastanti della porta. Tuttavia, tali mensole dovevano ospitare le stesse figure delle altre porte.

Fig. 43: Altorilievo di Vittoria sul lato esterno dell'architrave, porta orientale, il santuario di *Baitokaike* (foto T. Ahmad 2007).

Fig. 44: Altorilievo maschile sul lato interno dell'architrave, porta orientale, il santuario di *Baitokaike* (foto T. Ahmad 2007).

ma, lo stile del corpo e la testa leggermente girata non concordano con la consueta iconografia con cui viene rappresentata la figura di telamone.[113]

S. K. Freyberger ritiene che i rilievi di *Baitokaike* rappresentino uno stile decorativo ispirato da modelli ellenistici e li paragona con quelli della porta di Boiano a *Saepinum*.[114] R. Gogräfe invece paragona i busti di figure maschili del tempio romano a *Seriane*/Esriye, che si trova a nord-ovest di Palmira, con l'altorilievo di *Baitokaike* per lo stile figurativo delle mensole.[115] Queste ultime sembrano piuttosto simili ai busti presenti nei lacunari degli architravi dell'area palmirena e sono quindi difficilmente confrontabili con le figure di *Baitokaike*. Tuttavia, lo stile figurativo del rilievo maschile di Baitokaike è *unicum* nella Siria romana e potrebbe essere influenzato dalle figure marine nude dell'arco destro dell'*adyton* nel santuario di Bacco a Baalbek, i cui corpi nascono da cespi con foglie d'accanto.[116]

Busto di sacerdote

Il lato interno dell'architrave della porta principale nel propileo e quello esterno della porta orientale presentano un altorilievo raffigurante un busto maschile caratterizzato da un troncoconico (*modius* o *polos*) privo di ornamenti (Figura 45): si tratta di del *kalathos* che ricorre in numerose raffigurazioni di

---

[113] La figura di Atlante è una delle rare rappresentazioni nell'architettura romana in Siria, l'Atlante di Ashqelon supportante una sfera sormontata da *Nike*/Vittoria (cfr. Schneider 1986: 45-46, Tavola 21,4.) e quello sollevante un arco decorato con lo zodiaco nel mitreo di Šaʿāra, nella Siria meridionale (cfr. Kalos 2001: 251-52, Figura 5.) non costituiscono un buon termine di paragone per quello di *Baitokaike*.
[114] Freyberger 2004: 22.
[115] Cfr. Gogräfe 1997: 809.
[116] Wiegand 1923: 32-33, Figure 67-68.

Fig. 45: Altorilievo di sacerdote, propileo, il santuario di *Baitokaike* (foto T. Ahmad 2007).

divinità, come ad esempio quella della triade di Baalbek.[117] Il *kalathos* ha un significato religioso legato all'abbondanza e alla fecondità e veniva indossato durante i rituali sia dai sacerdoti che dai fedeli. In questo caso è probabile che il busto raffiguri il sacerdote di Zeus *Baitokaike* che si collega idealmente alla figura divina o ai sacerdoti palmireni per il suo aspetto orientale.[118] Elementi a supporto di questa attribuzione sono la sua posizione sul lato interno della porta orientale, adiacente all'altare-torre e al lato interno del propileo, ovvero in connessione con il luogo più sacro dove il sacerdote ricopriva il suo ruolo anche come profeta designato dalla divinità.[119]

Maschere

L'architrave della porta laterale occidentale del santuario è ornato da maschere femminili poste sui lacunari della sottocornice esterna (Figura 46):[120] i volti sono pieni e circondati da ciocche che riempiono la superficie.

Nonostante sia stata originariamente posta in relazione con la celebrazione del culto di Dionisio, la maschera femminile di *Baitokaike* richiama piuttosto l'ampio repertorio di maschere che decorava frequentemente i rilievi architettonici dei teatri romani sia in Asia Minore che in Siria, dove esse sono connesse ai cicli figurativi di carattere dionisiaco, come ad esempio le Menadi.[121] È possibile però interpretare queste maschere anche come figure allegoriche con una valenza puramente estetica che venivano usate per integrare le composizioni ornamentali di carattere naturalistico, cioè come i fiori della sottocornice. È un'interpretazione che trova confronti nelle ricche decorazioni vegetali dei soffitti a cassettoni del tempio di Bel a Palmira e nei santuari di Baalbek.[122]

---

[117] Cfr. Hajjar 1985: 74-76.
[118] Il copricapo dei sacerdoti palmireni mostra un *polos* a forma cilindrica spesso ornato da corona d'alloro, cfr. Sadurska e Bounni 1994: 26, cat.19, Figura 83. (il busto di Helas Yaddi).
[119] K. S. Freyberger suggerisce l'attribuzione alla divinità stessa di *Baitokaike* più che al suo sacerdote: Freyberger 2004: 21.
[120] L'architrave della porta orientale è decorato solo da una maschera probabilmente maschile che occupa il lacunare centrale della sottocornice interna.
[121] Le figure di Menadi sono presenti e.g. nella fronte cornice del ninfeo di Perge, cfr. Mansel 1975: 85, Figura 54, come anche le diverse forme di maschere teatrali ornano i lacunari della sottocornice dei teatri come quello di *Scythopolis*, le figure di Medusa o *Tethys* sui fregi cfr. Ovadiah e Turnheim 1994: 52-53, 74, 98, Figure 139, 228-9; e di Cesarea Marittima, cfr. Turnheim e Ovadiah 2002: 43-45, Figura III. 84.
[122] Per Palmira cfr. Seyrig, Amy e Will 1975: 210, Tavole 115 (M 1), 123 (IN.12) e 135 (20); e per Baalbek (in particolare le maschere femminili) cfr. Wiegand 1923: 70, Tavole 46 (tempio di Bacco); Collart e Coupel 1951: 115-116, Tavole 80, 88 (altare monumentale del grande santuario).

CAPITOLO 1. ANALISI ARCHITETTONICA E FUNZIONALE

Fig. 46: Maschere nella sottocornice dell'architrave, porta occidentale,
il santuario di *Baitokaike* (foto T. Ahmad 2008).

Bassorilievo con portatore di anfore

Sul tratto occidentale della facciata del complesso minore, un bassorilievo occupa il centro di un blocco quadrangolare appartenente al filare anteriore al di sotto dell'imposta delle finestre della facciata. Il blocco a facciavista è leggermente aggettante rispetto agli altri; il rilievo raffigura una sorta di nicchia semicircolare al centro della quale c'è un giovane nudo che reca un'asta sulle spalle alla quale sono appese cinque anfore: tre a destra e due a sinistra. (Figura 47). Il corpo leggermente inclinato verso destra e la gamba lievemente piegata danno l'impressione che il giovane sia sul punto di sollevare o posare su un basso banco le anfore che sono legate all'asta con delle corde.

Il fatto che questo rilievo sia ubicato di fronte alla sorgente sacra conduce A. I. Steinsapir a mettere la scena in rapporto con le attività cultuali centrate sull'uso dell'acqua.[123] Questa interpretazione però non poggia su solide basi data la mancanza di dati riguardanti l'articolazione dello spazio fra i due grandi recinti del sito e le dimensioni ridotte della figura, la cui iconografia non trova riscontro nelle raffigurazioni di processioni. S. K. Freyberger ha sostenuto che il tema del trasporto delle anfore dovrebbe essere interpretato considerando la funzione del secondo recinto, e cioè in connessione con la produzione e il commercio del vino, che era probabilmente coltivato nella zona a ridosso del lato meridionale del secondo recinto.[124] Z. Fani ha avanzato l'ipotesi che tale raffigurazione possa anche suggerire

Fig. 47: Bassorilievo di un portante di anfore,
facciata meridionale, il complesso minore a *Baitokaike*
(foto T. Ahmad 2010).

---

[123] Steinsapir 1999: 189; Steinsapir 2005: 37.
[124] Freyberger 2004: 36. cfr. Ertel e Freyberger 2008: 750.

l'esistenza delle sale da banchetto legate in qualche modo alle attività rituali del luogo di culto in cui il giovane raffigurato era 'uno schiavo membro del tiaso'.[125]

Il tema del trasporto di anfore sollevate tramite aste posta sulle spalle di uno o più figure giovanili è conosciuto nell'arte greca e romana dove ricorre spesso nella scultura funeraria o presso gli edifici pubblici, e trova riscontro in un rilievo del santuario romano di Challita in Akkar, nel nord del Libano.[126] Si tratta di una piccola nicchia delimitata da due colonne di modeste dimensioni, all'interno della quale è raffigurato il portatore di anfore. Entrambe i rilievi di santuari di Challita e di *Baitokaike* indicano lo svolgimento nel sito degli scambi commerciali, oltre alle attività religiose.

---

[125] Fani 2004-2005: 111.
[126] Fani 2004-2005: 109-110. E. Renan indica già i resti di grandi blocchi appartenenti probabilmente ad un santuario romano presso Chalitta, cfr. Renan 1864: 117. Il luogo di culto è stato trasformato recentemente in un monastero cristiano cfr. Aliquot 2009: 237.

Capitolo 2.
Analisi cronologica

Pur nella consapevolezza della difficoltà di lettura della prima fase di monumentalizzazione del luogo di culto a *Baitokaike*, si avverte comunque l'esigenza di proporre un inquadramento cronologico del sito che si basi principalmente sulle nuove indagini archeologiche, allo scopo di indagare anche una eventuale continuità di modelli architettonici e di impianti strutturali con i periodi successivi.

2.1. Il periodo ellenistico

Le indagini recentemente condotte nel sito si sono limitate ad alcuni sondaggi che hanno restituito scarsi materiali archeologici risalenti al periodo ellenistico. Restano infatti poche tracce posteriori al III sec. a.C., ad eccezione di tre monete appartenenti alle serie 1 e 3 secondo la classificazione di F. Duyrat della zecca autonoma di *Aradus*, coniate fra la fine del III e gli inizi del II sec. a.C. Queste testimonianze numismatiche sono state purtroppo rinvenute fuori contesto, nell'humus dei saggi effettuati nel grande santuario.[127] Questo dato ci conferma in ogni caso che il sito era attivo almeno dalla fine del III sec. a. C.

A partire della seconda metà del II sec. a.C. il luogo di culto sembra avere raggiunto un certo sviluppo in concomitanza alla concessione dei privilegi da parte dei Seleucidi.[128] Allo stato attuale delle nostre conoscenze, è comunque possibile formulare alcune osservazioni generali relative soprattutto al sondaggio denominato Cella-S.T.D, effettuato a sud della cella del santuario (Figure 4, 48). L'unità stratigrafica più significativa scavata in questo sondaggio è quella che oblitera probabilmente un ambiente a pianta quadrangolare irregolare, di cui sono stati portati alla luce due muri addossati l'uno all'altro e formati da blocchi non lavorati. All'interno si riconosce un altro ambiente a forma di P, la cui lunghezza massima è di circa 2 m, delimitato da sei blocchi calcarei, con il pavimento in terra battuta che poggia direttamente sul banco roccioso. Le coppe emisferiche in ceramica rinvenute sul pavimento dell'ambiente interno, sono fra i reperti più indicativi. Esse appartengono a due tipi della terra sigillata orientale A: la prima a vernice rossa presenta una rara decorazione a rete di poligoni incorniciati da linee orizzontali.[129] Il secondo tipo presenta decorazioni vegetali spesso con foglie di acanto.[130] Tuttavia, entrambi i tipi sono con ogni probabilità da ascriversi ad una produzione locale che imita la terra sigillata orientale A a vernice rossa o nera, prodotta dalle officine della regione di Antiochia nell'ultimo quarto del II sec. a.C. Merita anche di essere menzionato l'esemplare ceramico appartenente alla tipologia delle anfore ellenistiche a orlo angolato attestate nel II sec. a.C., come ad esempio a Tel Anafa e a Beirut.[131] Questa datazione è confermata anche dalle monete bronzee rinvenute nella stessa unità stratigrafica, che possono essere attribuite a varie emissioni della zecca di *Aradus* tra la seconda metà del II sec. e gli inizi del I sec. a.C.[132]

Allo stato attuale delle nostre conoscenze è possibile ipotizzare che l'ambiente rinvenuto nel sondaggio Cella-S.T.D fosse stato riutilizzato in epoca romana: la tecnica edilizia dei muri esterni della struttura trova confronto nei resti di altri due muri rinvenuti pochi metri a nord della cella del santuario, nei sondaggi denominati Cella-N.T.d5/W e Cella N.T.d6/W.[133] L'ambiente formato da questi muri è tagliato dal pavimento antistante alla scalinata del tempio, un dato che suggerisce l'esistenza di una fase precedente alla costruzione romana del santuario, e che si riscontra negli ambienti a sud e a nord della cella. Resta tuttavia difficile determinare la sua funzione in assenza di scavi più estesi nell'area del *temenos*.

Sia la disgregazione della dinastia seleucide alla fine del II sec. a.C. che la conquista da parte di Tigrane della capitale Antiochia ebbero certamente delle conseguenze economiche nella Siria settentrionale,

---
[127] Si tratta del tipo che presenta la testa di *Tyche* sul diritto e la prua di nave a voluta sul rovescio. Cfr. Appendice II. 1-3.
[128] Vedi *infra*.
[129] Appendice III. 2; cfr, Tel Anafa, Slane 1997: 316, TA type 27 (FW 229-231).
[130] Appendice III. 3; cfr. Christensen e Johansen 1971: 124-125 (forma 20).
[131] Appendice III. 4; per Tel Anafa cfr. Berlin 1997: n. PW1; e per Beirut cfr. Aubert 2002, Figura 23.
[132] Cfr. Appendice II, in particolare le monete nn. 12 (137-35? a.C.), 14 (138/7 o 130/29 a.C.), 15 (40-39? a.C.) e 18 (94/93 a.C.).
[133] Vedi *infra*.

Fig. 48: Sondaggio Cella-S.T.D, veduta da ovest, il santuario di *Baitokaike* (foto A. Othman – DGAM Siria 2004, per gentile concessione).

come dimostra chiaramente la contrazione dell'attività della zecca di *Aradus*, che in quel periodo appariva assai disorganizzata.[134] Sembra infatti che il traffico commerciale abbia subito una vera e propria crisi in quel periodo a causa dell'instabilità politica della regione. In questo quadro di insicurezza economica e politica, il santuario di *Baitokaike* perse il controllo dei traffici commerciali e del territorio che deteneva per conto di *Aradus*; i materiali archeologici coevi sono infatti pressoché assenti, ad eccezione di una sola moneta bronzea proveniente dalla zecca di *Aradus*, il cui tipo inizia nel 94/93 a.C. e si diffonde nel territorio di *Aradus* durante il I sec. a.C.[135]

2.2. Lo sviluppo architettonico in epoca romana

Lo sviluppo architettonico della struttura di *Baitokaike* si può rintracciare nella costruzione del grande santuario romano che ingloba alcuni monumenti più antichi, creando così un ampio spazio delimitato da strutture che appartengono a tipologie architettoniche ispirate da modelli più antichi.

Il grande santuario

La tecnica edilizia utilizzata nella costruzione del grande santuario a *Baitokaike* è stata recentemente riesaminata da K. S. Freyberger. Lo studioso colloca la costruzione del recinto del santuario all'epoca ellenistica (II-I sec. a.C.) sulla base del confronto con l'edificio di Qasr el-Abd´ a Iraq el-Amir in Arabia. Secondo tale ipotesi infatti le due costruzioni presentano una tecnica edilizia simile, in cui la larghezza e l'altezza dei blocchi sono in contrasto stridente con la loro profondità, che invece è relativamente ridotta.[136] L'attribuzione del recinto all'età ellenistica sulla base dell'analisi delle murature non sembra però sufficientemente convincente, dato che la tecnica di costruzione con blocchi di grandi dimensioni è attestata anche nell'architettura preclassica. Freyberger inoltre ignora una particolare caratteristica della lavorazione di quelli in opera nel recinto di *Baitokaike*, dove la maggior parte dei blocchi del recinto

---

[134] Duyrat 2002: 57.
[135] Cfr. Appendice II. 18.
[136] Freyberger 2004: 16; Ertel e Freyberger 2008: 763. Al contrario Dabbour e Tholbecq 2009: 221, che attribuiscono il recinto al periodo romano. Per l'edificio di Qasr el-Abd´ ad Iraq el-Amir, cfr. per ultimo Will e Larché 1991: 127-134, Tavole 11,18 e 53.

Fig. 49: Dettaglio di lavorazione, muro meridionale, il santuario di *Baitokaike* (foto T. Ahmad 2009).

mostra la superficie esterna lavorata a facciavista con bugnati più o meno accentuati, e circondata da una faccia perimetrale liscia con margini non ritti ma tagliati ad angolo di 45° (Figura 49).[137] Tale lavorazione dei blocchi è attestata già nell'architettura achemenide, soprattutto nella Fenicia e nella Palestina,[138] e nello stesso edificio ellenistico di Iraq el-Amir, ed è riscontrabile ancora negli edifici risalenti alla prima età imperiale, come nel cosiddetto tempietto C a Hoson Sfire, nel cosiddetto altare-torre, nella torre dedicata a Claudio a Qaalat Fakra e nei santuari romani di Kaser Neba e di Majdal Anjar.[139] Queste tecniche di costruzione e lavorazione dei blocchi sembrano di matrice locale e sono state probabilmente utilizzate lungo un arco cronologico che va dalla fine dell'età achemenide alla fine dell'età imperiale. Va tuttavia sottolineato che tale caratteristica è assai diffusa alla fine dell'età ellenistica e fino alla metà del I sec. d.C. nella Siria occidentale e nella Palestina. Puntuali confronti si possono trovare soprattutto in Palestina, dove molti edifici mostrano una tecnica decorativa della superficie dei blocchi – sia lisci che lavorati su entrambe le facce esposte con i margini tagliati – analoga a quella di *Baitokaike*.[140] Quelli del recinto presentano la stessa lavorazione a due facce con i margini tagliati, come nel ninfeo (Figura 9). S. K. Freyberger propone inoltre che in una seconda fase del santuario, il recinto ellenistico fosse tagliato presso gli ingressi durante il periodo romano.[141] Tale ipotesi risulta anche poco probabile come dimostrano chiaramente i blocchi degli ingressi laterali che sono stati integrati nella struttura del recinto. Le iscrizioni dedicatorie delle porte sono variamente databili in età romana, ciò che testimonierebbe la lunga storia costruttiva del santuario. L'analisi stilistica delle decorazioni architettoniche permette comunque di fare luce su alcuni punti ancora oscuri della sua datazione.

---

[137] La caratterista della superficie dei blocchi lavorati a facciavista con bordi ritti è soprattutto visibile nel muro meridionale del recinto su entrambi i lati esterni e interni. Tuttavia, non tutti i blocchi mostrano la stessa lavorazione. La superficie esterna dei blocchi del muro settentrionale è liscia, e alcuni blocchi sul lato interno si trovano lavorati su entrambi i paramenti con bordi ritti. Al contrario, i blocchi dei muri orientale e meridionale mostrano la lavorazione a facciavista solamente sul lato esterno, specialmente nella parte settentrionale.
[138] Fra i vari esempi si ricordano il podio e la terrazza nel santuario di *Eshmun* a Sidone, cfr. Stucky 2005: 33 con bibliografia.
[139] Per Hoson Sfire cfr. Krencker e Zschietzschmann 1938: 28-29, Figura 48; per l'altare-torre di Qalaat Fakra cfr. la ricostruzione di Kalayan 1964: Tavola II.1; per la torre di Claudio a Qalaat Fakra cfr. Krencker e Zschietzschmann 1938: 51-55, Figure 73-79; per Kaser Neba cfr. Krencker e Zschietzschmann 1938: 148, Figure 210-211; per Majdal Anjar cfr. Krencker e Zschietzschmann 1938: 182-183, Figura 273.
[140] Si citano la torre ellenistica a Kibutz Sha'ar Ha-Amakim a Haifa: cfr. Segal e Naor 1989: 428, Tavola 29.3; i monumenti di della Torre di Stratone: cfr. Raban 1987: 86, Figura 16; il grande podio detto '*Temple platform*' a Cesarea Marittima, databile al periodo di Erode: cfr. Holum 2004: 186.; e infine nel santuario di Zeus a Gerasa risalente anch'esso al I sec. d.C., cfr. Seigne 2002: 12, Figura 11.
[141] Freyberger 2004: 16-19.

Il propileo

La grande iscrizione greco-latina incisa sul lato occidentale del propileo pone un problema di natura cronologica, essendo molto più tarda (fra il 258 e il 260 d.C.) rispetto alla data di costruzione del santuario.[142] Le analisi architettoniche e stilistiche dei due portici fanno propendere per una datazione del propileo ben posteriore a quella del santuario.[143] La tipologia del capitello corinzio del portico interno rientra infatti in una categoria ampiamente diffusa in Oriente e particolarmente in Siria, già dagli inizi dell'età romana. Le volute, le elici e lo stelo relativamente sottile sono considerati caratteristici del capitello corinzio della costa occidentale dell'Asia Minore durante il I sec. d.C. (Figura 13).[144] Invece il calice aperto e asimmetrico si può riferire ai modelli ellenistici e augustei che si trovano a Palmira fino all'età traianea e in alcuni templi dell'Hauran risalenti alla fine del I sec. d.C., come quelli di Mushennef e Slim, ma con un diverso trattamento delle foglie d'acanto, che sono qui intagliate fin nei particolari.[145] I caulicoli conici, lisci, sottili e verticali si trovano anche nel grande santuario di Baalbek[146] e sono utilizzati ancora a Palmira nel I e nel II sec. d.C., ma in una forma scanalata o ritorta che è simile ai capitelli del tempio di Adriano a Roma.[147] Oltre alle caratteristiche sopra citate, anche gli altri particolari del capitello corinzio di *Baitokaike*, come la quasi assenza dell'orlo del calato e soprattutto l'altezza ridotta dell'abaco con una decorazione modesta, possono essere considerati come una produzione caratteristica delle officine locali. Queste peculiarità sono infatti osservabili anche nei capitelli di Palmira che si datano alla fine del I sec. d.C., e che assomigliano molto al capitello di *Baitokaike* anche negli altri dettagli decorativi.[148] Infine, è possibile rintracciare questo modello di capitello nella regione della Bekka nel cosiddetto tempio di Musé a Baalbek, nel prostilo del tempio A a Hoson Niha, nella peristasi del grande santuario a Qaalat Fakra, e nel tempio di Zekweh che risalgono anch'essi alla fine del I e all'inizio del II sec. d.C.[149]

Il modello del capitello composto esterno del propileo risulta invece poco diffuso nella Siria romana (Figura 14).[150] La sua tipologia priva di baccelli e astragalo nella parte superiore del calato ma con un *kyma* composto da tre lobi richiama una tradizione microasiatica ben conosciuta, ad esempio, nel ninfeo di Efeso risalente all'età traianea[151] e, più tardi, nella porta di Adriano.[152] Altri esempi di correlazione fra i due ordini utilizzati nella stessa struttura e di uno stile analogo per la parte ionica si trovano nella Siria romana, nel tempio di Slim nell'Hauran, e nell'esedra semicircolare meridionale nel *temenos* del grande santuario a Baalbek, collocabili tra la fine del I sec. d.C. e la prima metà del II sec. d.C.[153] Entrambi gli esemplari presentano un capitello corinzio nella parte superiore simile al capitello interno del propileo di *Baitokaike*, e un altro capitello composto nella parte inferiore, paragonabile invece a quello esterno, soprattutto nella parte ionica composta da tre ovoli e lobi terminati a spirale.[154] Va inoltre ricordato l'analogo capitello composto del tempio di Dmeir, che presenta un calato a foglie lisce con una baccellatura anteriore e un *kyma* ionico a tre ovoli e mezze palmette a tre lobi terminati a spirali, simili a quelli di *Baitokaike*.[155]

---

[142] Vedi *supra*.
[143] Vedi la descrizione più dettagliata *supra*.
[144] Cfr. Heilmeyer 1970: 84-86.
[145] Cfr. Freyberger 1991: 26-29, Tavole 13-14. Il capitello corinzio di *Baitokaike* è paragonabile con il gruppo 6 dei capitelli corinzi dell'Hauran secondo la classificazione di Dentzer-Feydy 1990b: 652-662, Figure15, 19; Freyberger 1991: 26-29, Tavole 13-14.
[146] Cfr. Wiegand 1921: 73-75, Figure 46-47.
[147] Cfr. Schlumberger 1933: 296 (gruppo b1), 305 Tavole 29-30.
[148] Per i capitelli del tempio di Baalshmin cfr. Collart e Vicari 1969: 145-148, Tavole 88-90. Per i capitelli del peristilio del tempio di Nebu datati al I sec. d.C. cfr. Bounni 2004: 31; Bounni, Seigne e Saliby 1992: Tavole XLV 210, 215, Figura 70.
[149] Per il tempio di Musé a Baalbek cfr. Wienholz 2008: 273-274, Figura 3; per Hoson Niha cfr. Taylor 1967: Figura 14; Krencker e Zschietzschmann 1938: 127, Figura 175. Per il grande santuario di Fakra cfr. per ultimo Yasmine 2005: 311-313; che sottolinea le due fasi del santuario di Fakra di cui il prostilo corinzio appartiene alla seconda fase attribuibile alla fine del I e al II sec. sec. d.C.
[150] Vedi *supra*.
[151] Cfr. Heilmeyer 1970: 87, Tavola 25.1.
[152] Cfr. Thür 1989: 38, Figure 32-36, Tavole 15-17.
[153] Entrambi gli esempi presentano un calato baccellato con astragalo superiore. Per il tempio di Slim cfr. Freyberger 1991: 18-20, Figura 2, e per il grande santuario di Baalbek cfr. Wiegand 1921: Tavole 26, 91-94. Sembra che tale esedra fosse stata costruita nel corso del II sec. d.C.
[154] È opportuno citare anche il capitello composto dell'*adyton* del tempio di Bacco a Baalbek (II sec. d.C.) soprattutto per il trattamento della parte ionica, cfr. Wiegand 1923: 32, Figura 66.
[155] La trasformazione della cella in un tempio dovrebbe essere anteriore all'iscrizione dedicatoria risalente all'età di Caracalla, cfr. Brümmer 1985: 57-59, Tavola 25.a-b.

L'elevato del portico è caratterizzato dall'assenza di decorazione nel *kyma* a gola dritta con un soffitto ampio e con una serie di mensole. Come elemento cronologico va sottolineato il modesto sviluppo della sottocornice, dove l'elemento preponderante è la terminazione a dentelli di tradizione microasiatico-ellenistica e il conservarsi della forma delle mensole a gola rovescia con un rigonfiamento anteriore, che rispecchia anche la tradizione tardo-ellenistica della mensola rodia, come è ben attestato nella Bekka durante il I sec. e nei primi decenni del II sec. d.C. (Figura 16).[156] Lo stile della decorazione a ghirlanda di foglie stilizzata con un grande fiore centrale che si osserva nei lacunari del soffitto degli architravi potrebbe essere un altro elemento cronologico significativo (Figura 15). Questa presenta, senza dubbio, uno stile orientale romano che si manifesta fra il I e il II sec. d.C. come dimostrano i paralleli che si posso riscontrare nella nicchia centrale del tempio di Baalshamin a Palmira[157] e nel tempio A a Hoson Niha.[158] Infine, va rammentato l'analogo esemplare rinvenuto nel reimpiego della struttura di Nab' al-Tannur a Raphaneae che appartiene probabilmente a un santuario romano costruito presso una sorgente.[159]

Le porte laterali

Le dediche delle porte laterali riportano delle date come segue:[160]

	Data riportata nell'iscrizione dedicatoria	Data secondo l'era di *Aradus* (258/259 a.C.)	Data secondo l'era seleucide
Porta orientale	482	223/224 d.C.	170 d.C.
Porta meridionale	516	257/258 d.C.	204 d.C.

H. Seyrig ha già dimostrato che *Baitokaike* avrebbe potuto trovarsi sia nel territorio di Apamea che in quello di *Aradus*, avanzando l'ipotesi che il santuario non potessi trovarsi sul territorio di Apamea, ma che fosse invece su quello di *Aradus*, più vicina a *Baitokaike*.[161] L'ipotesi di H. Seyrig rimane al momento la più plausibile, anche se sembra che il sito costituisse un'enclave in un territorio più grande appartenente alla città di *Aradus* e che godesse comunque di una sorta di autonomia, confermata dalla concessione, probabilmente nella seconda metà del II sec. a.C., di privilegi da parte della monarchia seleucide.[162] I dati archeologici a nostra disposizione, soprattutto quelli numismatici, confermano la forte relazione di *Baitokaike* con *Aradus*, soprattutto durante il periodo ellenistico.

Queste considerazioni di carattere amministrativo e geografico hanno condotto H. Seyrig, seguito poi da altri studiosi, a suggerire per le dediche di *Baitokaike* l'era di Aradus,[163] anche se l'esame delle decorazioni architettoniche e iconografiche comparabili con quelle del propileo, farebbero piuttosto propendere per una datazione più bassa del propileo stesso, fra la fine del I e la prima metà del II sec. d.C. Mentre la sottocornice delle porte laterali ha lo stesso stile a dentelli e mensole gonfiate di quella del portico e dell'architrave del propileo, gli altri dettagli decorativi delle porte, come ad esempio le maschere della sottocornice, molto diffuse anche nei teatri dell'età severiana nella Siria e in Asia Minore, sono attestate durante un arco cronologico più ampio.[164] Allo stesso modo la scena cosmica di aquila che ricorre sui soffitti delle porte del santuario, potrebbe costituire anch'essa un indizio cronologico significativo in quanto riproduce la raffigurazione presente nel santuario di Bacco a Baalbek, che si data nella prima metà del II sec. d.C. (Figura 39).[165] Altri esempi, più o meno vicini sono presenti specialmente in Libano

---

[156] Cfr. von Hesberg 1980: 196-99. Si citano, inoltre, il tempio A a Niha e il tempio A a Hoson Niha, cfr. Krencker e Zschietzschmann 1938: 114, 124, Figura 170.
[157] Collart e Vicari 1969: 129-31, Tavola LXVI 2.
[158] Krencker e Zschietzschmann 1938: 124, Figura 170a.
[159] Gschwind *et al.* 2009: 273, Figure 15.b, 18.
[160] Cfr. Appendice I. 4, 6.
[161] Seyrig 1951: 198-199. Sull'ubicazione di *Baitokaike* in territorio dipendente di *Aradus* già in epoca preclassica, cfr. Arr. *An*. II, 13; Str. XVI 2.13-14.
[162] Vedi *supra*.
[163] Seyrig 1951: 199. Seguito poi da Rey-Coquais 1970: 23; e da Dabbour e Tholbecq 2009: 220-21.
[164] Vedi *supra*.
[165] Vedi *supra*; Cfr. Freyberger 2000: 121; Wienholz 2008: 279 suggerisce invece l'attribuzione del tempio alla seconda metà del II sec. d.C.

nell'arco del II sec. d.C.[166] Le decorazioni architettoniche e scultoree trovano un forte legame artistico con l'area della Bekka. Lo stile del chitone delle Vittorie e la figura maschile nascente dal calato a *Baitokaike* (Figure 43-44) sono paragonabili alle raffigurazioni dell'*adyton* del santuario di Bacco a Baalbek.[167] In base a queste considerazioni, S. K. Freyberger ha messo giustamente in dubbio l'utilizzo dell'era di *Aradus* (259/258 a.C.) proposta da H. Seyrig.[168]

L'analisi delle tecniche di costruzione del santuario, che presentiamo qui, mostra con chiarezza il lungo *iter* costruttivo di questo complesso. Questo studio suggerisce infatti che almeno la grande iscrizione greco-latina di *Baitokaike* potrebbe riferirsi alle attività economico-amministrative svolte dai *katochoi* (fedeli di Zeus che dedicano le porte a loro spese) durante il periodo imperiale, invece che alla costruzione dello stesso complesso. Sembra infatti più verosimile che essa si riferisca ad un arco cronologico diverso, legato alla conferma imperiale dei privilegi seleucidi, che inaugurò il periodo di fioritura del santuario sotto i *katochoi* nel corso del III sec. d.C., piuttosto che essere contemporanee alla costruzione dello stesso. Solo in questo senso si potrebbe accettare l'ipotesi dell'era aradiana per le altre iscrizioni del santuario, altrimenti sembra quella seleucide è la più plausibile comparandola con le nostre analisi decorative.[169]

Il tempio tetrastilo

Per risolvere il problema della cronologia del santuario, l'analisi stilistica e decorativa del tempio tetrastilo, quanto concerne l'ordine ionico, può rappresentare un valido appiglio per indagare lo sviluppo diacronico dell'architettura del sito. Il tipo del capitello ionico corrisponde al secondo gruppo della classificazione di J. Dentzer-Feydy dei capitelli ionici dell'Hauran che rispecchia caratteristiche stilistiche come le mezze palmette a tre lobi nascenti da un calice, e il canale diritto con un'altezza ridotta e privo di bordo inferiore, rintracciabili nell'Asia Minore soprattutto nella valle del Meandro, di Licia e di Panfilia a partire dal II sec. d.C.[170] Si tratta, dunque, di un tipo di capitelli ionici piuttosto standardizzato che rientra in una tradizione tipica delle officine microasiatiche della piena età imperiale e trova confronto in esemplari rinvenuti nella provincia di Siria,[171] nei templi del Libano (Hardine e Bziza),[172] del Harmon (Ain Harsha, Nebi Safa, Hibbariye e Aiha) datati al II sec. d.C.[173] Gli esempi più vicini ai capitelli di *Baitokaike* sono quello della moschea di Bosra nell'Hauran,[174] quello delle '*central ruins*' a Raphaneae[175] e quello del tempio di Majdal Anjar nella Bekka,[176] soprattutto per il trattamento dell'echino a cinque ovoli e l'assenza dell'astragalo nella parte inferiore.

La modanatura di base delle colonne del tempio tetrastilo può essere considerata un elemento molto significativo al fine dell'inquadramento cronologico del complesso (Figura 25). Il toro inferiore sporgente e la scozia inserita fra i due tori e coronata da un listello orizzontale sono infatti considerati fra le caratteristiche della modanatura di base tipiche dell'età antonina e severiana usate nella Siria romana,[177] come dimostrano i numerosi esempi del Libano[178] e dell'Hauran[179] risalenti a questo periodo. Infine, sia la

---

[166] Vedi *supra*.
[167] Vedi *supra*.
[168] Cfr. Freyberger 2004: 27-31.
[169] Al contrario Dabbour e Tholbecq 2009: 220-21, che approvano l'utilizzo dell'era aradiana a *Baitokaike* e sottolineano che la datazione della porta meridionale (257/258 d.C.) corrisponde alla conferma imperiale dei privilegi seleucidi (258-260 d.C.) riportata sulla grande iscrizione incisa nel propileo. Gli autori notano anche che la data aradiana della porta orientale (223/224) corrisponde alla contemporanea emissione monetaria aradiana del tipo del cipresso posto fra leone e toro (218/219) che viene paragonata alla raffigurazione del leone con il cipresso riprodotta sull'angolo nord-occidentale del recinto del santuario di *Baitokaike*.
[170] Dentzer-Feydy 1990a: 157-161 con bibliografia.
[171] Contrariamente al capitello in esame, i confronti proposti presentano un astragalo a fusarole e perline.
[172] Per il tempio di Hardine cfr. Yasmine 2009: 129, Figura 13; per Bziza cfr. Dentzer-Feydy 1989: 469.
[173] Per Ain Harsha cfr. Freyberger 2006: 239-240; per Nabi Safa cfr. Krencker e Zschietzschmann 1938: 206-207, Figura 303-304 e per Hibbariye: 215-216, Figura 322; per il tempio di Aiha cfr. Dentzer-Feydy 1999: 531, Figura 4.
[174] Dentzer-Feydy 1990a: 159-161.
[175] Gschwind *et al.* 2009: 272, Figura 63. Il capitello è stato identificato nel *survey* del 2002, ma attualmente risulta irreperibile.
[176] Krencker e Zschietzschmann 1938: 185, Figura 277, datano il tempio al II o al III sec. d.C. sulla base del confronto con i modelli di Baalbek. Al contrario Freyberger 2007: 88-89 lo attribuisce all'età augustea. Tuttavia, sembra che l'edificio sia sovrapposto a un altro precedente come dimostra una cornice rinvenuta nella fondazione dell'*adyton*-edicola del santuario. La sua decorazione sembra collocabile nella tarda età ellenistica o augustea, cfr. Nordiguian 2005: 91.
[177] Gli esempi più antichi si trovano a Palmira e sono databili al III quarto del I sec. d.C. cfr. Seyrig, Amy e Will 1975: 136, Figura 76 a (il santuario di Bel); Collart e Vicari 1969: 71, Tavole VII (santuario di Baalshmin).
[178] Cfr. in particolare il tempio di Bacco a Baalbek, cfr. Wiegand 1923: 4-5, Figure 6-8.
[179] Si tratta di decine di templi romani, come il tempio ovest ad Atil e il prostilo di Qanawat, cfr. Dentzer-Feydy 2003: 82, Tavola 78. 15-19.

modanatura della parte inferiore del podio del tempio che della parte inferiore dell'altare-torre derivano dalla modanatura di base a gola rovescia utilizzata costantemente nella parte inferiore dei podii, degli zoccoli, dei piedistalli tra le ante e i pilastri fra il I e il III sec. d.C. nei templi della Siria e dell'Arabia.[180] Questa trova confronto anche nei templi ionici del Libano sopracitati.

Per completare il quadro cronologico dell'apparato decorativo del tetrastilo, va considerata anche la lavorazione dei blocchi, soprattutto nella parte inferiore del podio e nella parete esterna anteriore del *naos*, analoga a quella dei blocchi del recinto che ha la superficie a facciavista con i bordi tagliati.

L'analisi architettonica e stilistica del santuario consente di collocare tutto il complesso all'età antonina, quindi fra la fine del I e gli inizi del II sec. d.C. Le datazioni desunte dalle iscrizioni dedicatorie apposte sugli ingressi si riferiscono quindi ad una delle diverse fasi costruttive del santuario piuttosto che alla sua fondazione. In base a queste osservazioni è possibile ipotizzare che per costruire il santuario fosse stata sfruttata la parte più alta a sud-est del *temenos* come cava dei blocchi per costruire la cella e i muri settentrionale e occidentale del recinto che probabilmente delimitavano inizialmente lo spazio sacro. L'analisi architettonica suggerisce inoltre la posteriorità della costruzione dei muri meridionale e orientale soprattutto nel trattato sud-orientale del recinto, dove il sondaggio (T.S.1) mostra che l'angolo sud-orientale corrisponde sostanzialmente al banco roccioso naturale tagliato *ad hoc* in forma di un angolo; anche i due primi filari costruiti sono due enormi blocchi tagliati ad angolo.

I materiali archeologici di epoca romana sono alquanto scarsi, ma la maggior parte di questi possono in genere essere datati fra il I e il II sec. d.C. soprattutto le brocche in ceramica, cosiddette *pots à feu*, a profilo globulare con fondo concavo, colo cilindrico e spesso a due anse, rinvenute anche nel complesso minore.[181] Nello strato superiore della modesta struttura rinvenuta nell'ambiente a forma di P (sondaggio Cella-S.T.D), si nota una concentrazione di tali materiali, soprattutto gli ornamenti bronzei come fibule, spilloni, armille e pendagli.[182] Fra gli oggetti bronzei più indicativi rinvenuti in questo ambiente si ricorda la particolare brocca con collo stretto troncoconico munito di ansa in ferro detta a pastorale, fissata sulla parte posteriore dell'orlo e saldata con un anello alla parte superiore della pancia.[183] Questo vaso è simile alle brocche a becco corto rinvenute a Pompei e databili al I sec. d.C.[184] e dato che non si trovino paralleli esempi di questa produzione in Siria si suggerisce fosse importata. Fra i rinvenimenti ceramici più significativi si ricorda la coppa in terra sigillata (pergamena romana) con piccole figure in rilievo, che conserva lo stampo di una delle botteghe di Antiochia della Siria: KOINT[OY], attestata nel I sec. d.C.[185] La concentrazione di tali tipologie oggetti in un'unica unità stratigrafica di modesto spessore ed estensione potrebbe suggerire per la struttura a forma 'P' la funzione di deposito di oggetti sacri o di *favissa* durante il periodo imperiale. Questa ipotesi è corroborata dalla presenza nello stesso contesto archeologico di monete in bronzo provenienti da varie zecche romane d'Oriente: Commagene, Antiochia, *Aradus* ed *Emesa* databili nell'ambito del I-II sec. d.C.[186]

2.3. La cronologia degli altri edifici legati al culto

La datazione degli altri monumenti del complesso, fra cui il ninfeo, il sacello e l'edicola, presenta anch'essa notevoli incertezze. Se ammettiamo come certa la datazione del santuario all'età antonina, è possibile fissare il *terminus ante quem* per questi monumenti a tale periodo, dato che, come evidenziano le recenti indagini archeologiche, essi sono stati annessi o inglobati nella grande costruzione del santuario.[187]

---

[180] Cfr. Dentzer-Feydy 2003: 79-80, Tavola 77.
[181] Appendice III. 7-9.
[182] Cfr. Appendice III. 22.
[183] Cfr. Appendice III. 20 a-b.
[184] Tassinari 1993: 45-46, in particola E 5210.
[185] Appendice III. 5 a-b. Cfr. Waagé 1948: Figura 22. Alla stesa categoria appartengono probabilmente le due figurine in rilievo provenienti dalla stessa unità stratigrafica (nn. 17-18).
[186] Cfr. Appendice II. 27, 30, 31, 33 e 38.
[187] Vedi *supra*.

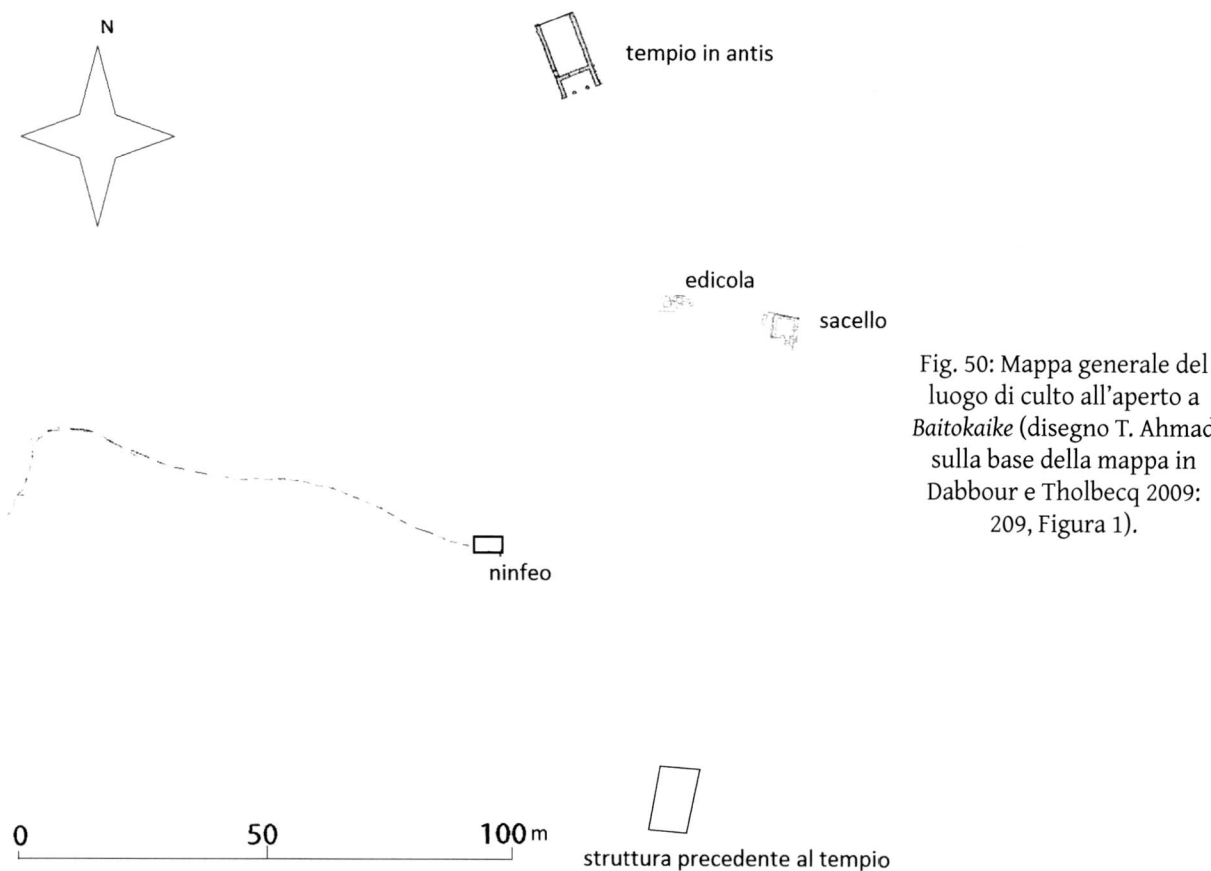

Fig. 50: Mappa generale del luogo di culto all'aperto a *Baitokaike* (disegno T. Ahmad sulla base della mappa in Dabbour e Tholbecq 2009: 209, Figura 1).

La tipologia architettonica che è stata ipotizzata per il ninfeo potrebbe trovare confronto in analoghi edifici extraurbani del Libano romano e potrebbe ricordare lo stile della *krypta* presente in molti templi romani di età imperiale in Oriente.[188] Va sottolineata anche la presenza della lavorazione a facciavista dei blocchi dell'edificio, che presentano i bordi tagliati con la stessa tecnica utilizzata sia nel recinto che nella cella del santuario, dato che fa pensare alla prima età imperiale come periodo della sua costruzione (Figura 9).

Ad un simile orizzonte cronologico porta anche l'analisi dei monumenti dell'area settentrionale antistante al santuario. Sembra infatti che questa organizzazione architettonica sia anteriore non solo al portico, come è stato proposto da C. Ertel e S. K. Freyberger,[189] ma anche all'intera costruzione del santuario. È infatti difficile spiegare la presenza dell'accesso meridionale del sacello e l'orientamento dell'edicola verso sud, dato che il recinto del santuario si trova a pochi passi di fronte a entrambi i monumenti, se non si ipotizza la loro costruzione in una fase precedente. In questa sede si propone dunque una ricostruzione dell'area come un vasto spazio sacro non delimitato da un recinto, accessibile liberamente da sud, con vari monumenti cultuali (Figura 50). La tipologia di tali monumenti e la loro straordinaria organizzazione architettonica in un'area aperta richiamano le prime realizzazioni cultuali extraurbane conosciute all'inizio dell'età romana nella Fenicia. Il tipo architettonico dell'edicola rientra perfettamente nella tipologia degli edifici cultuali della prima età imperiale, i cosiddetti 'monumenti a colonne' concepiti come strutture autonome o collocate insieme ad altri edifici in uno spazio aperto o delimitato da un recinto.[190]

---

[188] Vedi *supra*.
[189] Ertel e Freyberger 2008: 731-737.
[190] Cfr. Ahmad 2017a: 11-12. Tale tipologia architettonica viene successivamente inserita all'interno del *temenos* del santuario romano nella Siria a partire dal II sec. d. C., come nei casi del santuario A a Hoson Niha, cfr. per l'ultimo Yasmine 2009: 137-140; e il santuario di *Nabu* a Palmira, cfr. Bounni 2004: 13, 19, 24-26.

La struttura inglobata all'interno della *krypta* del tempio tetrastilo è di difficile interpretazione e il suo inquadramento cronologico rimane dubbio. Allo stato attuale delle nostre conoscenze, infatti, nulla si può aggiungere alle osservazioni fatte in precedenza che ne collocano la costruzione prima della cella del II secolo d.C. Per quanto riguarda il tipo architettonico, è possibile inserire anch'essa nell'ambito di una tradizione ben attestata nell'area, che vede la trasformazione delle terrazze cultuali e/o i templi distili in templi prostili.[191]

A completare il quadro delle strutture appartenenti alla prima età imperiale, va menzionato il tempio distilo che presenta delle caratteristiche peculiari come le proporzioni, l'assenza del podio, la modestia della decorazione e la copertura in tetto piano (Figura 38). Tali caratteristiche hanno condotto gli studiosi tedeschi ad attribuirlo correttamente alla categorie di prima età romana.[192] Questo edificio costituisce uno delle prime realizzazioni romane della regione organizzate in uno spazio sacro aperto.

2.4. Il mercato

Le nostre indagini hanno dimostrato che il tempio distilo avrebbe condizionato anche l'organizzazione architettonica dello spazio interno del mercato, soprattutto per quanto riguarda l'inserimento delle strutture più tarde che sono state edificate in base alle proporzioni del preesistente tempio.[193] Si nota infatti che un muro appartenente ad una di queste strutture successive è parallelo alla faccia meridionale del mercato ed è addossato al muro di fondo del tempio distilo e non è da questo interrotto. Questo dato mette in evidenza che la costruzione del tempio è precedente a quella del mercato (Figura 4). Inoltre, va notato che l'apertura della finestra laterale occidentale del tempio non avrebbe alcuna funzionalità in presenza di un ambiente chiuso fra la facciata meridionale del complesso e il muro parallelo interno. Tali osservazioni mostrano come il tempio fosse stato inglobato successivamente nella costruzione del complesso mantenendolo comunque accessibile dall'esterno, fornendo così anche una spiegazione del motivo per cui la sua collocazione risulti arretrata di 2,8 m dal muro orientale del complesso.[194]

Per quanto concerne l'organizzazione del mercato, è possibile ipotizzarne un inquadramento cronologico generale, oltre che sulla base dell'analisi architettonica, anche sulla base degli scarsi materiali ceramici rinvenuti. L'ipotesi di S. K. Freyberger che data ad epoca ellenistica il recinto non sembra più plausibile, dato che il sondaggio T.15 effettuato nella struttura cosiddetta 'ad abside' sul lato occidentale del mercato non ha restituito materiali significativi di età ellenistica.[195] Tra l'altro, la struttura non poteva essere stata aggiunta successivamente, ma era in relazione con gli altri edifici del mercato, e soprattutto con il tempio distilo. La maggior parte dei reperti ceramici rinvenuta nel sondaggio è costituita da ceramica di produzione locale come i *cooking pots*,[196] anfora di impasto rossiccio con alcune inclusioni bianche databile probabilmente al I sec. d.C.[197] e brocchetta a superficie arancione con profonde scanalature caratterizzata da un impasto ricco di sabbia e calce, ben attestato nel periodo imperiale.[198]

Sembra quindi che il mercato fosse stato costruito rispettando le proporzioni e l'orientamento del grande santuario, come dimostrano la posizione dell'esedra che è in asse con la diagonale del santuario, l'identica distanza che intercorre fra i due angoli della faccia meridionale del mercato e l'angolo nord-occidentale del santuario e, infine, tra la decorazione che si osserva fra gli architravi delle porte e del propileo e quelli

---

[191] Cfr. Nelson 2011: 33 34, Figura 03.15.
[192] Cfr. Krencker e Zschietzschmann 1938: 99, 272.
[193] Vedi *supra*.
[194] Al contrario dell'ipotesi di Ertel e Freyberger 2008: 751-752, secondo la quale la costruzione del tempio *in antis* dovrebbe essere posteriore a quella del recinto del mercato ellenistico; non notando il muro interno parallelo alla facciata meridionale del complesso, gli autori pensano che l'angolo sud-orientale del recinto sia tagliato per permettere alla costruzione del tempio come nel caso delle porte d'ingresso e dell'esedra nello stesso complesso. Se fosse corretta la loro ipotesi, la facciata meridionale 'ellenistica' del complesso sarebbe il muro perpendicolare al recinto orientale e l'intervento romano al recinto 'ellenistico' avrebbe avuto luogo nell'area antistante il lato meridionale creando una nuova facciata del complesso, ciò che risulta poco probabile. Tuttavia, gli autori non spiegano la posizione fosse arretrata del tempio *in antis* rispetto al recinto del complesso, vedi *infra*.
[195] Il frammento di coppa emisferica ellenistica nell'appendice III. 3 b. è stato rinvenuto in uno strato superficiale e presenta uno dei rari esemplari rinvenuti nel sondaggio.
[196] Appendice III. 7a-d, 9 a-c con bibliografia.
[197] Appendice III. 8. Cfr. Pellegrino 2007: 152, Figura 11:3 (Beriut); cfr. Hamel 2014: 72, Figura 3:13 (Baalbek, grande cortile).
[198] Appendice III. 10. Cfr. Christensen, Thomsen e Ploug 1986: 27 n. 283, Figura 7.e.

delle finestre del mercato e della *krypta* del tetrastilo. Allo stato attuale delle nostre conoscenze, si può avanzare l'ipotesi che la costruzione del mercato di *Baitokaike* fosse avvenuta contemporaneamente a quella del grande santuario.

2.5. Il declino del paganesimo e la trasformazione del sito in epoca cristiana

È logico pensare che il declino del sito avvenne a partire dal IV sec. d.C. Si trattò probabilmente di un abbandono progressivo, lento e spontaneo del luogo di culto causato dalla decadenza del paganesimo e dalla conversione dei fedeli alla nuova religione, oramai riconosciuta in tutto l'impero romano. Le modalità di abbandono del santuario di *Baitokaike* sono comuni a quelli altri in Siria, dove sono molto rari i casi di distruzione sistematica nella tarda antichità. Contrariamente a quanto riportato dagli autori tardo-antichi,[199] nel corso del IV secolo molti santuari resistettero al declino. A *Baitokaike* sono state rinvenute solo due monete dei periodi di Arcadio e di Costantino, che potrebbero indicare una continuità modesta d'uso religioso durante il IV sec.[200] Allo stato attuale delle nostre conoscenze, non è possibile stabilire se la cella del santuario o gli altri monumenti fossero stati convertiti in edifici di diversa funzione o meno. Sembra però che una serie di violenti eventi sismici avessero messo drammaticamente fine alla vita nel santuario, distruggendo almeno in parte gli edifici di culto pagani. Infatti lunghe e profonde lesioni si riscontrano particolarmente sul lato esterno del muro di fondo della cella, dove è possibile immaginare il crollo dei blocchi in particolare verso l'interno. Anche il cedimento dei grandi architravi della porta occidentale e del propileo fu causato dalla forte scossa di terremoto che dislocò i colossali blocchi del recinto come quelli della nicchia esterna sinistra della porta occidentale (Figura 7). Questo evento fu molto probabilmente la causa della prima parziale distruzione della cella del santuario, che dovrebbe essere avvenuta non prima del 260 d.C., data della concessione dei privilegi menzionati nell'iscrizione sul propileo. I forti eventi sismici avvenuti nel corso del VI sec. d.C., che interessarono tutto il nord della Siria causando enormi danni alle città come Antiochia sono probabilmente la causa dell'abbandono del complesso.[201]

La rinascita del sito come luogo di culto avvenne ad opera della comunità cristiana, particolarmente interessata al complesso minore sopravvissuto ai terremoti, che, non prima del VI secolo, venne probabilmente trasformato in un monastero con una basilica costruita nell'area centrale. Infatti i reperti ceramici da cucina rinvenuti nel sondaggio T.15 (pochi metri a ovest della basilica) confermano lo svolgimento di attività nell'area. Si tratta della tipologia di *red slip ware* ampiamente attestata in età bizantina fra il V e il VI sec. d.C.: tegami con fondo piatto e pareti svasate ad andamento convesso o rettilineo, e con orlo ricurvo verso l'interno.[202] Il santuario e l'area antistante vennero invece riservati alle attività agricole del villaggio collegate a quello che sembra essere stato un monastero. Il piccolo sacello venne trasformato in un *torcular* per la produzione dell'olio con l'aggiunta delle scale adiacenti (Figura 30) e il *temenos* in un'area riservata alla produzione di calce.[203] È logico pensare che dopo il primo forte terremoto di Antiochia nel d.C. 526 *Baitokaike* sia rinato come luogo di culto bizantino al quale era connessa un'attività agricola tipica dell'area siriana.

Restano ancora completamente sconosciuti i primi secoli del periodo islamico nel sito, ma sembra comunque che l'area del mercato avesse ospitato alcuni nuovi insediamenti durante il periodo Mamelucchi, tra la fine del XIII e il XIV sec. d.C., come suggeriscono i reperti di coppe smaltate e dipinte sulla superficie interna da ingobbio bruno rossiccio scuro sotto vernice a colore rosa, o ricoperte da vernice monocroma di colore verde oliva.[204]

---

[199] Cfr. Aliquot 2009: 124-126.
[200] Cfr. Appendice II. 40-41.
[201] Sbeinati, Darawcheh e Mouty 2005: 355-359 (con fonti antiche e bibliografia).
[202] Cfr. Appendice III. 14a-c. Cfr. e.g. le coppe dell'*Odeon* a Swaida cfr. Renel 2010: 536, Figura 15,2.
[203] Dabbour e Tholbecq 2009: 211.
[204] Cfr. Appendice III. 19; Salamé-Sarkis 1980, p.176-183 group A.II.1, p.186-191 group A.III.

Capitolo 3.
La fondazione del luogo di culto a *Baitokaike*

Sulla base delle analisi architettoniche e funzionali del luogo di culto di *Baitokaike* presentate nel precedente capitolo è possibile proporre una sua interpretazione come luogo di culto rurale e isolato. La vasta struttura non si collocava all'interno di un insediamento rurale o di un villaggio, come si osserva spesso nei templi rurali che presentano una analoga tipologia architettonica, ma era invece inserita in un contesto paesaggistico associato a un vicino villaggio, senza però farne parte.

Proprio per questo suo carattere di isolamento, a differenza dei santuari urbani, non è facile individuare l'epoca della sua fondazione né le motivazioni che hanno portato alla scelta del sito per la realizzazione di un luogo sacro. Si osserva però che tendenzialmente alcuni luoghi di culto rurali furono scelti in base alle loro peculiari caratteristiche geografiche e/o geologiche, le quali venivano probabilmente considerate come manifestazioni del divino o come connesse a particolari divinità tramite aspetti mitici o teologici. Nel caso di *Baitokaike* sembra possibile classificare tali caratteristiche in tre categorie principali: la prima è rappresentata dall'elemento orografico, fra cui annoveriamo il monte o le rocce affioranti del luogo; la seconda dall'elemento idrico, rappresentato dalla sua sorgente; e infine la terza dall'elemento vegetale, costituito dalla pianta del ricino da cui veniva il proprio toponimo.

Anche se la fondazione di luoghi di culto in territori isolati e a vocazione rurale è riscontrabile nella Fenicia già dal VII-VI sec. a.C. per poi diventare tipica nell'epoca persiana, resta molto difficile, nel caso di *Baitokaike*, ipotizzare una continuità religiosa fin dall'epoca fenicia. Sembra più verosimile piuttosto considerare lo stabilirsi di tale tradizione religiosa come una combinazione di vari fattori che comprendevano l'importanza dei paesaggi, delle loro risorse, le divinità e le pratiche connesse al loro culto.[205] Pur essendo scarse le testimonianze archeologiche di epoca ellenistica, sulla base delle prime evidenze romane è possibile proporre una ricostruzione delle dinamiche sociali e culturali che probabilmente furono alla base della fondazione del luogo di culto. Le strutture degli inizi di epoca romana non sembrano infatti costruite in uno spazio delimitato artificialmente come sacro, ma erano parte integrante del contesto paesaggistico e costituivano un tutt'uno con esso, essendo state consacrate in uno spazio aperto, o costruite a protezione di un determinato elemento paesaggistico connesso al culto (Figura 50).

In età antonina, la struttura ellenistica eretta sul punto più elevato del sito venne trasformata in un tempio tetrastilo che dominava il luogo di culto. Sembra appropriato pensare che tale struttura avesse avuto la funzione di proteggere la roccia dalla quale sgorgava l'acqua sacra pochi metri più a ovest. Analoghe osservazioni possono essere fatte per la costruzione del ninfeo presso la sorgente, che costituiva uno degli elementi più sacri del paesaggio rurale. Infatti le sue straordinarie caratteristiche geologiche e morfologiche potrebbero indicare un ruolo prominente occupato dall'acqua come forza integrante e immanente connessa alla divinità e alla dimensione sacra del luogo.[206] Numerose sono infatti le testimonianze dirette e indirette relative ai culti praticati presso sorgenti che zampillavano dal suolo o che fuoriuscivano dalle grotte e caratterizzate da specifici aspetti connessi al loro potere salutifero e alla guarigione. Tali testimonianze sono frequenti sia in ambiente fenicio sia in altre aree, e sono diffuse nella Siria di età romana.[207]

Ai margini settentrionali del fondovalle si trovano il sacello e l'edicola, entrambi probabilmente ispirati a modelli ellenistici e indigeni. Essi costituivano il nucleo del complesso monumentale sviluppatosi poi nel

---
[205] Bonnet 2015: 149.
[206] Vedi *supra*.
[207] Cfr. Ahmad 2017a: 8-9. Si cita e.g. il racconto di Luciano da Samosata sulla costruzione del santuario di Hierapolis presso una voragine (Luc., *Syr. D.*, 13.) e l'analogo caso del tempio di Apollo/Hadad a *Isriya* (cfr. Gogräfe 2013: 173, Figura 7). Tra le molteplici testimonianze epigrafiche relative alla sorgente Afqa e al fiume di Adone nel Libano dove è costruito il santuario di Afrodite e Adone, si ricorda il racconto di Zosimo sulle proprietà curative miracolose dell'acqua in un bacino adiacente al santuario (Zos., I 58, 1-2).

corso dei secoli, e vennero edificati nel I sec. d.C. durante la prima fase di destinazione prettamente sacrale dell'area. È molto indicativo, in questo caso, l'orientamento del tempio distilo e del sacello verso l'edicola che accoglieva l'immagine divina. Sembra che queste prime strutture romane collocate ai margini del fondovalle delimitassero, in un certo senso, uno spazio centrale in cui si svolgevano le pratiche rituali. Alcuni esempi di organizzazione di luoghi di culto all'aperto e comparabili a *Baitokaike* si trovano nel Libano, come ad esempio Niha. Il recente studio di J. Yasmine sottolinea come in questo sito, già nel I sec. d.C., una piattaforma fosse destinata ad accogliere vari monumenti votivi, e come nella sua direzione, ma in uno spazio aperto, fossero orientati sia il tempio B del I sec. d.C. che il tempio A del II-III sec. d.C.[208]

Sembra che la successiva monumentalizzazione del sito in età antonina fosse tesa, in primo luogo, a realizzare un grande santuario in stile greco-romano che cingesse parzialmente lo spazio centrale riservato alle attività cultuali in un grande *temenos* e che mantenesse l'accesso libero e diretto ai monumenti cultuali più antichi (Figure 4, 50). In secondo luogo, tale monumentalizzazione sarebbe stata anche funzionale ad accogliere attività a carattere economico presso un complesso monumentale separato dal santuario. È possibile collocare questo notevole sviluppo architettonico nell'ambito della grande crescita del territorio rurale della Fenicia durante il II sec. d.C. D'altra parte, la trasformazione della vecchia struttura in un tempio tetrastilo su un alto podio e il fatto che l'adiacente altare-torre custodisca al proprio interno il banco roccioso affiorante, testimonierebbero l'importanza dell'elemento naturale stesso –la roccia in questo caso– come sacro e consacrato nel luogo di culto. Visto in questa prospettiva, l'impiego del banco roccioso consacrato come cava per i blocchi colossali del recinto attribuisce al complesso monumentale un ulteriore significato religioso, nonostante questa possa sembrare una scelta dettata piuttosto da ragioni economiche connesse alla reperibilità della pietra in *loco*.

Per quanto concernerne l'ultima categoria di elementi sacri, il ricino appare come l'elemento botanico in cui la divinità di *Baitokaike* si manifestava insieme all'acqua e al suo potere di guarigione miracoloso, come attesta una dedica di un malato guarito a *Baitokaike* rinvenuta nel sito.[209] È evidente l'aspetto epicorico della divinità che si àncora fortemente al luogo da cui prende i suoi epiteti come Zeus *Baitokaike* (Zeus casa del ricino).[210] È anche possibile immaginare la presenza di un boschetto di ricino in cui erano collocate le prime strutture cultuali.

---

[208] Yasmine 2009: 141-146, Figura 27; Yasmine 2013: 700-702.
[209] Si tratta di un'iscrizione frammentaria dedicata da parte di un personaggio per la propria guarigione, cfr. Appendice I. 14.
[210] Cfr. Bonnet 2015: 146.

Capitolo 4.
I privilegi del santuario

I privilegi di cui godeva il santuario di *Baitokaike* sono descritti nella grande iscrizione incisa su un blocco del recinto del santuario che si trovava sulla destra di chi entrava dal propileo. L'iscrizione è attualmente molto danneggiata, ma grazie alle copie effettuate a partire dal 1754, è possibile ricostruirne l'interno testo. L'iscrizione è un riscritto imperiale che include altri documenti più antichi:

- A- Il rescritto in latino di Valeriano e Gallieno e del cesare Salonino, in cui gli imperatori confermano i precedenti privilegi di *Baitokaike* riportati in seguito;
- B-C la lettera in greco che trasmette un *memorandum* di un certo re Antioco in cui vengono concessi privilegi alla divinità del luogo;
- D- gli estratti del decreto in greco inviato ad Augusto da una città, in cui l'imperatore favorisce gli interessi commerciali del luogo confermando i propri privilegi;
- E - la conclusione, in greco, del rescritto imperiale in cui i κάτοχοι si prendono conto dell'intera iscrizione.[211]

4.1. Cronologia dei documenti

Il rescritto degli imperatori romani

L'iscrizione è una *subscriptio* breve e senza formula di indirizzi. Tale forma era utilizzata come rescritto per un *libellus* presentato da un gruppo di persone che chiedeva agli imperatori la conferma dei privilegi precedentemente accordati.[212] La forma *vobis* nel testo afferma che Aurelio Marea fu il primo firmatario di questo *libellus* e che era a capo di altre persone (*Aurelio Marea et aliis*).[213] A costoro gli imperatori Valeriano e Gallieno e il cesare Salonino risposero con questa *subscriptio* nella quale venivano riportati i benefici già posseduti e riportati nei documenti successivi.

La datazione del documento A è desumibile dalla menzione dell'imperatore Valeriano e di Salonino, che venne associato al trono nel 258 d.C. Il rescritto, dunque, è sicuramente posteriore a questa data ed è molto probabile che il *libellus* fosse stato presentato a Valeriano quando si trovava ad Antiochia, dove si era recato alla fine del 257.[214] Siccome è meno probabile che la *subscriptio* risalga ad un periodo posteriore alla cattura dell'imperatore ad opera del sovrano persiano Sapore, tra il 29 agosto del 259 e il 28 agosto del 260, i limiti cronologici del documento A sono definibili precisamente tra l'associazione al trono di Salonino come cesare e la cattura dell'imperatore Valeriano, cioè fra il 258 e il 260.

Il decreto seleucide

Il successivo documento B-C si riferisce al decreto riguardante i privilegi concessi dai Seleucidi e successivamente confermati dagli imperatori romani, di difficile datazione, in quanto il nome del re seleucide che è menzionato semplicemente con il nome 'Antioco' alla linea 16 non è chiaramente riconducibile in particolare ad alcuno dei sovrani seleucidi di questo nome.

Varie datazioni sono state proposte sulla base dell'inquadramento storico del documento, tenendo presente o l'atteggiamento dei sovrani seleucidi nei confronti dei santuari, o il rapporto con *Aradus* e lo stato politico della stessa città. La prima interpretazione si basa sull'ipotesi che il decreto fosse stato emanato nel momento di massima debolezza della dinastia seleucide. M. Rostovtzeff, seguito poi da altri

---
[211] Per il testo e la traduzione con la relativa bibliografia, cfr. Appendice I. 1.
[212] Millar 1977: 454-455; Williams 1986: 206.
[213] Rey-Coquais 1970: 60; Feissel 1993: 17-18.
[214] Feissel 1993: 16, nota 22; Millar 1977: 455; Millar 1993: 164.

studiosi, ha proposto una datazione del documento all'epoca degli ultimi re seleucidi, cioè fra il II e il I sec. a.C.[215] Sulla base della seconda, H. Seyrig ha considerato il santuario come parte del territorio di *Aradus*, proponendo così una datazione alta del documento, cioè all'epoca di Antioco I o Antioco II, quando *Aradus* risultava assoggettata ai sovrani seleucidi.[216]

È possibile rintracciare nei documenti epigrafici in esame due interventi effettuati dalla dinastia seleucide sul possesso del luogo: la concessione regia a un certo Demetrio (appendice I.1 linee 20-21), e poi la concessione a Zeus in perpetuo (linee 19-20). Entrambi gli interventi indicano che il territorio era di proprietà regia χώρα βασιλική, dato che non viene fatto alcun cenno a tasse locali o ad autorità civiche nelle tasse e nelle requisizioni menzionate nel decreto.[217] La dinastia seleucide ereditò il territorio di *Aradus* che fu consegnato prima ad Alessandro Magno al momento della conquista della Siria,[218] quindi *Baitokaike* rimase probabilmente nelle mani dei sovrani seleucidi anche dopo la concessione dell'autonomia alla città *Aradus* nel 259 a.C.[219] Se il primo intervento venne effettuato nel periodo di maggior splendore della dinastia, il secondo avvenne senza dubbio durante il declino della dinastia dopo il trattato di pace ad Apamea, ovvero dopo il 188 a.C. Alla luce delle indagini archeologiche è possibile avanzare l'ipotesi che il primo intervento risalisse alla seconda metà del III sec. a.C., data alla quale è attribuita la fase ritenuta oggi come la più antica del santuario.[220] Un inviato del santuario, probabilmente il sacerdote stesso, avrebbe dunque presentato al sovrano seleucide la richiesta di una concessione in perpetuo dei privilegi alla divinità di *Baitokaike*, che venne accettata (linea 17-19).[221]

Si favorisce dunque la prima interpretazione dell'inquadramento cronologico del decreto che è basata anche sulla menzione della satrapia di Apamea (linea 21).[222] Posidonio, seguito da Strabone, ricorda che la Siria seleucide era suddivisa in quattro satrapie;[223] sebben tale suddivisione non sia chiara nelle testimonianze epigrafiche, D. Musti sottolinea che le *tetrapolis* indicate da Strabone (Antiochia, *Seleucia di Pieria*, *Laodicea* ed *Apamea*) erano anche le capitali delle satrapie. Sulla base della dedica di una statua a Delo da parte di un satrapo seleucide, lo storico colloca l'istituzione delle satrapie fra il 162 a.C. e Posidonio, ovvero prima del 50 a.C.[224] B. Legras nota anche un'influenza tolemaica nell'uso del termine *memorandum* nelle lettere seleucide di quel periodo.[225] Le evidenze archeologiche di età ellenistica rinvenute a *Baitokaike* si concentrano specialmente nella seconda metà del II sec. a.C. Questo dato potrebbe essere interpretato come la testimonianza di una fase di fioritura del sito grazie ai privilegi concessi dai Seleucidi.[226] Se tale ipotesi fosse confermata, l'arco cronologico del decreto sarebbe limitato alla seconda metà del II sec. a.C., un periodo nel quale governano cinque re di nome Antioco. Sembra che la guerra civile fra Antioco VIII Gripo e Antioco IX Ciziceno che si svolse fra il 114 e il 96 a.C. avesse agevolato la disgregazione del regno, che si manifestò nella concessione dell'indipendenza e dell'inviolabilità ad alcune città come Beirut e Tripoli.[227] È quindi probabile che i privilegi di cui godeva *Baitokaike* rientrino in questo ambito politico favorevole all'indipendenza di diverse entità politico-amministrative, specialmente della costa siriana.

Il decreto di Augusto

Il documento D è costituito degli estratti di un decreto inviato da una città all'imperatore Ottaviano Augusto, che viene definito con l'epiteto *thèos* (linea 32); anche se il documento non ne fornisce una data precisa è probabile che il decreto sia stato approvato dall'imperatore durante la sua vista in Siria nel 20 a.C. Il decreto augusteo conferma dunque i privilegi del santuario, rimuovendo ogni ostacolo per lo

---

[215] Rostovtzeff 1910: 275; seguito da Welles 1934: 282-283, Kreissig 1970: 232; Rigsby 1980: 253-254; e poi da Baroni 1984: 147-48.
[216] Seyrig 1951: 202; vedi *supra*.
[217] Baroni 1984: 144; Bikerman 1938: 184; Rigsby 1980: 252.
[218] Arri. *Ann.* II, 13.7-8. Curt. IV, I., 5-7.
[219] Sul territorio di *Baitokaike* vedi *Infra*.
[220] Sui reperti archeologici più antichi rinvenuti nel santuario, vedi *supra*.
[221] Rigsby 1996: 509.
[222] Cfr. Rigsby 1980: 253; Baroni 1984: 147-48; vedi *infra*.
[223] Posidon. F 251; *Str.* XVI 2, 4.
[224] Durrbach e Roussel 1935: I Delo n. 1544. La dedica è datata al periodo di uno dei *Demetrii* della dinastia seleucide: Demetrio I *Soter* (162-150 a.C.); Demetrio II *Nikator* (145-138 a.C.) o Demetrio III *Eukairos* (95-88 a.C.): Musti 1966: 63. Cfr. Baroni 1984: 147-48; Rigsby 1980: 253.
[225] Legras 2011: 77-78.
[226] Vedi *infra*.
[227] Cfr. Rigsby 1996: 493-96.

scambio delle merci fra i mercati di *Baitokaike* e quelli di una città, di cui non viene fatto il nome, ma che è verosimilmente *Aradus*, l'unica città che si trovi nell'area del *Bargylus* meridionale, è altamente probabile che il decreto si riferisse ad essa.[228]

Questo decreto pone il problema di natura politica amministrativa dell'intervento di Augusto, che sembra una manovra politica ingiustificabile, della quale i responsabili del santuario appaiono come vittime. È possibile infatti avanzare l'ipotesi che, nel periodo di declino dello stato seleucide, la città di *Aradus* non avesse rispettato i privilegi economici del santuario di *Baitokaike*, facendo quindi sorgere un conflitto di interessi tra sé e il santuario.[229] È chiaro che l'intervento di Augusto era in favore di *Baitokaike* e rientra nella politica romana che fu sempre incline a confermare i privilegi dei santuari. D'altra parte, questo decreto favorisce l'autonomia delle città, in particolare quelle che non erano state fedele ad Antonio, come appunto *Aradus*. Si accoglie dunque l'ipotesi che i responsabili del santuario si sarebbero quindi rivolti ad Augusto che avrebbe sollecitato *Aradus* ad adeguare le proprie normative e il proprio comportamento alle decisioni imperiali. [230]

Il documento E

Il documento E (linee 40-42) costituisce in sostanza il colofone finale del rescritto imperiale, in quanto contiene indicazioni sui fatti relativi al testo in esame e sulle persone ad esso associate: i κάτοχοι. In realtà, la struttura sintattica del documento presenta notevoli punti oscuri. La difficoltà maggiore è costituita dalla collocazione del termine ἐλευθερε[ί]ας all'interno del periodo. Inizialmente, J.-P. Rey-Coquais ha interpretato il documento come segue: 'Le tenants de Zeus Saint Céleste ont mis en évidence pour que tous le révèrent le rescrit impérial de la liberté due à la piété des Empereurs envers le dieu et la localité'.[231] Ma le successive note critiche sottolineano come tale interpretazione e traduzione rendano il periodo particolarmente contorto e ne complichino ulteriormente la costruzione. P. Herramnn ha preferito optare per una costruzione più simmetrica della struttura.[232] Infatti, secondo la sua interpretazione l'intenzione dei κάτοχοι era rendere noto che gli imperatori con il loro rescritto volessero sia attestare la loro pietà verso la divinità che conservare il privilegio dell'ελευθερια per il luogo. Sulla base di questa seconda interpretazione, la traduzione proposta da K. J. Rigsby sembra più plausibile: 'The Katochoi of holy heavenly Zeus have posted the imperial rescript, to be respected by all, of the emperors' pity toward the god and liberality toward the place'.[233]

Ma chi sarebbero questi κάτοχοι, e quale ruolo avrebbero ricoperto nel santuario? Il termine significa in forma attiva 'possidenti', mentre in forma passiva ha il significato di 'posseduti'. Le diverse interpretazioni hanno suscitato un lungo dibattito fra gli studiosi.[234] Anche se il senso passivo è quello maggiormente accettato, diversi studi si sono concentrati sulla natura del loro essere posseduti, cioè della loro detenzione, e hanno invocato sia una causa legale relativa al diritto di asilo concesso al santuario,[235] che una causa religiosa relativa all'appartenenza ad una classe sacerdotale.[236] Altri ritengono che designi una categoria sociale organizzata in una confraternita di persone abbienti o in una fabbriceria[237]. Resta il fatto che lo studio approfondito delle iscrizioni di *Baitokaike*, e soprattutto della grande iscrizione, rivela il loro

---

[228] Seyrig 1951: 198.
[229] Rigsby 1996. 510.
[230] Baroni 1984: 160; Dignas 2002: 160-161; Seyrig 1951: 197. Di parere diverso F. Millar, che sostiene l'ipotesi di un atto di lamentele da parte dei devoti del santuario. Queste vennero prese in considerazione dalla città che emise quindi il decreto inviato all'imperatore, Millar 1977: 454.
[231] Rey-Coquais 1970: 59.
[232] Hermann 1973: 72. L'ipotesi di P. Herramnn viene accolta da A. Baroni nella sua traduzione del documento: 'I kàtochoi di Zeus Santo Celeste e il rescritto imperiale, da tutti venerato, della pietà degli Augusti verso il dio e della libertà (verso?) il luogo, esposero', Baroni 1984: 139. Anche J.-P. Rey-Coquais, in uno studio più recente, tralascia la sua interpretazione e segue la simmetria di P. Hermann : 'Les "fabriciens" de Zeus saint céleste ont affiché, pour que tous le révèrent, le décret divin qui manifeste la piété des empereurs envers le dieu et la liberté qu'a reçue d'eux le lieu', Rey-Coquais 1987: 192. B. Virgilio, invece, ritiene che nel testo sia omessa una personificazione dell'εὐσέβεια: Virgilio 1987: 195-97; al contrario M. Moggi propone una soluzione vicina a quella di A. Baroni: Moggi 1987: 122; inoltre, D. Feissel suggerisce che ελευθερία sia riferibile alla *liberalitas* (liberalità) più che alla *libertas* (libertà): Feissel 1993: 21. Su questo tema cfr. anche Rigsby 1996: 510-511.
[233] Rigsby 1996: 509.
[234] Cfr. per ultimo Legras 2011: 70-73, con bibliografia.
[235] Delekat 1964: 160 (*Leibeigen*).
[236] Seyrig 1951: 204-105.
[237] Rey-Coquais 1970: 65; Legras 2011: 79.

importante ruolo negli affari amministrativi del santuario. I firmatari *Aurelio Marea et aliis* rappresentano probabilmente gli stessi κάτοχοι indicati nel documento E, che si rivolsero agli imperatori nella loro facoltà di responsabili del luogo di culto, per chiedere la conferma dei previlegi a loro precedentemente accordati.[238] Il documento E mostra chiaramente che i κάτοχοι erano i custodi e garanti *dell'ἐλευθερια* riconosciuta e garantita dagli imperatori a *Baitokaike*.[239] L'iniziativa, che portò al riconoscimento imperiale dei privilegi, può dunque essere interpretata come un atto degli stessi κάτοχοι, che divennero così responsabili della gestione del santuario. Le dediche delle due porte laterali del *temenos* di Zeus indicano che i κάτοχοι erano coinvolti anche nell'attività edilizia alla quale contribuivano attivamente con i propri fondi;[240] ciò sembrerebbe indicare che si trattasse di uomini liberi e non consacrati alla divinità. Il termine κάτοχοι venne utilizzato sempre nella sua forma purale, dato che indica un'organizzazione religiosa molto simile alle associazioni religiose in cui un gruppo di persone erano coinvolte negli affari del santuario separatamente dal tesoro sacro. Contrariamente alle ipotesi che considerano la forma passiva come quella corretta, lo *status* sociale e amministrativo dei κάτοχοι suggerisce piuttosto l'uso della forma attiva, e dunque di interpretare il loro ruolo come rappresentanti e responsabili della gestione della proprietà sacra, ma senza escludere un privilegio religioso. In realtà, il termine nella sua forma attiva può avere anche il significato di 'tenace', chi detiene lungamente e fedelmente il ricordo della divinità di *Baitokaike*. Sulla base di queste osservazioni si può proporre un'interpretazione della frase *οἱ κάτοχοι ἁγίου οὐρανίου Διὸς* come 'i fedeli di Zeus Santo celeste'.[241]

4.2. I privilegi di *Baitokaike*

I mercati

I privilegi del santuario comprendevano, oltre alla proprietà del villaggio di *Baitokaike* la possibilità di svolgere mercati nel quindicesimo e nel trentesimo giorno del mese, esonerati dal pagamento delle tasse (linee 26-27). Come si è visto, sembra che il mercato sacro di *Baitokaike* usufruisse in epoca romana di una costruzione apposita ma autonoma situata nel complesso minore.

È possibile immagine che il mercato contasse su una grande varietà di risorse derivanti dalla produzione agricola del territorio del luogo e di quello circostante. *Baitokaike* sorge su un territorio idoneo alla coltivazione del grano, dell'olivo e della vite, il cui commercio costituiva l'asse economico principale e offriva ottime possibilità di scambio commerciale delle produzioni agricola e pastorale.[242] È anche degna di nota l'affermazione contenuta nel decreto di Augusto sul commercio dei quadrupedi, che era esonerato da carichi e sovraccarichi fiscali (linee 37-38), e che va messo quindi in rapporto con i sacrifici di animali compiuti nel santuario almeno una volta al mese (linee 24-25). Lo stesso decreto menziona, inoltre, l'attività commerciale di schiavi che potrebbe aver avuto luogo a *Baitokaike* anche durante il periodo ellenistico.[243] Allo stato delle nostre conoscenze è dunque possibile ipotizzare che *Baitokaike* fosse un importante centro del commercio e di schiavi grazie alla sua posizione intermedia fra le regioni interne e quelle costiere della Siria.

L'esenzione dalle tasse di tutte le merci mirava chiaramente a favorire l'autofinanziamento del santuario e il suo sviluppo, come del resto era già stato indicato nel decreto seleucide.[244] Questo tuttavia non escludeva la possibilità per i singoli di contribuire al suo sviluppo e mantenimento, come dimostra il caso del centurione Titus Aurelius Decimus che vi dedicò un pavimento e un altare bronzeo.[245]

---

[238] Cfr. Baroni 1984: 148; Rigsby 1996: 509; Williams 1986: 206. Al contrario Seyrig 1951: 194 lo considera come un pubblico funzionario; J.-P. Rey-Coquais 1970: 60 aggiunge poi che potrebbe trattarsi di un personaggio di alto rango della provincia.
[239] Cfr. Virgilio 1987: 197.
[240] Cfr. Appendice I. 4,6.
[241] Vedi la discussione *infra*.
[242] Va ricordato che l'ingente produzione di olio di oliva e vino è tutt'oggi caratteristica della regione. Inoltre, il bassorilievo del 'portatore di anfore' scolpito sulla facciata del mercato a *Baitokaike* è una prova del commercio di tali prodotti.
[243] È degna di nota la vasta diffusione del traffico degli schiavi siriani nel modo ellenistico e poi romano attraverso i porti del Mediterraneo orientale, cfr. Thompson 2011: 206; Harris 1980: 126.
[244] Cfr. Appendice I. 1, linee 24-25.
[245] Cfr. Appendice I. 7.

Il diritto d'asilo

L'esistenza del diritto d'asilo appare chiaramente nell'inviolabilità concessa al santuario nel decreto seleucide (linea 27). Il decreto seleucide concesse al villaggio invece l'esenzione dall'obbligo di dare acquartieramento ai soldati e alloggio ai funzionari di passaggio.[246] Sembra, dunque, che l'*asylia* fosse valida all'interno del recinto del santuario o dell'area sacra di *Baitokaike*, ma che non includesse il suo territorio e il villaggio. Situazioni analoghe si riscontrano nell'Egitto tolemaico, dove in alcuni casi tale diritto venne spesso concesso ai santuari ma non alle città o ai territori in cui i santuari appartenevano o in cui rientravano.[247]

Il santuario di *Baitokaike* poteva offrire, in virtù di questo privilegio, un rifugio inviolabile alle persone che lo raggiungevano: una caratteristica che implicava il riconoscimento della sacralità del santuario. L'inviolabilità di *Baitokaike*, però, era differente dal diritto all'asilo politico concesso alla città di *Aradus* durante l'età di Seleuco Callinico nel III sec. a.C., che non sembra fosse basato sui principi sacri, ma fosse invece il risultato temporaneo del rapporto fra diverse forze e interessi suggellato da convenzioni diplomatiche.[248]

---

[246] Baroni 1984: 158, con bibliografia.
[247] Si cita e.g. il documento del santuario di Iside vicino *Ptolemais* (46 a.C.), dove il privilegio del asilo è in vigore solo presso il santuario e le case costruite attorno, e non sull'intero territorio di sua pertinenza, cfr. Rigsby 1996: 568-570.
[248] Rey-Coquais 1970: 63.

Capitolo 5.
Il territorio sacro di *Baitokaike*

Baitokaike si trova nella parte meridionale della catena montuosa Gibal el-Sahelia, nota in antico con il nome di *Bargylus* (Figura 1).[249] Questo massiccio costituisce un alto pianoro caratterizzato da fenomeni erosivi e vulcanici, e solcato da corsi d'acqua. Le altitudini maggiori sono a nord, dove le cime raggiungono i 1500 m s.l.m. A sud, invece, il massiccio si allarga formando monti e colline meno ripidi e facilmente accessibili.

5.1. L'antico villaggio di *Baitokaike*

Allo stato attuale delle nostre conoscenze è possibile affermare che Hoson Sulaiman costituisse un complesso templare edificato all'esterno del villaggio di *Baitokaike*, che doveva trovarsi sulle alture prospicienti. I reperti ceramici rinvenuti durante il *survey* effettuato nel 2010 nell'area circostante la valle sacra, e datati al periodo ellenistico-romano, si concentrano sul versante nord-ovest della valle, dove si trova oggi il più recente mausoleo Alauita (Hasan el-Suairi), e nell'area che discende verso il villaggio di Bgianné nella valle opposta a quella di Wadi el-Aqmar. È degno di nota il toponimo del villaggio Bgianneh/Baet-Gianneh 'borgo del paradiso', che appartiene senza dubbio alla forma aramaica conservata ancora nei toponimi dei moderni villaggi del *Bargylus*. Questa è composta da due elementi, il nome casa/villaggio seguito da un sostantivo, similmente a quanto mostrato in precedenza per il nome dell'antico villaggio di *Baitokaike* 'borgo del ricino'. In base a queste prime osservazioni si può supporre che l'antico villaggio di *Baitokaike* si trovasse sull'altopiano, sul lato nord della valle di Hoson Sulaiman in posizione dominante sia rispetto al complesso templare nel fondovalle, sia all'altra ampia valle di Wadi el-Aqmar.

La morfologia della zona è caratterizzata da alcune vie di accesso naturali al *Bargylus*, in particolare le valli dei fiumi minori e dei corsi d'acqua stagionali. L'antico villaggio di *Baitokaike* è stato individuato lungo la strada che attraversava il *Bargylus* da *Raphanea* ad est, verso *Aradus* a ovest. I moderni villaggi di Ain Halakim e di Ain Shams costituiscono oggi l'accesso orientale al *Bargylus*, e percorrendo le alture parallele alla valle di Wadi el-Aqmar, dove si trovava appunto l'antico villaggio di *Baitokaike*, si possono facilmente raggiungere alcuni siti archeologici di epoca ellenistico-romana localizzati sul versante occidentale del *Bargylus*, come il tempio romano di Mastabeh/Shubat e i villaggi di Sa'in e el-Aweinye.[250] D'altra parte, la valle di *Baitokaike* è facilmente accessibile anche da sud-ovest tramite la valle di Wadi el-Rahina. Percorrendo le valli di Wadi Obin e di Wadi Nahr Abo-Yas, dove scorre il fiume Nahr el-Gamqa, si giunge all'antico borgo di Yahmure poi alla foce del fiume presso Tell Gamqa, l'antica *Enidra*.[251] È plausibile ritenere che tale accesso fosse stato il più adatto per il traffico commerciale. Durante il *survey* sull'alta valle di Nahr el-Gamqa, sono stati individuati numerosi siti archeologici fra cui il villaggio moderno di Bait Shohar, a 5 km da *Baitokaike*, il cui primo impianto sembra risalire almeno al periodo romano, come attestato dai numerosi frammenti di terra sigillata ivi rinvenuti. A sud della valle sacra di *Baitokaike*, dietro il Gibal el-Sahelia, la morfologia del *Bargylus* è caratterizzata da un gruppo di colline di media altezza (colline di el-Machta) coperte da boschi e attraversate da numerosi corsi d'acqua alimentati da sorgenti spesso di natura vulcanica. Esse ebbero un notevole sviluppo agricolo fin dall'antichità. I villaggi si concentrano sulla base occidentale della collina di el-Machta e sfruttano la vasta pianura costiera che si estende verso sud-est formando il passaggio di Homs, ovvero il principale accesso alla Siria interna

---

[249] Vedi *supra*.
[250] Il tempio di Mastabeh/Shubat si trova in una valle a 200 m ad ovest del villaggio di Mastabeh, circa 25 km ad est di Tartus; è facilmente raggiungibile percorrendo la strada Tartus-Draikish per *c.* 25 km; presso il villaggio di Shbat si prende una strada laterale che porta direttamente al villaggio di Mastabeh e al tempio. Si tratta di un tempio romano *in antis* di ordine corinzio, che misura *c.* 11,28 x 7 m e che è orientato in direzione nord-est. Il tempio, restaurato recentemente, è costituito da sette filari di opera quadrata in cui si aprono due finestre nei lati lunghi; è stato menzionato da Sapin 1989: 111, nella sua *survey* della regione di Homs seguito poi da Steinsapir 2005: 39, Figura 3.12, che sottolinea la sua tipologia simile a quella del tempio di *Baitokaike*. Dal villaggio di Sa'in proviene inoltre un'iscrizione contemporanea al periodo del santuario di *Baitokaike* (Rey-Coquais 1970: n. 4027). Infine, nei pressi del villaggio di el-Aweinye è stato rinvenuto un tesoro di tetradracme ellenistiche datate intorno alla metà del II sec. a.C. cfr. Seyrig 1973: 81, Tavole 31-32.
[251] Yahmur (l'antica *Iammura*) costituisce il punto d'incrocio delle strade nella pianura costiera di Marato, dalla quale si può percorrere la strada verso Tell el-Gamqa (l'antica *Enidra*) e verso el-Qrenat (l'antica *Carno*, il porto di *Aradus* sull'entroterra).

dal mare. L'isola di *Aradus* si trova a pochi chilometri da questa vasta area agricola nell'entroterra, dove ha esercitato attraverso i secoli il controllo su di essa e sui villaggi situati in zone collinari facilmente accessibili.

Il territorio sacro di *Baitokaike* era costituito dunque da una vasta regione molto fertile; J. Sapin ha individuato i limiti includendovi l'area più lontana di Safita e di el-Machta, suggerendo che il tempio di Mastabeh/Shubat ne avesse costituito il limite occidentale, mentre il limite meridionale avrebbe dovuto trovarsi presso Azzara, dove si trovano alcuni resti di una struttura probabilmente di natura templare.[252] L'ipotesi di Sapin si basa sull'analisi di alcuni luoghi di culto che subirono una notevole influenza dall'architettura di *Baitokaike*, come il tempio corinzio di Mastabeh/Shubat, o il culto di Zeus *Theos Hagios Ouranios* attestato in un'iscrizione dedicatoria rinvenuta presso il vicino villaggio di Sa'in.[253] È inoltre di grande importanza l'iscrizione greca del III sec. d.C. rinvenuta a *Baitokaike* e pubblicata da J.-P. Rey-Coquais, in cui un dedicante malato esprime la sua gratitudine al santuario per la guarigione avvenuta dopo aver visitato altri sette borghi (επτά κώμας) e sette città (επτά πόλεις) cercandola disperatamente.[254] J.-P. Rey-Coquais nota che il numero di villaggi riportato nell'iscrizione è connesso in qualche modo con il domino sacro sul territorio rurale.[255] In realtà, la grande iscrizione dei privilegi menziona solo un villaggio di proprietà sacra del tempio, e sembrerebbe tra l'altro molto difficile localizzare i villaggi e le città menzionati nell'iscrizione dedicatoria, che potevano essere di pertinenza di una regione ben più vasta. Allo stato attuale delle conoscenze, sembra che il territorio sacro di *Baitokaike* avesse solamente il controllo delle valli a esso adiacenti. La posizione dominante del villaggio di pertinenza del santuario sulla valle sacra a sud e sulle colline e la valle di Wadi el-Aqmar a nord conferma probabilmente i limiti della sua proprietà.

5.2. Il territorio *Baitokaike* nel periodo ellenistico

Al momento della conquista da parte di Alessandro Magno, la *peraea* di *Aradus* cui fa riferimento Arriano[256] si estendeva su tutta la Fenicia settentrionale, da *Sigone* (l'attuale Sahyon?) a nord, fino al fiume *Eleutheros* (l'attuale Nahr el-Kabir el-Gianubi) a sud, e su *Miramme* (l'attuale Mariamin) a est, includendo così tutto l'antico *Bargylus*.[257] Tale estensione potrebbe rappresentare il controllo che esercitavano i re fenici sui loro alleati e non necessariamente l'esistenza di un'integrazione nella proprietà di *Aradus*.[258] Pare tuttavia che in età ellenistica il territorio costituisse un'entità politica nella quale i centri urbani erano caratterizzati da una certa autonomia: fra questi si ricordano *Maratus*, *Balanea* e *Gabalus*.[259] Durante la seconda guerra siriana, la sovranità seleucide attraversò una fase di debolezza, e per proteggere le proprie frontiere, fu costretta a scendere a patti con una delle sue città. Fu così che, grazie alla sua posizione geografica strategica e forse alla sua fedeltà ai Seleucidi durante la guerra, *Aradus* ottenne la 'libertà'.[260] La città inaugurò il suo periodo di autonomia nel 259/8 a.C.,[261] e più tardi ottenne anche di poter esercitare il diritto d'asilo. Strabone racconta che durante la guerra fratricida tra Seleuco Callinico e Antioco Ierace, combattutasi nella seconda metà del III sec. a.C., la città fu autorizzata ad accogliere i transfughi dal regno, senza doverli in seguito restituire contro la loro volontà.[262] Sembra che tale forma politica assomigliasse

---

[252] Sapin 1989: 111.
[253] Rey-Coquais 1970: n. 4027.
[254] Cfr. Appendice I, 14.
[255] Rey-Coquais 1997: 934.
[256] Arr. *Anab.* II, 13.7-8.
[257] Duyrat 2005: 194-195; Rey-Coquais 1974: 109-115; Seyrig 1964: 28-31.
[258] Rigsby 1980: 253.
[259] H. Seyrig ha già dimostrato l'unità della *peraea* di *Aradus* fin dall'epoca persiana e l'uso di una datazione comune che commemora l'autonomia di questi centri urbani all'interno di una confederazione: Seyrig 1964: 39; anche J.-P. Rey-Coquais riconoscendo tale carattere federale, descrive questa organizzazione politica come 'confederazione', Rey-Coquais 1974: 124; tale termine è ampiamente accolto da altri studiosi come Baroni 1984: 157-158. Tuttavia, si condivide la critica di F. Duyrat sull'utilizzo di questo termine moderno per descrivere quella realtà politica, in quanto non si sa precisamente quale termine greco o fenicio fu applicato da *Aradus* e preferisce un termine ampio e neutro 'l'ensemble aradien', Duyrat 2005: 205.
[260] Sartre 2001: 191.
[261] La data è stabilita inizialmente da G. F. Hill che dimostra la datazione delle monete imperiali di *Aradus* secondo l'era locale, Hill 1910: 14-15, n. 6. H. Seyrig sottolinea che tale utilizzo della nuova era conferma l'accesso ad uno stato politico autonomo: Seyrig 1964: 34. Vedi, inoltre, la discussione della data dell'autonomia in: Duyrat 2005: 227-228.
[262] *Str.* XVI 2.14.

molto al diritto di concedere asilo che fu accordato alle altre città fenicie dalla fine del II sec. a.C. in poi, nonostante *Aradus*, a differenza delle altre, non si fosse mai proclamata come 'sacra o/e inviolabile' sulle sue monete.[263] In ogni caso, la città entra in una nuova realtà politica che la porterà a godere dei privilegi economici e ad allargare forse il proprio dominio sull'entroterra.[264]

Nel cuore di quest'area che subiva l'influenza di *Aradus*, sembra che il domino regio fosse penetrato grazie all'eredità di una precedente proprietà achemenide.[265] J.-P. Rey-Coquais ha ritenuto che *Baitokaike* costituisse un territorio separato, cioè un'enclave nel territorio rurale di *Aradus*. Secondo lo studioso, infatti, la città e la *chora* sarebbero state governate da un funzionario o un magistrato ciascuna con titolo e funzione apparentemente identici.[266] K. J. Rigsby ha sottolineato come *Aradus* non fosse stata menzionata nel decreto seleucide e che tutte le tasse riscosse presso il santuario fossero interamente regie:[267] solo così si può infatti spiegare la concessione di *Baitokaike* a un singolo individuo (Demetrio figlio di Demetrio figlio di Mnaseas ἐν Τουργωνα della satrapia di Apamea), mentre il villaggio e gli abitanti restavano sudditi diretti del re. Le terre furono dunque sottoposte all'autorità regia che, per una seconda volta, concesse in perpetuo *Baitokaike* alla divinità del luogo. D'altra parte, l'indicazione di Τουργωνα pone un problema d'interpretazione, ovvero se questa dicitura fosse riferita al domicilio di Demetrio o alla localizzazione del territorio concesso. R. Mouterde ha sostenuto la prima ipotesi, in quanto il termine si collega a un toponimo semitico conosciuto nelle fonti letterarie siriache in forma di Ṭwrgs, o Ṭorgas come nome di un villaggio situato di fronte ad Apamea.[268] Approvata e sostenuta da H. Seyrig,[269] tale interpretazione è stata seguita da J.-P. Rey-Coquais, il quale ha affermato che tali indicazioni si riferivano ai documenti di natura catastale, dato che essi riportano fedelmente il nome del villaggio, quello del vecchio proprietario seguito dal nome del padre e del nonno, e infine il domicilio dell'abitante.[270] Di parere contrario è invece A. Baroni, che ha proposto un'altra ipotesi, secondo cui l'espressione ἐν Τουργωνα si riferisce piuttosto 'all'ubicazione dei terreni che erano oggetto della transazione, cioè quelli di *Baitokaike*'.[271] La sua ipotesi, che appare più convincente, è basata principalmente sui documenti epigrafici e sul fatto che ἐν corrisponde all'espressione 'in località' e ricorre anche in altri documenti seleucidi, prima o dopo la designazione amministrativa ufficiale, per precisare l'ubicazione di un abitato. Tuttavia, il confronto con Ṭorgas non è del tutto improbabile, e anzi tale espressione semitica è ben conosciuta nel Vicino Oriente antico ed è essenzialmente composta da due elementi: Ṭor (monte) unito ad un toponimo, che però si riferisce spesso alla generica ubicazione geografica più che ad uno specifico villaggio che si indica, invece, con l'espressione aramaica Kfr o Baeto.[272] Inoltre l'indicazione della località non avrebbe senso se non per precisarne i limiti amministrativi che rispecchiavano i dati riportati nei registri della proprietà regia, come evidenzia W. L. Westermann nel caso di una simile concessione di territorio regio fatta al tempio di Artemide a Sardi di proprietà un certo Mnesimaco.[273] In questo senso, il territorio regio di *Baitokaike* dovrebbe essere considerato appartenente amministrativamente alla satrapia di Apamea al momento della concessione seleucide dei privilegi.[274] In ogni caso, il luogo di culto sarebbe stato fondato e gestito dai responsabili del villaggio, i nobili/sacerdoti, di cui lo stesso Demetrio avrebbe fatto parte.

La disgregazione del regno seleucide nella seconda metà del II sec. a.C., in particolare durante la guerra civile fra Antioco VIII Gripo e Antioco IX Ciziceno, agevolò il progresso politico ed economico verso l'autonomia e la libertà di molte città siriane. È importante notare che, nel momento dell'emissione del

---

[263] Rigsby 1996: 11, 505 nota 117.
[264] Str. XVI.2.14. Cfr. Biffi 2002: 195.
[265] H. Seyrig propone un'ipotesi diversa e ritiene che il tempio fosse sempre stato appartenente alla città di *Aradus*, mentre il villaggio e il suo territorio sarebbero stati di proprietà regie e donati ad un singolo individuo: Seyrig 1951: 201. In realtà, tale lettura sembra da scartare in quanto dovrebbe trattarsi di un'unica proprietà per il santuario e il territorio attorno.
[266] Rey-Coquais 1987: 197.
[267] Rigsby 1980: 252.
[268] Mouterde 1934: 192-193.
[269] Seyrig 1951: 194, n. 3.
[270] Rey-Coquais 1970: 59.
[271] Baroni 1984: 154-156.
[272] Si cita e.g. la celebre regione montuosa Tur-Abdin, nella Turchia sud-orientale, già nota per i suoi monasteri del V sec. d.C.
[273] Westermann 1921: 16-17; cfr. Baroni 1984: 155.
[274] La circolazione numismatica dominante della zecca di *Aradus* a *Baitokaike* durante il III sec. a.C. potrebbe indicare che la frequentazione degli indigeni del territorio circostante fosse molto più influenzata da *Aradus* che dalla più lontana Apamea.

nostro decreto,²⁷⁵ il territorio di *Aradus* godette di un certo sviluppo economico contemporaneamente al declino della dinastia seleucide. Un'abbondante circolazione di tetradrammi seleucidi, provenienti da varie zecche tra le quali anche quella di *Aradus*, può essere riconosciuta nel territorio rurale tra il 190 e il 88 a.C., in particolare presso gli attuali borghi di Dniye, Baiyada, Teffaha, el-Aweinye e Baarin.²⁷⁶ Non mancano altre testimonianze dal santuario di *Baitokaike*; le cui monete sono state coniate essenzialmente (18 su 20) nella zecca di *Aradus* .²⁷⁷ È bene però notare che la circolazione delle monete non è un dato sufficiente per definire precisamente la natura del domino di *Aradus* sul territorio rurale dell'entroterra, e che purtroppo i dati archeologici non forniscono altre informazioni sull'organizzazione rurale. Non è possibile riconoscere i limiti esatti dell'area, anche se la circolazione monetaria mette in evidenza come l'influenza economica di *Aradus* fosse esclusiva in tutta la zona montuosa che era caratterizzata da aree autonome inframmezzate dalla proprietà regia.

L'area controllata dal santuario durante l'epoca ellenistica può forse estendersi anche al di là del territorio immediatamente circostante, ma non sembra comprendere altri villaggi, come è stato dimostrato precedentemente. Tuttavia, nell'espressione κώμηντὴν Βαιτοκαι[κη]νήν, il termine κώμην si riferisce, come spesso accade, ad un agglomerato indigeno di cui il villaggio costituisce un'unità fondamentale, amministrativa e fiscale, e che possiede un vasto territorio coltivabile. L'analisi topografica della valle sacra di *Baitokaike* dimostra che le terrazze coltivabili erano concentrate in antico solamente sul versante nord, dove si trovava l'antico villaggio. Invece, il territorio coltivabile vero e proprio doveva trovarsi al di là del villaggio, sulle basse colline e su tutta la valle di Wadi el-Aqmar, dove si riconoscono facilmente le antiche terrazze coltivabili.

A partire dalla fine del II sec. a.C., il luogo di culto a *Baitokaike* comincia a variare la natura delle sue risorse, grazie alle attività economiche e religiose concesse dall'autorità seleucide. Infatti, il decreto di Antioco menziona chiaramente le risorse del tempio, che derivavano dal commercio dei mercati bimensili esonerati dalle tasse,²⁷⁸ dalla produzione del villaggio e del suo territorio, e, ovviamente, dalle varie attività religiose.²⁷⁹ Tuttavia, è probabile che solo con l'inizio dell'epoca romana l'economia del santuario potesse tangibilmente beneficiare di tali decreti.

5.3. Il territorio di *Baitokaike* nel periodo romano

Il disgregarsi dello stato seleucide mise a disposizione delle città i territori di proprietà regia, che la maggior parte passarono alle istituzioni civiche, almeno in Fenicia. La *peraea* di *Aradus* romana sarebbe stata creata in quel periodo, e quindi in seguito all'istituzione del domino assoluto del santuario su *Baitokaike*, perciò il dominio della città nell'area non avrebbe compreso il territorio del villaggio.²⁸⁰ Durante la guerra civile romana la *peraea* di *Aradus* si ridusse e le sue città cominciarono a staccarsi dal complesso politico, come fecero *Gabala* nel 48 a.C. e *Balanea* nel 37 a.C. inaugurando anche zecche autonome.²⁸¹ La campagna di Antonio contro *Aradus* e le emissioni della zecca di Balanea con l'effigie di Antonio con sua moglie Flavia e di Antonio con Cleopatra, nel 38/37 e poi nel 35/34, indicano – in qualche modo – la fine dell'indipendenza di *Aradus*.²⁸² Il dominio della città sull'entroterra e su tutto il territorio attraversò una vera e propria crisi di natura economica che influenzò il santuario stesso di *Baitokaike*, come sembra suggerire la scarsità di reperti ceramici e numismatici databili al I sec. a.C.²⁸³ Il territorio tra *Baitokaike* e *Aradus* sembra sia controllato, in questo periodo, da nuove tribù, come la *Nazerina*, stazionata probabilmente più a sud del *Bargylus*.²⁸⁴

---

²⁷⁵ Vedi *supra*.
²⁷⁶ Seyrig 1973: 27 (Tavole 9-10), 48 (Tavola 18), 80 (Tavole 30-31), 81 (Tavole 31-32), 93, 103-104 (Tavola 37).
²⁷⁷ Cfr. il catalogo numismatico nell'appendice II.
²⁷⁸ Cfr. *infra*.
²⁷⁹ Si cita e.g. la menzione della dedica del malato sul pagamento richiesto dalla divinità in cambio dalla sua guarigione a *Baitokaike*, cfr. Rey-Coquais 1997: 933.
²⁸⁰ Rigsby 1980: 253.
²⁸¹ Seyrig 1950: 22-24.
²⁸² Rey-Coquais 1974: 164. Per le monete cfr. Burnett, Amandry e Ripollès 1992: nn. 4466-4468.
²⁸³ Cfr. Appendici II e III.
²⁸⁴ Plino il vecchio menziona che la tribù separa la regione di Apamea da quella di *Massyas* (Bekka). Plin., Nat. V,81. Cfr. Rey-Coquais 1974: 140.

In età augustea *Aradus* cercò probabilmente di compensare le proprie perdite esercitando una qualche influenza sul territorio rurale. Il decreto augusteo, che abbiamo menzionato, mostra chiaramente un conflitto d'interessi fra le due località e suggerisce che *Aradus* debba essere considerata come la città responsabile del traffico commerciale e amministrativo del territorio in cui il santuario gestiva i propri interessi all'interno della *peraea*. L'ipotesi di H. Seyrig,[285] secondo cui *Baitokaike* avrebbe avuto tutte le caratteristiche di un santuario federale e avrebbe costituito una parte della *prerea* di *Aradus* già in età ellenistica, può essere dunque valida solamente in riferimento al periodo imperiale.[286]

5.4. La gestione del santuario di *Baitokaike*

La concessione seleucide dei privilegi costituisce un punto cruciale per l'interpretazione della gestione del santuario: le sue proprietà si estendevano a comprendere tutte quelle regie concesse a Demetrio, creando così un vasto territorio sacro ricco di risorse naturali e agricole. Tra i privilegi concessi si ricordano i mercati bimensili esonerati da carichi fiscali, che rispecchiavano un intenso e complesso traffico commerciale che era gestito insieme ai servizi cultuali che offriva il santuario.

Anche se le iscrizioni giunte fino a noi non lo menzionano esplicitamente, è possibile ipotizzare l'esistenza di un 'tesoro sacro', cioè una cassa del santuario alimentata dai suoi affari che finanziava tutte le attività ad esso legate. Questa ipotesi è stata formulata sulla base dei dati epigrafici provenienti da molti santuari rurali, come Beit Jallouk (nord Libano), Halbun e Hourreiri (Anti-Libano), Aiaha, Hine e Arne (nell'Harmon), che commemorano la realizzazione dei lavori grazie a fondi prelevati dalla cassa del santuario.[287]

Per stabilire le modalità di gestione della proprietà del santuario occorre naturalmente esaminare le iscrizioni greco-latine, e in particolare la grande epigrafe che menziona il sacerdote come unico responsabile della gestione del tesoro sacro per compiere i sacrifici mensili e altre attività.[288] Non sembra che il sacerdote avesse mantenuto importante incarico durante l'intero periodo romano, quando questo passò ai κάτοχοι che si rivolsero agli imperatori ben due volte per confermare i privilegi seleucidi. L'instabile situazione mise infatti in difficoltà la gestione della proprietà del santuario all'interno del territorio di *Aradus*, facendo emergere un conflitto economico fra i due centri. Questa situazione strinse i κάτοχοια, come responsabili del santuario, rivolgersi ad Augusto affinché favorisse gli interessi del santuario; nello stesso modo essi si rivolsero più tardi a Gallieno e Valeriano perché venissero confermati tutti i precedenti privilegi.[289]

La stabilità economica conseguita a seguito del decreto augusteo permise a *Baitokaike* di ampliare gradualmente il luogo di culto. Le analisi architettoniche suggeriscono infatti un progetto a lungo termine che venne probabilmente finanziato dalla cassa del santuario, dai κάτοχοι, e da limitati interventi finanziati da singoli individui come ad esempio il centurione Titus Aurelius Decimus.[290] La costruzione di due porte del santuario dedicate dai κάτοχοι a proprie spese, indica chiaramente un'ulteriore fonte per la costruzione del santuario separate dalla cassa sacra. Oltre agli incarichi amministrativi della gestione del santuario, i κάτοχοι potrebbero aver assunto un ruolo nella sorveglianza e nella gestione dei lavori di costruzione.

---

[285] Seyrig 1951: 200-201; Seyrig 1964: 32.
[286] Baroni 1984: 144; Rigsby 1996: 505.
[287] Aliquot 2009: 115 con bibliografia.
[288] Altri esempi comparabili si possono riscontrare e.g. a Qalaat Fakra (almeno sotto Agrippa II): cfr. Rey-Coquais 1999: 638-640; e a Beit Jallouk (nord del Libano) durante il II e il III sec. d.C.; cfr. Seyrig 1961: 267-269; Aliquot 2009: 115-116, 235.
[289] Cfr. Appendice I. 1. Come già chiarito sopra, il primo firmatario di questo rescritto, Aurelio Marea, potrebbe essere alla testa dei κάτοχοι che si rivolsero alla corte romana. Vedi anche *supra*.
[290] Cfr. Appendice I. 4, 6, 7.

Capitolo 6.
Il culto di Zeus a *Baitokaike*

Il luogo di culto di *Baitokaike* fu consacrato alla divinità Zeus come è indicato specificamente nella grande iscrizione del sito. Sebbene la divinità sia chiamata semplicemente come Zeus *Baitokaike*, è possibile precisare la sua fisonomia attraverso i suoi epiteti e dalle varie iscrizioni rinvenute nel sito o nei luoghi ad esso connessi.[291]

6.1. Zeus/*Baal-Šamên*

È una divinità cosmica e suprema, come suggeriscono il suo epiteto οὐράνιος (celeste) riportato nella grande iscrizione e l'iconografia dell'aquila con le ali spiegate sugli ingressi del santuario. Questa valenza cosmologica, esplicitata anche nell'epiteto μέγιστος (molto grande),[292] rispecchia chiaramente un forte legame con il dio locale *Baal-Šamên*/Hadad signore dei cieli e della tempesta.[293] Appare inoltre molto indicativo il confronto con l'iscrizione rivenuta a Saḥ´in ad ovest di *Baitokaike*, dedicata al dio altissimo celeste (Θεός ὕψιστος οὐράνιος) che si riferiva evidentemente alla stessa divinità semitica.[294]

L'ellenizzazione del carattere indigeno della divinità si riscontra anche nell'espressione μέγιστος κεραύνιος (grandissimo tuonante), che è riportata unicamente sulla tavoletta bronzea della *krypta* databile al II-III sec. d.C.[295] Il culto di Zeus *Keraunios* rivela infatti chiaramente l'influsso religioso macedone soprattutto nell'ambito della politica coloniale seleucide,[296] seguita poi da quella religiosa di Antioco IV Epifane, in materia di sincretismo religioso del culto di Zeus Olimpio.[297] È probabile che il culto di *Baitokaike* fosse già influenzato dalla propaganda religiosa di Antioco IV. Questo culto è ampiamente attestato anche in Asia Minore e a *Seleucia di Pieria* in periodo romano.[298]

C. Ertel e K. S. Freyberger hanno avanzato l'ipotesi del carattere cosmico di Zeus *Baitokaike* che domina al centro del cosmo su altri pianeti come è ben attestato in altri santuari.[299] Tuttavia, appare più verosimile cercare tale riferimento non solo nell'iconografica dell'aquila, ma anche in quella del leone presente negli angoli della facciata del santuario.[300] Il leone qui starebbe a indicare la costellazione e la sua figura in combinazione con il cipresso potrebbe attestarne la relazione con il sole, in quanto essa rappresenta anche la porta del sole nello zodiaco, ovvero il trono della divinità nell'universo.[301] Se l'interpretazione qui proposta del leone di *Baitokaike* è valida, sarebbe possibile anche avanzare l'ipotesi dell'esistenza di un metodo di divinizzazione basato sull'astrologia, ovvero sull'osservazione delle posizioni relative delle stelle, che, tra l'altro, è ben attestato nel Vicino Oriente antico.

6.2. Metodi di divinizzazione

Per tracciare le modalità di divinizzazione che erano effettuate su base astrologica si può partire dall'analisi dell'oracolo di Zeus. L'espressione riportata nella sua grande iscrizione: *... ad opera del sacerdote designato dal*

---

[291] Cfr. Appendice I.
[292] L'epiteto μέγιστος è assai diffuso nella Siria romana e si trova riferito spesso a *Baal-Šamên* come e.g. nelle numerose dediche bilingue o in lingua greca provenienti da Palmira, cfr. Yon 2012: nn. 12, 157, 308, 351 (rinvenuta a Qasr al-Hayr al-Sharqy).
[293] Cfr. Ertel e Freyberger 2008: 767; Rey-Coquais 1997: 931.
[294] La dedica è contemporanea alla grande iscrizione di *Baitokaike*, che si data secondo l'era di *Aradus* in 260/261 d.C. Rey-Coquais 1970: n. 4027.
[295] L'espressione Κεραύνιος viene utilizzata spesso per designare la divinità *Baal-Šamên* in Hauran (Arabia): Herban, Moushennef e ad Ahiré del Leja, cfr. Sourdel 1952: 25 con bibliografia; e nella regione di Palmira come ad El-Taybeh: Dittenberg 1903-1905: OGIS n. 631; a Dier Qanoum in Abilia nell'Anti Libano: Waddington 1870: n. 2557a.
[296] Malalas narra la leggenda della dedica fatta da Perseo di un tempio a Zeus *Keraunios* nell'area di Antiochia prima della sua fondazione: Mal., *Chronogr*. VII, 199. 13-15; Cfr. Cabouret 1997: 1007-1008. Appiano racconta che Seleuco I fu guidato al luogo della fondazione di *Seleucia di Pieria* da un tuono/fulmine: App. *Syr*. 58. Inoltre, l'origine macedone del culto di Zeus *Keraunios* appare evidente nelle tipologie monetarie di *Seleucia di Pieria* e quella di Filippo V in Macedonia, come la testa di Zeus coronata sul diritto e il simbolo dei fulmini sul rovescio, cfr. Chuvin 1988: 101-103, Figura 2.
[297] Cfr. per l'ultimo, Mittag 2006: 139-42. Sul culto di Zeus *Keraunios* come Zeus Olimpio a *Seleucia di Pieria*, cfr. Seyrig 1939: 296-97.
[298] Citiamo e.g. le iscrizioni provenienti da Anazarbe (Cilicia), cfr. Sayar 2000: nn. 42-43 (I-II sec. d.C.), da *Kollyda* in Licia, cfr. Hermann 1981: n. 360, da *Seleucia Pieria*, Jalabert e Mouterde 1953: n.1188.
[299] Ertel e Freyberger 2008: 768-769.
[300] Vedi *supra*.
[301] C. Bonnet suggerisce invece una lettura dell'iconografia leonina come lo *Smiting God* di tradizione siro-egiziana o come l'Ercole Cipro-fenicio che mostra la sua forza e la sua capacità di dominare le forze della natura, Bonnet 2015: 149.

Dio, come suole,[302] attesta senza dubbio il potere oracolare di Zeus *Baitokaike*, che è probabilmente esplicitato iconograficamente nella scena dell'aquila con il caduceo negli artigli.[303] La scarsità delle testimonianze epigrafiche e archeologiche non permette però di precisare ulteriormente il luogo dove avvenivano le procedure proprie di questo culto, anche se la *krypta* sembrerebbe il luogo più adatto. L'importanza della *krypta* si può dedurre dalla dedica che ricorda la guarigione miracolosa a seguito dell'invocazione del dio di *Baitokaike*.[304] Nonostante il testo sia frammentario è possibile ipotizzare che si riferisce a una pratica religiosa oracolare in cui la divinità di *Baitokaike* promettessa una guarigione miracolosa tramite la prescrizione di una pianta. Il pensiero corre subito al ricino *kaike* (kiki) come pianta di uso terapeutico da cui il luogo prende il nome: *Baeto-kaike*, villaggio del ricino.[305] Le proprietà curative dell'olio estratto dal ricino erano infatti conosciute fin dall'antichità e sono sfruttate ancora oggi in medicina.

L'iscrizione pone inoltre un'altra questione sull'identità della divinità guaritrice del luogo che non è nominata esplicitamente. Le divinità guaritrici nella Siria greco-romana sono conosciute come *Strapes*, *Ourounes*, *Hygie* e *Eschmoun* e associate ad Asclepio, e perpetuavano una tradizione cultuale locale della divinità *Šadrafa*.[306] A Palmira, per esempio, questo dio *Šadrafa* era venerato nei santuari delle grandi divinità della città come *Bel* e *Baal-Šamêm*,[307] e, come *Hygie*, nei santuari di Ain 'Akrin nel Libano, dove veniva associata ad altre divinità locali.[308] La questione rimane aperta, se si tratti di *Šadrafa* o dello stesso Zeus *Baitokaike* menzionato nell'iscrizione. E comunque importante sottolineare che le cure mediche venivano offerte ai fedeli in cambio di denari, e che tale attività costituiva un'altra fonte di introiti per il santuario.[309]

Oltre alla pianta di ricino come strumento di potere taumaturgico della divinità, si deve pensare anche alla presenza di pratiche idroterapiche accompagnate forse a quelle dell'idromanzia. In una valle ricca di sorgenti d'acqua come quella di Hoson Sulaiman, risalta infatti la particolare attenzione rivolta alla sorgente che si trovava ai margini meridionali del luogo di culto, tramite la costruzione di un ninfeo che fu in seguito inglobato nel santuario. Oggi la sorgente ha un regime stagionale: l'acqua sgorga dalla fine di dicembre fino all'inizio di maggio, e quando sgorga per la prima volta è calda.[310] Non abbiamo alcun indizio diretto, né nelle fonti letterarie né nelle iscrizioni del santuario, che possa suggerire le caratteristiche peculiari che la sorgente aveva in antico, né il ruolo che avrebbe potuto avere supposte pratiche di idroterapia e/o idromanzia. Sulla base delle caratteristiche chimico-fisiche di alcune sorgenti della zona (il *Bargylus* meridionale), chiamate con l'espressione locale *fawwar* (effervescenti), è possibile comunque proporre un'ipotesi riguardo alle caratteristiche che la sorgente di *Baitokaike* poteva aver avuto nell'antichità, ovvero la presenza di acqua a carattere stagionale, che era effervescente e calda al primo sgorgo.[311] La sorgente potrebbe dunque aver avuto le straordinarie caratteristiche di una sorgente 'magica' presso la quale era venerata la divinità anche attraverso lo svolgimento di molteplici pratiche cultuali oracolari o, appunto, idroterapeutiche, come è attestato in molti siti contemporanei costruiti in chiaro rapporto con le sorgenti, come ad esempio il santuario di *Adonis* ad Afca, il Panion a *Banias* ed Efca di Palmira.[312]

Le caratteristiche combinate dell'acqua della sorgente e della pianta di ricino potrebbero essere state all'origine del santuario, dato che questo venne edificato in un luogo naturale ritenuto particolarmente

---

[302] ὑπὸ τοῦ καθεσταμένου ὑπὸ τοῦ θεοῦ ἱερέως, ὡς εἴθισται, Appendice I. linea 25; cfr. Hajjar 1990: 2266. L'autore non esclude anche la cleromanzia o il sortilegio come procedura applicata nella 'scelta' del prete: Hajjar 1990: 2303.
[303] Vedi *supra*.
[304] Appendice I. 14. cfr. Rey-Coquais 1997: 931-34. Cfr. Bonnet 2015: 146-148.
[305] Cfr. *supra* per il toponimo del sito.
[306] Il culto di Šadrafa è attestato sulle monete dei siti fenici più vicini a *Baitokaike* come Carno, cfr. Hill 1910: 39, Tavola XIII.13.
[307] Gawlikowski 1990: 2646-2647.
[308] Si tratta di un'iscrizione inedita segnalata da Rey-Coquais 1972: 96; e Aliquot 2009: 157.
[309] Nell'iscrizione il dedicante parla di un prezzo richiesto dal dio, cfr. Rey-Coquais 1997: 933.
[310] L'osservazione è stata fornita da un anziano abitante del luogo, cfr. Steinsapir 2005: 33, n. 33.
[311] Flavio Giuseppe menziona una 'sorgente sabbatica' tra Acra e *Raphanea* che sgorgava una volta alla settimana: Jo. BJ VII. 96-99. È significativa anche la descrizione del viaggiatore *Naser ibn Khasro* (XI d.C.) di una particolare sorgente nel *Bargylus* meridionale dove si svolgevano anche delle pratiche cultuali e sociali. E. G. Rey, durante il suo viaggio nell'area nel 1866, menziona una sorgente insolita che sgorgava per una parte dell'anno e parla di una sua caratteristica particolare: prima che l'acqua cominciasse a sgorgare, si sentiva in vicinanza un forte scroscio. Dopo il terremoto del 1822 la sorgente si è seccata per cinque anni, Rey 1866: 332-33; N. Khasro, S.F. Intod.
[312] Cfr. Hajjar 1990: 2296-98.

CAPITOLO 6. IL CULTO DI ZEUS A BAITOKAIKE

significativo i cui elementi paesaggistici erano connessi al potere divino, e forse anche alla sua teofania, e dove l'esaltazione del potere degli dei avrebbe giocato un ruolo essenziale.

È stato qui suggerito, infatti, che il percorso rituale della processione potesse essere messo in relazione al trasporto dell'acqua sacra, o alla *lavatio* degli oggetti sacri, dato il rapporto della porta ovest del santuario con l'adiacente sorgente e con la sua struttura monumentale che la ingloba.[313] Non si esclude nemmeno il rito dell'abluzione, che poteva essere eseguita sia dai fedeli che dai sacerdoti stessi prima dell'accesso allo spazio sacro. Sono numerosi, infatti, i confronti con ninfei o terme associati ai santuari romani: basti ricordare il ninfeo del santuario di *Iuppiter* a Damasco, situato a poca distanza dalla porta nord del secondo recinto,[314] il ninfeo sulla via d'accesso al santuario di Bel a Palmira e il ninfeo della prima corte del santuario di *Baal-Šamêm* a Si'.[315]

Il fondovalle a ovest dei due complessi è caratterizzato da un bacino naturale alimentato da almeno tre corsi d'acqua: il primo proveniente dalla sorgente del ninfeo, il secondo che scorre a partire dai piedi del monte a nord della valle, e il terzo che percorre le ripide pendenze dietro il santuario a sud del sito.[316] Questa area del sito, insieme alla sorgente principale, avrebbe raccolto in un unico luogo tutte le caratteristiche adatte allo svolgimento delle varie ritualità inerenti all'idromanzia e alle pratiche oracolari attestate in vari santuari romani, nonché delle feste collettive a dimensione socio-religiosa, come quella di *maioma*.[317]

Tutti questi elementi, l'idromanzia e l'idroterapia, la cleromanzia e le pratiche oracolari, l'astrologia usata per la divinizzazione del culto a *Baitokaike*, come pure i documenti epigrafici e iconografici, fanno ipotizzare la presenza di atti rituali con caratteristiche orgiastiche connesse ad un culto misterico.

Il culto di *Baitokaike* non ebbe una grande diffusione nel mondo romano; vanno tuttavia ricordati alcuni interessanti casi in cui si potrebbero riscontrare accenni al nome della divinità o alla località di *Baitokaike* in due iscrizioni greche rivenute in altre località lontane dal sito. Il primo documento, proveniente da Cordova in Spagna, costituisce un'iscrizione databile al II sec. d.C. e dedicata a varie divinità siriane.[318] Nonostante lo stato frammentario del testo, si ipotizza la lettura del nome della divinità di *Baitokaike* nella parola [...]χείχα.[319] Tale ipotesi resta ipotetica dato che la divinità di *Baitokaike* non risulta conosciuta nelle fonti letterarie o in altre iscrizioni in Siria o altrove. Il secondo è un'iscrizione incisa su un altare votivo rinvenuto a Tel Mnin, vicino a Damasco.[320] L'altare è dedicato ai *mystes dei* da quattro uomini, di cui il padre del primo dedicante porta il nome di *Baethockaikeos*, un antroponimo derivante da *Baitokaike* inteso come nome teoforico piuttosto che toponimico. Nonostante *Baethockaikeos* sia l'unico nome personale teoforico della divinità di *Baitokaike*, esso indicherebbe la diffusione del suo culto. È possibile riscontrare un caso simile nel nome *Mambogaios* derivante da *Manbog/Hierapolis* che rappresenta probabilmente un nome teoforico relativo alla divinità della località (Atargatis/Hera) piuttosto ad una radice etnica o toponimica del nome.[321]

---

[313] Cfr. *supra*.
[314] Cfr. Ahmad 2017b; Krauskoopf 2000: 390-391.
[315] Cfr. anche le terme associate ai santuari extraurbani dell'Arabia, dove il rapporto topografico con il santuario ne suggerisce appunto la funzione rituale per l'abluzione prima dell'accesso allo spazio sacro, come e.g. a Dharih: cfr. Durand 2015; a Sabra (Petra): Fournet-Tholbecq 2015; e a *Birketein* (Gerasa): Lachat et al. 2015: 60-65.
[316] Cfr. Ertel e Freyberger 2008: 757-761, Figure 54-56. La presenza degli alberi lungo i fianchi del secondo corso d'acqua, che scorre tutt'ora, mette in dubbio l'ipotesi di C. Ertel e S. K. Freyberger sul sistema idrico del piccolo recinto e sulla presenza di una sorgente al suo interno: cfr. *supra*. Pare più plausibile pensare che il piccolo recinto fosse alimentato dal secondo corso d'acqua che scorreva pochi metri a nord.
[317] La *maioma* era una festa collettiva a carattere orgiastico in prossimità dell'acqua, e non appare legata, ma piuttosto caratteristiche specifiche del luogo di culto che favoriscono una dimensione socio-religiosa incentrata sulla gioia di incontrarsi presso l'acqua, come suggerisce proprio la sua etimologia semitica (acque/ celebrazione presso l'acqua) cfr. Belayche, 2004: 411-413. Oltre ai racconti degli autori tardo antichi, abbiamo anche diverse testimonianze epigrafiche contemporanee come a *Birketein* (Gerasa) dove le vestigia di due bacini sono interpretate come un santuario *extra muros* a cui vengono associate terme, cfr. Lachat et al. 2015: 60-63.
[318] Sull'iscrizione cfr. Appendice I. 16. L'altare è riutilizzato in un contesto archeologico post romano, ma sembra fosse stato originariamente collocato nel grande santuario romano nel sito, cfr. Omeri e Hamud 2009: 72, Figure 119-122; Aliquot 2009: 316-318.
[319] Cumont 1924: 344. Al contrario i primi editori hanno preferito la lettura [Λαοδ]χείχα riferita al luogo di Λαοδιχηνη in Siria, cfr. von Gaertringen et al. 1923: 129. Vedi infra Appendice I. 16.
[320] Sull'iscrizione cfr. Appendice I. 17. L'altare è riutilizzato in un contesto archeologico post romano, ma sembra fosse stato originariamente collocato nel grande santuario romano nel sito, cfr. Omeri e Hamud 2009: 72, Figure 119-122.
[321] Lightfoot 2001: 116-118.

6.3. Il clero del santuario

In epoca ellenistica solo il sacerdote designato dalla divinità per compiere i servizi religiosi e secolari del culto viene menzionato, come indica il decreto seleucide della grande iscrizione.[322] Oltre alle pratiche rituali come i sacrifici e l'oracolo, è probabile che il sacerdote di *Baitokaike* si occupasse anche del tesoro sacro del santuario con cui venivano finanziate le varie attività, religiose o meno, che concorrevano al suo sviluppo del santuario sotto la sua sorveglianza.[323] In seguito alla concessione seleucide del territorio sacro e del villaggio alla divinità, sembra che i responsabili di entrambi appartenessero alla stessa famiglia che si fosse creata cioè una gerarchia sacerdotale su base famigliare preposta allo svolgimento delle varie incombenze relative alla proprietà del santuario.[324] Pare tuttavia che il sacerdote, che al tempo del decreto era forse divenuto il grande sacerdote, avesse mantenuto gli stessi incarichi legati al culto dopo la concessione dei privilegi, e, molto probabilmente, anche in seguito, durante l'epoca romana. Si ipotizza quindi che un gruppo di 'sacerdoti secondari' potrebbero aver compiuto vari servizi cultuali come l'idroterapia o altri trattamenti terapeutici.[325] Attorno ai sacerdoti gravitava probabilmente una serie di schiavi che nel santuario erano oggetto di un fiorente commercio.[326] Z. Fani ha riconosciuto infatti nel bassorilievo del portatore di anfore la raffigurazione di uno schiavo facente parte degli Ἱερόδουλοι destinati al servizio durante i banchetti religiosi legati al culto di Zeus.[327]

Sembra infine problematica l'interpretazione dei κάτοχοι, proposta da alcuni studiosi, come membri della gerarchia sacerdotale nel santuario di *Baitokaike*. Secondo H. Seyrig, il termine κάτοχοι conterrebbe un significato mistico e/o religioso, che lascerebbe pensare a una categoria di persone consacrate alla divinità. L'autore ha posto l'accento su una dedica dei κάτοχοι di Baalbek presso una σπείρα che potrebbe aver costituito uno dei collegi sacerdotali o aver costituito dei tiasi incaricati nell'amministrazione dei santuari.[328] J.-P. Rey-Coquais ritiene invece che essi fossero distinti dai sacerdoti e paragona il loro ruolo nel santuario a quello dei *mhdmryn* (custodi) del santuario di Bel a Palmira.[329] E' comunque molto difficile determinare l'appartenenza o meno dei κάτοχοι alla gerarchia sacerdotale del santuario; il sostantivo che li designa è sempre al plurale e sembra dunque indicare un gruppo assimilabile a un'associazione. Le iscrizioni rinvenute nei santuari siriani attestano un coinvolgimento di alcuni associazioni religiose nella loro gestione e soprattutto il loro contributo nella sua costruzione.[330] La pubblicazione del rescritto imperiale e la dedica a loro spese di due porte del santuario indicano infatti attività separate e differenti a quella dei sacerdoti e del fondo sacro, anche se esse erano comunque svolte in favore del santuario e della sua proprietà.[331] Il titolo religioso dei κάτοχοι non sarebbe altro che una formula prestigiosa per designare un gruppo di persone che gestiva gli affari del villaggio e del santuario, come dimostra il carattere collettivo della loro attività in luoghi come, ad esempio, Baalbek e Har Senaim.[332]

Le persone coinvolte nelle attività del santuario possono essere dunque raggruppata nelle seguenti quattro categorie:

---

[322] Cfr. Appendice I, linee 25-26.
[323] Cfr. *supra*.
[324] C. Ertel e K. S. Freyberger propongono, invece, una dinastia sacerdotale locale costituita già nei primi periodi di vita del santuario che si sarebbe rivolta alla corte seleucide perché venissero concessi dei privilegi; Ertel e Freyberger 2008: 770.
[325] Il termine 'secondo sacerdote' si trova chiaramente a Deir el-Qalaa. D'altra parte, si nota la contemporanea menzione di due sacerdoti, cfr. Aliquot 2009: 114, nota 129 con bibliografia.
[326] Cfr. Appendice. I.1. D.
[327] Fani 2004-2005: 111.
[328] Seyrig 1951: 204-205; cfr. Rey-Coquais 1967: n. 2733.
[329] Rey-Coquais 1987: 193, nota 7; Rey-Coquais 1997: 930. Il termine *mhdmryn* è attestato in due iscrizioni relative al santuario di Bel a Palmira e databili al 272-273 d.C., che commemorano la designazione dei custodi sotto il simposio di *Haddudan*, senatore che aiutò le truppe di Aureliano, sulle iscrizioni cfr. Gawlikowski 1973: 76-80, nn. 10-11.
[330] Si ricorda qui il caso dei *cultores dei* a Hoson Niha (Rey-Coquais 1967: n. 2946) e della *syngeneia* a Tel Kadesh (Fischer, Ovadiah e Roll 1986: 61).
[331] Cfr. *supra*.
[332] Cfr. Rey-Coquais 1967: n. 2733. (Baalbek); Aliquot 2008: n. A/2 (Har Senaim).

Titolo	Qualità	Funzioni
Sacerdote disegnato da Zeus	Profeta di Zeus e il grande sacerdote (?)	Sacrifici, oracolo, responsabile dei fondi sacri;
Altri sacerdoti	Preti o sacerdoti secondari	Vari attività religiose;
κάτοχοι	Associazione di nobili del villaggio	Amministrazione del santuario; contribuzione alle costruzioni e forse sorveglianza dei lavori;
Ιερόδουλοι	Schiavi	Forse servitori ai banchetti sacri.

Conclusioni

Sembra che il *Bargylus* meridionale, ovvero la *peraea* di *Aradus*, avesse ricoperto un ruolo molto importante nel panorama geo-politico della dinastia seleucide nella zona di confine con l'avversario regno tolemaico durante il III e il II sec. a.C. Questo ruolo chiave sarebbe motivato dalla concessione seleucide dell'autonomia alla città già dal 259/8 a.C. *Baitokaike* costituiva quindi un'enclave di proprietà regia, divenuta in seguito indipendente nella *peraea* di *Aradus*. Il santuario si presentava già dai primi periodi della sua attività come un luogo di culto assai influenzato dall'economia del territorio circostante.

Non sembra che la concessione seleucide dei privilegi a *Baitokaike* alla fine del II sec. a.C. avesse recato prima dell'età imperiale dei benefici tangibili al sito. Il decreto di Augusto rivela infatti la presenza di un conflitto economico con la città di *Aradus* che durò probabilmente lungo tutto I sec. a.C. e che venne risolto, appunto, solo dopo l'emissione del decreto stesso che aveva lo scopo di consolidare tali privilegi stabilendo un'integrazione economica coerente nella regione fra le due località. Sembra plausibile quindi considerare lo sviluppo architettonico della prima età imperiale come una conseguenza di tale intervento romano a vantaggio del santuario.

Nonostante la scarsità delle fonti archeologiche e storiche, in particolare di età ellenistica, che condiziona i tentativi di ricostruzione delle prime installazioni cultuali, è possibile comunque riconoscere i primi monumenti di età imperiale (il tempio distilo, l'edicola e il sacello a forma quadrata) che furono edificati nella valle consacrata di *Baitokaike* per costruire un luogo di culto 'all'aperto', che si sviluppò successivamente in un vero e proprio complesso templare. Tali monumenti trovano puntuale confronto nelle prime installazioni architettoniche dei luoghi di culto nel Libano della prima età imperiale, e che costituiscono il nucleo da cui poi si svilupparono i grandi santuari, come quelli di Qalaat Fakra, Hoson Sfire e Hoson Niha. Tra l'altro, molti degli elementi che caratterizzano lo stile decorativo e architettonico del santuario di età antonina a *Baitokaike* mostrano un influsso diretto dai contemporanei santuari della Bekka. La tecnica che utilizza blocchi colossali e.g. o l'elaborazione di modelli architettonici quali la lunga scalinata della cella del tetrastilo prostilo, le Vittorie e il simbolo cosmico dell'aquila sono tutti elementi che si riscontrano nell'area di Baalbek. Si avanza quindi l'ipotesi che tale tradizione architettonica fosse caratteristica dell'area libanese, e che questa fosse estesa anche più a nord nella catena montuosa costiera della Siria, dove il santuario di *Baitokaike* rimane l'esempio meglio conservato.[333]

Nell'organizzazione dello spazio sacro di *Baitokaike* è possibile riconoscere tre principali dimensioni: una architettonica profondamente 'celebrativa', connessa alla presenza di un luogo di culto meta di continui pellegrinaggi; una cerimoniale, come luogo dove viene praticata un'intensa attività rituale e infine una politica, come centro attivo sul piano economico e sociale. Nonostante le testimonianze architettoniche di età ellenistica siano modeste, sembra che *Baitokaike* fosse un importante luogo di culto e che attirasse pellegrini dal territorio circostante, soprattutto nella seconda metà del II sec. a.C., come conferma l'esclusiva circolazione delle principali serie monetarie della zecca autonoma di *Aradus* nel sito in epoca ellenistica. Tuttavia la sua dimensione architettonica celebrativa è quella che meglio si riconosce nella successiva costruzione del santuario munito di un *temenos*, che doveva rispondere alle mutate esigenze cultuali e funzionali del luogo di culto, la cui fama si era espansa anche fuori dal territorio aradiano. Infatti, a partire dall'età imperiale, il sito fu interessato da una circolazione monetaria più vasta, proveniente dalle zecche di Antiochia, Tripoli, *Emesa* e Cizico, anche se *Aradus* rimase comunque la zecca dominante. Le dediche dei soldati romani della III legione Gallica di *Raphanea* a Zeus *Baitokaike* contribuiscono anche'essa a testimoniare la fama del luogo di culto anche fra i soldati romani della III legione Gallica stazionata nella città vicina *Raphanea*, fra cui alcuni mostrarono una notevole generosità, come si evince dalle loro dediche al santuario.

---

[333] L'organizzazione architettonica dei luoghi di culto del *Bargylus* come Mastabeh/Shubat, Qumet Nibal, el-Shiha e Qadbuon è ancora mal conosciuta, e i dati archeologici sono molto lacunosi o scarsi.

L'importanza dei pellegrinaggi è connessa alla trasformazione del luogo di culto in un centro terapeutico e oracolare, dove la dimensione cerimoniale era in forte risalto. La manifestazione della 'forza divina' a *Baitokaike*, alla quale fa riferimento il decreto seleucide come causa della concessione dei privilegi, rispecchiava probabilmente il contesto ambientale del santuario. La sorgente principale e la pianta del ricino avrebbero entrambe giocato un ruolo essenziale grazie alle loro straordinarie caratteristiche idrogeologiche e terapeutiche considerate come manifestazioni miracolose della forza divina di Zeus. Sono molto probabili la cleromanzia e la divinazione oracolare nel sito, che contribuirono alla fama del sito nella regione. La varietà tipologica dei monumenti cultuali e la loro collocazione in senso allo spazio sacro suggeriscono inoltre anche l'esistenza di molteplici procedure rituali, come le processioni del sacrificio e dell'acqua sacra.

I privilegi seleucidi permisero a *Baitokaike* di trasformarsi in un grande centro attivo anche sul piano economico e sociale, grazie alle esenzioni fiscali per i mercati bimensili di prodotti pastorali, agricoli e all'attività di commercio degli schiavi, allestiti in una grande costruzione che ospitava probabilmente negozi e magazzini. *Baitokaike* attirava, dunque, non solo fedeli in ricerca di guarigione o di vaticini oracolari, ma anche commercianti, agricoltori e pastori che svolgevano le proprie attività contribuendo allo sviluppo del luogo di culto. Tali privilegi politico-amministrativi ed economici costituirono la base sulla quale l'associazione κάτοχοι era attiva sul piano economico e sociale-religioso. Non solo, ma il suo contributo alla costruzione del santuario, l'intervento presso gli imperatori romani perché venissero confermati i privilegi conferiti dai Seleucidi e l'essere preposto alla pubblicazione degli stessi fanno emergere anche una dimensione fortemente politica del santuario.

Appendice I.
Iscrizioni greco-romane

I.1. La grande iscrizione dei privilegi

Baitokaike (Hoson Sulaiman)

Il testo è inciso nella parte appositamente incavata della superficie esterna di un blocco di pietra del muro settentrionale, sul lato occidentale del propileo. L'iscrizione risulta in cattivo stato di conservazione. (Figura I.1.)

L'iscrizione è composta da cinque documenti scritti l'uno in latino (documento A) gli altri in greco, risalenti a varie epoche:[1]

- A- è rescritto degli imperatori Valeriano e Gallieno e del governatore Salonino.
- B,C- Memorandum di un re Antioco ad un funzionario di nome *Euphemos*.
- D- estratti del decreto di una città (*Aradus*) inviato ad Augusto.
- E- conclusione, nella quale i κατοχοι di Zeus (*Baitokaike*) rendono conto dell'incisione dell'intera iscrizione.

Fig. I.1: La grande iscrizione dei previlegi, il santuario di *Baitokaike* (foto T. Ahmad 2003).

Dimensioni: altezza 213 cm, larghezza 105 cm.
Datazione: tra il 29 agosto 259 d.C. e il 28 agosto 260 d.C.

A.1
  Imp(erator) Caesar
  Publius Licin-
  nius Valerianus
  Pius Felix Aug(ustus) et Imp(erator)
5
  Caesar Publius Licinius
  Gallienus Pius Fel(ix) Aug(ustus) et Licin-
  nius Cornelius Saloninus
  Valerianus nobilissimus Caesar
  Aurelio Marea et aliis :
10
  regum antiqua beneficia, consuetudine etiam insecuti tenporis tenporis adpro-
  bata, is qui provinciam regit, remota
  violentia partis adversae, incolumia
  vobis manere curabit.

B.15
  ἐπιστολὴ Ἀντιόχου βασιλέως·
  βασιλεὺς Ἀντίοχος Εὐφήμῳ χαίρειν· ἐδόθη ὁ κατακεχωρισ-
  μένος ὑπομνηματισμός· γενέσθω οὖν καθότι δεδήλωται περὶ ὧν δεῖ διὰ σοῦ
18a
  συντελεσθῆναι.

---
[1] Per la datazione dei documenti vedi Capitolo 4.

C.18b

προσενεχθέντος μοι περὶ τῆς ἐνεργείας θεοῦ Διὸς Βαιτοκαικης
ἐκρίθη συνχωρηθῆναι αὐτῷ εἰς ἅπαντα τὸν χρόνον, ὅθεν καὶ ἡ δύναμις τοῦ

20

θεοῦ κατάρχεται, κώμην τὴν Βαιτοκαι[κη]νήν, ἥν πρότερον ἔσχεν Δημήτριος
Δημητρίου τοῦ Μνασαίου ἐν Τουργωνα τῆς περὶ Ἀπάμιαν σατραπίας, σὺν τοῖς
συνκύρουσι καὶ καθήκουσι πᾶσι κατὰ τοὺς προϋπάρχοντας περιορισμοὺς
καὶ σὺν τοῖς τοῦ ἐνεστῶτος ἔτους γενήμασιν, ὅπως ἡ ἀπὸ ταύτης πρόσοδος
ἀναλίσκηται εἰς τὰς κατὰ μῆνα συντελουμένας θυσίας καὶ τἆλλα τὰ πρὸς αὔξη-

25

σιν τοῦ ἱεροῦ συντείνοντα ὑπὸ τοῦ καθεσταμένου ὑπὸ τοῦ θεοῦ ἱερέως, ὡς εἴθισται, ἄγωνται δὲ κατὰ μῆνα πανηγύρεις ἀτελεῖς τῇ πεντεκαιδεκάτῃ καὶ
τριακάδι, καὶ εἶναι τὸ μὲν ἱερὸν ἄσυλον, τὴν δὲ κώμην ἀνεπίσ[τα]θμον μηδεμιᾶς
ἀπορρήσεως προσενεχθείσης· τὸν δὲ ἐναντιωθησόμενόν τισι τῶν προγε-
γραμμένων ἔνοχον εἶναι ἀσεβείᾳ ἀναγραφῆναί τε καὶ τὰ ἀντίγραφα ἐν

30

στήλῃ λιθίνῃ καὶ τεθῆναι ἐν τῷ αὐτῷ ἱερῷ. Δεήσει οὖν γραφῆναι οἷς εἴθισται, ἵνα γένηται ἀκολούθως τοῖς δηλουμένοις.

D.32

ψήφισμα τῆς πόλεως πεμφθὲν θεῷ Αὐγούστῳ
ἐπάνανκες δὲ ἀνέρχεσθαι πάντα τὰ ὤνεια διὰ τῶν ἐνταῦθα καὶ ἐπὶ χώρας
ἀγορητῶν πραθησόμενα καθ' ἑ[κ]άστην ἱερομηνίαν πρὸς τὸ ἀδιάλειπτα ὑπάρχιν

35

πᾶσι τοῖς ἀνιοῦσ{ι}ι ἀνιοῦσι προσκυνηταῖς, ἐπιμελομένου τοῦ τῆς πόλεως ἀγο-
ρητοῦ μηδὲ ἐπιχειροῦντος ἢ ὀχλοῦντος προφάσει παροχῆς καὶ τέλους
καὶ ἐπηρείας τινὸς ἢ ἀπαιτήσαιως· ἀνδράποδα δὲ καὶ τετράποδα
καὶ λοιπὰ ζῷα ὁμοίως πωλείσθω ἐν τῷ τόπῳ χωρὶς τέλους ἢ ἐπηρείας τινὸς ἢ ἀπαιτήσαιως.

E. 40

οἱ κάτοχοι ἁγίου οὐρανίου Διὸς τῆς ὑπὸ τῶν Σε-
βαστῶν εἴς τε τὸν θεὸν εὐσεβείας καὶ τὸν τόπον ἐλευθερε[ί]ας τὴν θείαν ἀντιγραφὴν ὑπὸ πάντων προσκυνουμένην
προέταξαν.

Traduzione[2]

A. L'imperatore Cesare Publio Licinio Valeriano Pio Felice Augusto e l'Imperatore Cesare Publio Licinio Gallieno Pio Felice Augusto e Licinio Cornelio Salonino Valeriano nobilissimo Cesare ad Aurelio Marea e agli altri:

Gli antichi benefici regi, confermati anche dalla consuetudine del tempo successivo, colui che regge la provincia, rimossa la violenza della parte avversa, farà in modo che restino per voi intatti.

B. Lettera del Re Antioco

Il re Antioco ad Eufemo, salute. È stato emesso il 'memorandum' qui accluso; si faccia dunque come è stato chiarito riguardo a ciò che deve essere compiuto per tua cura.

C. Essendomi stato fatto rapporto sulla forza del Dio Zeus di *Baitokaike*, fu deciso di concedergli in perpetuo ciò da cui anche la potenza del Dio deriva, il villaggio di *Baitokaike*, che prima aveva Demetrio, figlio di Demetrio, figlio di *Mnaseas*, in Turgona, nella satrapia di Apamea,

---

[2] Si riporta qui la più recente traduzione dei documenti A-D da Baroni 1984: 138-139. Il documento E viene tradotto in Italiano dall'autore sulla base della traduzione di Rigsby 1996: 509.

con tutto ciò che gli appartiene e gli spetta secondo le delimitazioni confinarie già tracciate e con le rendite dell'anno in corso, affinché le entrate che da esso provengono vengano spese per i sacrifici che si compiono ogni mese e per ogni altra cosa che concorre all'incremento del tempio, ad opera del sacerdote designato dal Dio, come suole. Si tengano inoltre, ogni mese, mercati esenti da tasse, il quindicesimo e il trentesimo giorno; il tempio sia inviolabile e il villaggio sia esente dall'obbligo di alloggiare truppe e funzionari, dato che nessuna obiezione è stata presentata. Chi si opporrà a qualcuna delle disposizioni sopra scritte sia colpevole di empietà. E copie vengano incise su una lastra di pietra e vengano poste nel tempio stesso. Bisognerà infine scrivere a coloro cui si è soliti affinché si aderisca conformemente a quanto chiarito.

D. (Decreto della città inviato al Divo Augusto)

È obbligo che tutte le merci siano fatte salire, ad opera degli agoreti di qui e del territorio, per essere vendute ad ogni mercato sacro mensile, in modo che siano sempre disponibili per tutti i devoti che salgono, prendendosi cura di ciò l'agoreta della città e non recando egli impedimento o disturbo alcuno con pretesto di forniture, di tasse e di qualche richiesta o pretesa ingiusta; e schiavi, quadrupedi ed altro bestiame ugualmente siano venduti in quel luogo senza tasse o una qualche richiesta o pretesa ingiusta.

E. I κάτοχοι di Zeus Santo Celeste hanno postato il rescritto imperiale per essere riverito da tutti, della Pietà verso il dio e la liberalità verso il luogo.

Bibliografia: Chandler 1774: 88-90, n. 1; Franzi 1853: *CIG* III n. 4474; Waddington 1870: 630, n. 2720a; Orelli 1828: n. 3657 (documenti A, E); Theodor 1873: *CIL* III, n.184; 38; Dittenberger 1903: 423-426, *OGIS* n. 262; Cagnat et al. 1906 *IGR* III, n. 1020; Oppenheim e Lucas 1905: 21-25, n.6; Abbott e Johnson 1929: 485-486, n. 147; Welles 1934: 280, n. 70; Rey-Coquais 1970: *IGLS* VII, n. 4028; Austin 1981: 291-292, n.178 (lettera di Antiochio); Baroni 1984: 135-167; Rigsby 1996: 504-511.
Cfr. Rostovtzeff 1910: 274-275; Krencker e Zschietzschmann 1938: 89; Seyrig 1951: 193-206; Rey-Coquais 1974: 115; Rigsby 1980: 248-254; Williams 1986: 206-207; Rey-Coquais 1987: 191-198; Virgilio 1987: 193-198; Feissel 1993: 13-26; Seibert 2003: 369-370; Freyberger 2004: 31-34; Yon e Gatier 2009: 138-143; Bonnet 2015: 135-143.

I. 2. Dedica del propileo

Baitokaike (Hoson Sulaiman)

L'iscrizione si trovava sulla cornice superiore di un elemento dell'architrave della porta principale del propileo, realizzato in un unico blocco di calcare, si estendeva su tre righe ed era mutila nella sua parte destra. L'architrave si presenta un cattivo stato di conservazione e l'iscrizione è oggi irreperibile.

Dimensioni: la prima riga è di lunghezza massima 163 cm più margini a sinistra e a destra di 77 cm; la seconda inizia alla lunghezza di 48 cm e la terza a 32 cm.
Datazione: fine I sec. d.C.-II sec. d.C. (?)

Bibliografia: Dussaud 1897: 323; Krencker e Zschietzschmann 1938: 89; Rey-Coquais 1970 *IGLS* VII, n. 4029.

I. 3. Dedica della nicchia nel propileo

Baitokaike (Hoson Sulaiman)

La dedica era incisa sulla nicchia destra interna del propileo, e si estendeva su tre righe. Attualmente il testo risulta illeggibile.

Datazione: fine I sec. d.C.-II sec. d.C. (?)

Κ[..........]
λου [εὐξ]άμε-
νος ἀνέθηκα

Bibliografia: Dussaud 1897: 326; Oppenheim e Lucas 1905: 26; Krencker e Zschietzschmann 1938: 90; Rey-Coquais 1970: *IGLS* VII, n. 4030.

I. 4. Dedica della porta orientale

Baitokaike (Hoson Sulaiman)

Elemento di architrave della porta orientale, realizzato in un unico blocco calcareo di buono stato di conservazione. L'iscrizione si estende su due righe della fascia inferiore esterna dell'architrave (Figura I. 2).

Datazione: 223/224 d.C. (secondo l'era di *Aradus*), 170 d.C. (secondo l'era seleucide).

θεῷ Βαιτοχειχει οἱ κάτοχοι ἐκ τῶν ἰδίων ἐν τῷ
βπυ´ ἔτει ἐποίησαν

'Per il Dio di *Baitokaike*, i *Katochoi* ergono questa porta alle loro spese, nell'anno 482'

Bibliografia: Chandler 1774: 88-90, n. 2; Franzi 1853 *CIG* III, n. 4475; Dussaud 1897: 320; Oppenheim e Lucas 1905: 25; Krencker e Zschietzschmann 1938: 90; Rey-Coquais 1970: *IGLS* VII, n. 4031.
Cfr. Bonnet 2015: 144-145.

Fig. I.2: Dedica della porta orientale, il santuario di *Baitokaike* (foto T. Ahmad 2007).

I. 5. Dedica della porta occidentale

Baitokaike (Hoson Sulaiman)

Elemento di architrave della porta occidentale, realizzato in un unico blocco calcareo. L'iscrizione si estende su due righe della fascia inferiore esterna dell'architrave. Le lettere dell'iscrizione erano in

Fig. I.3: Dedica della porta occidentale, il santuario di Baitokaike (foto T. Ahmad 2007).

metallo, si conservano solo i fori per l'inserimento dei caratteri. La lettura delle impronte è difficilmente interpretabile (Figura I. 3).

Datazione: potrebbe essere contemporanea a quella della porta orientale.

θε[ῷ μεγ]άλῳ [Βαιτο]κ[αικη – – –]

'Per il dio molto grande di Baitokaike - - -'

Bibliografia: Dussaud 1897: 323-324; Krencker e Zschietzschmann 1938: 89; Rey-Coquais 1970: *IGLS* VII, n. 4032.
Cfr. Bonnet 2015: 145.

I. 6. Dedica della porta meridionale

Baitokaike (Hoson Sulaiman)

Elemento di architrave della porta meridionale, realizzato in un unico blocco calcareo. Attualmente si trova in crollo davanti alla porta meridionale, la parte sinistra è mancante. L'iscrizione, su due righe, corre sulla fascia anteriore dell'architrave ed occupa tutta la sua lunghezza (Figura I. 4).

Datazione: 516 = 257/258 d.C. (secondo l'era di *Aradus*), 204 d.C. (secondo l'era Seleucide).

θεῷ μ[εγίσ]τῳ Βετοχιχι οἱ   (testa   κάτοχοι
                    ἐξ ἰδίω[ν]
     θυ - - - -   ἐν τῷ   leonina)   ϛιφ´ ἔ[τ]
                    ε[ι ἐποίησαν]

Fig. I.4: Dedica della porta meridionale, il santuario di Baitokaike (foto T. Ahmad 2007).

'Per il dio molto grande di *Baitokaike*, i *Katochoi* ergono alla loro spesa (questa porta?), nell'anno 516'

Bibliografia: Dussaud 1897: 321-322; Oppenheim e Lucas 1905: 26; Krencker e Zschietzschmann 1938: 90; Rey-Coquais 1970: *IGLS* VII, n. 4033.
Cfr. Bonnet 2015: 144-145.

I. 7. Dedica di un altare di bronzo

Baitokaike (Hoson Sulaiman)

L'altare è stato rinvenuto nel 1902 dalla missione tedesca, ma attualmente non è più reperibile. L'iscrizione si estende su tre blocchi contigui su tre linee, con lettere regolari e profondamente incise.

Datazione: 444 = 185/186 d.C. (secondo l'era di *Aradus*), o 132 d.C. (secondo l'era Seleucide).

θεῷ μεγίστῳ ἁγίῳ ἐπηκόῳ Βαιτοχειχει Τ(ίτος) Αὐρ(ήλιος) Τ(ίτου) υἱὸς Οὐλπία Οἴσκου Δέκιμος (ἑκατόνταρχος) ΑΟΝΤ-
ΙΔΑ μετὰ τῶν τέκνων Δεκιμίας Μαρκανῆς καὶ Τ(ίτου) Δεκ{κ}ιμίου {Δεκιμίου} Μαρκιανοῦ καὶ Τ(ίτου) Αὐρ(ηλίου) Δεκίμου ἔστρωσεν σὺν βαθμεῖσι καὶ τὸν χάλκεον βωμὸν ἀνέθηκε
ἐν τῷ δμυ΄ ἔτει

'Al dio più grande, santo e propizio di *Baitokaike*, Titus Aurelius Decimus, figlio di Titus, nativo di Ulpia *Oescus*, centurione della [legione III Gallica], con i suoi figli *Decimia Marcana*, *Titus Decimius Marcianus* e *Titus Aurelius Decimus*, ha fatto fare la pavimentazione
e ha consacrato l'altare di bronzo, nell'anno 444'[3]

Bibliografia: Krencker e Zschietzschmann 1938: 91-92; Rey-Coquais 1970: *IGLS* VII, n. 4034.
Cfr. Robert 1940: 229 (Ulpia *Oescus*), n. 179; Bonnet 2015: 145.

I. 8. Dedica su un altare

Baitokaike (Hoson Sulaiman)

Piccolo altare di pietra calcarea recante una dedica di una larghezza di 25 cm sulla sua parte inferiore. L'altare non è attualmente reperibile.

θεῷ Βετο-
χιχι·
εἰς ἐῶνα
Βετοχι-
χι· Βωμ-
[ὸν]. ΛΙΛΑΡ

'Al Dio di *Baitokaike*- (vivi) per sempre *Baitokaike*! – Altare...'

Bibliografia: Krencker e Zschietzschmann 1938: 91; Rey-Coquais 1970: *IGLS* VII, n. 4035.
Cfr. Bonnet 2015: 145.

I. 9. Dedica su un altare

Baitokaike (Hoson Sulaiman)

---

[3] Οὐλπία Οἴσκου si riferisce alla città natale e non ad un nome tribale del dedicante. Essa si trovava nella provincia romana di Moesia ed attualmente si trova a nord-ovest della moderna città bulgara di Pleven, vicino al villaggio di Gigne. La città diventa colonia sotto Traiano (dopo il 106 d.C.) con il nome ufficiale di *Colonia Ulpia Oescus*, cfr. Zahariad e Gudea 1997: 72.

Base di un piccolo altare rinvenuto presso la grande scalinata del tempio. L'altare è attualmente irreperibile.

Σκρεβών[ι]-ος ηὔξατο

'Scribonius ha fatto promessa'

Bibliografia: Krencker e Zschietzschmann 1938: 91; Rey-Coquais 1970: *IGLS* VII, n. 4036.

I. 10. Dedica di un 'cippo'

Baitokaike (Hoson Sulaiman)

Elemento di pietra rinvenuto davanti alla grande scalinata, 30,5 cm di larghezza e 88 cm di altezza, ma esso è attualmente irreperibile.

θεῷ ἁγίῳ Βετο-
χειχει Θεόδωρος
Κάρου σούμμος
⁴ ἱππ[έ]ων σινγου[λα].
ρίων εὐξάμεν[ος]
ἀνέθηκεν

'Al santo dio di *Baitokaike*, Theodoros, figlio di Carus, della più alto rango degli *equites* singolari, in esecuzione del suo voto, ha offerto (questo cippo)'

Bibliografia: Krencker e Zschietzschmann 1938: 91; Rey-Coquais 1970 *IGLS* VII, n. 4037.

I. 11. Dedica dell'altare-torre (?)

Baitokaike (Hoson Sulaiman)

Frammento di cornice, trovato presso l'altare-torre nel *temenos* del santuario, ma attualmente risulta irreperibile.

[θεῷ] ἁγίῳ [ἐπη]κόῳ Βα[ιτοχιχι] — — —

'Al santo dio, propizio, di *Baitokaike*'

Bibliografia: Krencker e Zschietzschmann 1938: 91; Rey-Coquais 1970: *IGLS* VII, n.4038.

I. 12. Blocco calcareo presso la sorgente

Baitokaike (Hoson Sulaiman)

Blocco calcareo lungo 120 cm rinvenuto di fronte alla sorgente e oggi perduto. L'iscrizione si estendeva su due linee, ma si leggeva solo la seconda, che presentava lettere alte 8 cm. Il blocco è attualmente irreperibile.

—ΚΕ΄ΔΔΑΜΟΥ—

Bibliografia: Rey-Coquais 1970: *IGLS* VII, n. 4040.

I. 13. Tavoletta di bronzo

Baitokaike (Hoson Sulaiman)

Tavoletta di bronzo rinvenuta nel grande santuario, di cui non sono noti né il luogo di ritrovamento né quello di conservazione.[4] Sembra probabile che questa appartenesse ad una serie di dediche su supporto metallico agganciate all'apertura della *krypta*, come indicano le tracce ivi visibili.[5] L'iscrizione corre su 5 righe con lettere lunate più larghe che alte (Figura I. 5).

Dimensioni: altezza 9 cm; larghezza 12 cm.

    θεῷ μεγίστῳ
    κεραυνίῳ Βη-
    χιχι τὸ καμη-
    λιλ τὴν κοτο-
5   χὴν τοῦ Βηχιχι

Fig. I.5: Tavoletta di bronzo di *Baitokaike*, luogo di conservazione incerto (Seyrig 1951: 191, Fig. 1).

'Al più grande dio, il tuono di *Bhkiki* (*Baitokaike*); questo piccolo cammello per la detenzione (dal Dio) di *Bhkiki* (*Baitokaike*)'[6]

Bibliografia: Seyrig 1951: 191-193; Rey-Coquais 1970: *IGLS* VII, n. 4041; Piejko 1982: 97-103.
Cfr. Delekat, 1964: 160; Bonnet 2015: 145, nota 117.

I. 14. Dedica su altare

Baitokaike (Hoson Sulaiman)

Altare realizzato in calcare tenero di origine locale, che presenta una struttura semplice, a parallelepipedo, non decorata. Rinvenuto all'ingresso del tempio in *antis*, ma che originariamente avrebbe dovuto trovarsi *temenos* del santuario. L'iscrizione, preservata per un lungo tratto su una superficie liscia, corre su tutta la faccia centrale e sul centro del lato destro, e presenta una piccola lacuna nella parte superiore. L'altare è attualmente conservato nel Museo Nazionale di Tartus (Figura I. 6).

Dimensione: altezza 104 cm; larghezza 46 cm; altezza delle lettere 3 cm.
Datazione presunta: seconda metà del II sec. d.C./ III sec. d.C.

L'iscrizione sulla parte destra

    - - - - - ιερου πη-
    ρωθείς ἐμπεσών

Fig. I.6a: Dedica di un altare di *Baitokaike*, faccia principale, Museo Nazionale di Tartus – Siria (foto T. Ahmad 2007).

---

[4] L'oggetto è stato pubblicato da H. Seyrig che però non indica dove esso è conservato, Seyrig 1951: 191.
[5] Vedi *supra*.
[6] Piejko1982: 101.

Fig. I.6b: Dedica di un altare di *Baitokaike*, faccia destra, Museo Nazionale di Tartus – Siria (foto T. Ahmad 2007).

  εἰς λς΄ ἰατροὺς κα[ὶ]
4 μ[ὴ] θεραπευθεὶς ἐ-
  [πεκαλ]εσάμην τ[ὸν]
  [θεὸν] καὶ ἐξῆς [ἐπέ-]
  [ταξ]έν μοι βοτ[άνη]- - -
  - - - - - - - - - - - - - -

L'iscrizione della faccia principale è incompleta in alto, a destra e a sinistra della linea 1 alla linea 9 e alle line 16 e 17:

  [- - ἐσχέθην ἐν τῷ αιω - - - - - - - - -]
  - - [Τοσ]α μοι καὶ ἔλεγεν ε - - - - - - - -
  - - [ὑπο]ταγεὶς καὶ πειθαρχή[σας]- - - -
4 αιως ἐγενόμην ὥστε I - - - - - - - - -
  - - [Ε]τας α[ὐτ]οῦ εἰς πολλ[α] - - - - - - - -
  - - πους καὶ εἰς ἑπτὰ κώ[μας] - - - - - -
  [κα]ὶ εἰς ἑπτὰ πόλεις επ - - - - - - - - -
8 [π]άλιν δέ μοι ὤφθη [- - - - - - - εὐ]
  χαρισπας ἐδεξάμη[ν - - - - - - -]
  καὶ ἡ θεραπεία μο[υ - - - - -δὲ]
  κα μυριά[δ]ων ἀξί[α - - - - - μι (μα)]
12 κραψυχοῦν μὴ εχ[ε] - - - - - -
  [θε]ν ξῆν καὶ χαρισα - - - - -
  τῇ τύχῃ ἐδωρησαμ ο- - - - -
  [χ] νην ἐξῆς εφροντι - - - - -
16 - - θην κοινῶν ὄντω[- - -]
  - - κοπων μου ποιη[σ] - - - - -

Bibliografia: Rey-Coquais 1997: 931-935.
Cfr. Rey-Coquais 1974: 236 (primo accenno); Bonnet 2015: 146-147.

È molto difficile proporre un'integrazione al testo inciso sulla faccia centrale dell'altare, e quindi una traduzione completa. Il testo parla generalmente di una confessione di un dedicante e della sua gratitudine alla divinità che l'ha guarito.

Non sappiamo quale fosse la malattia del dedicante e quale fosse la pianta prescritta della divinità per guarirlo, tuttavia, si potrebbe ipotizzare un riferimento alla pianta del ricino dal quale deriva il nome di *Baitokaike*. La divinità a cui si riferisce l'iscrizione è senza dubbio una divinità guaritrice.[7]

Un altro elemento piuttosto oscuro è la menzione di sette villaggi e di sette città. Rey-Coquais nota che i villaggi sono nominati in primo luogo come se la divinità fosse un dio montano protettore dei paesi rurali.[8] D'altra parte non sappiamo quali fossero i sette villaggi e le sette città citate, che tuttavia dovrebbero aver avuto dei luoghi di culto o dei centri salutiferi. Le città conosciute nell'area erano *Raphanea*, *Aradus*, *Maratus*, *Simyra*, *Balanea*, *Paltus* e *Gabala*. Le località minori nelle vicinanze del tempio di *Baitokaike* sono il tempio a Mastabeh/Shubat, Saḥ´in, Hebbe, Joueikhat e Mechta-Helou. Tali località minori offrono una serie di iscrizioni dedicatorie risalenti all'epoca romana che attestano la presenza di luoghi di culto.

I. 15. Altare inedito

Baitokaike (Hoson Sulaiman)

Altare a forma di parallelepipedo in calcare, con coronamento a merli al centro del dado superiore e a mezzaluna negli angoli. L'altare è situato nel *temenos* del grande santuario a ovest della cella, vicino alla scalinata laterale occidentale. Se ne conserva solo la parte superiore e una metà del dado centrale,

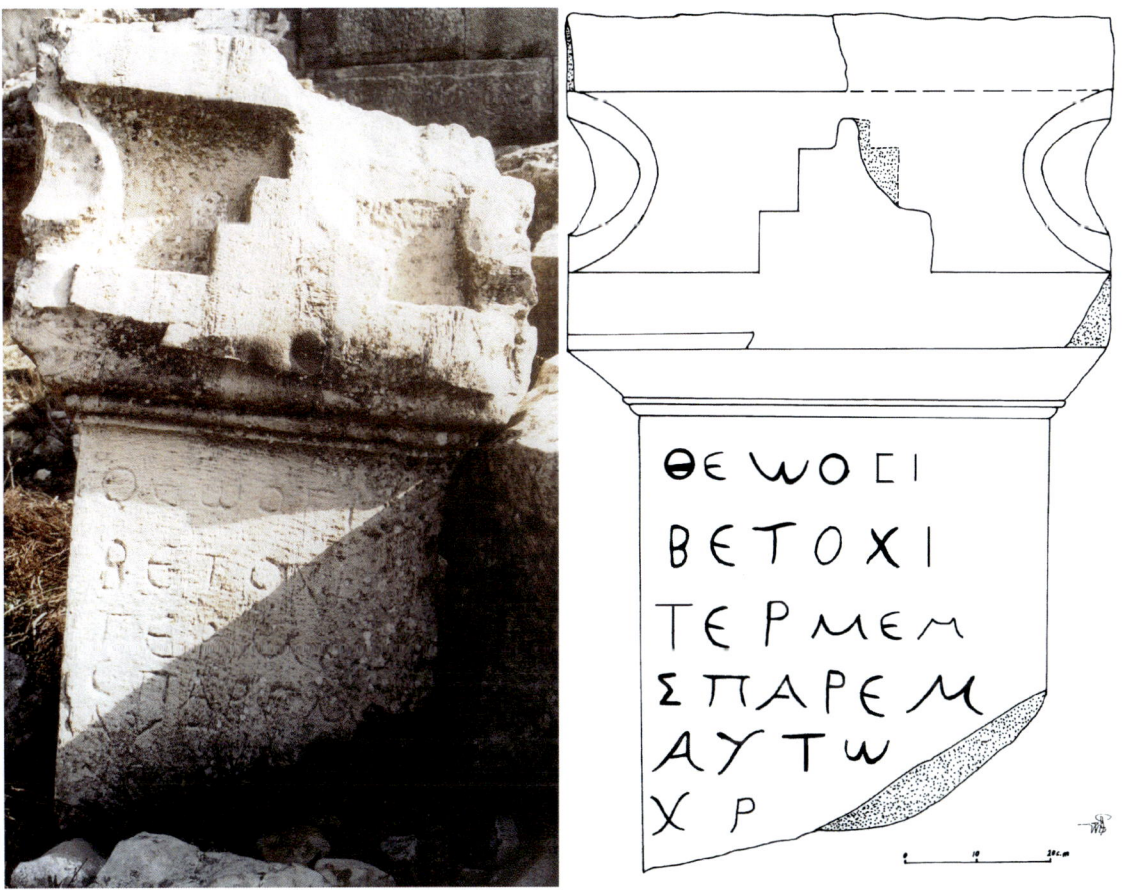

Fig. I.7: Dedica di un altare inedito, *Baitokaike* (foto e disegno T. Ahmad).

---
[7] Vedi *supra* capitolo 6.
[8] Rey-Coquais 1997: 934.

spezzato irregolarmente nella sua parte inferiore. L'iscrizione, preservata per un brevissimo tratto di sei linee, corre sul listello sottostante le volute ed è lacunosa a destra a causa di alcune scheggiature (Figura I. 7).

Dimensione: altezza 112,16 cm, larghezza 72,36 cm, altezza lettere: 5,2 cm.

        Θεῷ ὁσί[ῳ]
        Βετοχί[χι]
        Τερμεμ[.]
4   ς Παρεμ[.]
        αυτω[...]
        χρ[....]

'al dio santo Betokiki[ki] ....'

I. 16. Tre votivi inediti

Baitokaike (Hoson Sulaiman)

Tre altari votivi, conservati al museo archeologico di Tartus, presentano iscrizioni frammentarie in greco. Le iscrizioni sono oggetti di ricerca del progetto di *IGLS*- Syria costiera condotto da J. Aliquot. In attesa della loro pubblicazione finale ad opera dello studioso, in questa sede si riporta solamente le interpretazioni delle tre iscrizioni.[9]

- N. inv. 1687, altare votivo in calcare, datazione: I-III sec. d.C.:
  'al dio di *Betokiki*, *Aboudemmos* figlio di *Seidonios*, in adempimento di un voto, ha dedicato (questo)'.
- N. inv. 1080, altare votivo frammentario in calcare, datazione: I-III sec. d.C.:
  '... adempimento di un voto, per se stesso, sua moglie e suoi bambini'.
- (Senza n. inv.), blocco di calcare frammentario, datazione: I-III sec. d.C.:
  'al dio di *Betokiki*, ... nel mese di *Gorpiaios* (agosto)'.

I. 17. Altare votivo

Mnin- Damasco

Mnin è un piccolo villaggio che sorge 18 km a nord di Damasco. Gli scavi condotti dalla DGAM hanno portato alla luce due templi scavati nella roccia, ai quale risale un altare votivo con iscrizione greca che è stato riutilizzato in epoca bizantina negli ambienti a funzione domestica.

L'altare in calcare ha forma di piedistallo, con modanatura inferiore composta da un toro atrofizzato, una gola rovescia leggermente concava, e un cavetto rovescio. La parte superiore è composta da un ovolo, una gola diritta e un listello. Sulla parte superiore del dado centrale corre l'iscrizione su cinque linee (Figura I. 8).

L'iscrizione è stata pubblicata da I. Omeri e M. Hamud nel 2009 con una rapida traduzione.[10] Il testo pone un problema di interpretazione soprattutto la prima linea per cui si propone una nuova lettura e interpretazione dell'iscrizione in questa sede in attesta della sua pubblicazione finale nell'IGLS XII di P.-L. Gatier:

---

[9] Vorrei ringraziare J. Aliquot per la sua gentile collaborazione condividendo in anticipo la sua interpretazione delle iscrizioni.
[10] I primi editori dell'iscrizione riportano una preliminare trascrizione e una traduzione in Arabo: Θεῶν μυστιβς Γεράϊος Βειθόκαικεος καὶ Ἄκραβος Σελεύκου καὶ Ἀβιμης Ζάβδους κεὶ ΟΥΕΑΤΙΕΟΥ ἀνέθηκαν, 'Theon... sacerdote di *Baitokaike* e Akrabos figlio di Seleukos e Abe[m]mes figlio di Zabdos e... hanno dedicato', Omeri e Hamud 2009: 72.

Appendice I. Iscrizioni greco-romane

Fig. I.8: Dedica di un altare, il santuario di Mnin (Omeri – Hamud 2009: 72, Figura 122, per gentile concessione).

           Θεῶν μυστηρίων Γάϊος
           Βειθόκανθος καὶ Ἄκρα-
           βος Σελεύκου καὶ Ἀβέμ-
4   [μ]ης Ζάβδους [κα]ὶ ΟΥ[.]
           ΑΤΙΣΟΥ ἀνέθηκαν

----

1. Γάρος o Γάβος anche possibile || 2. Il secondo nome è in nominativo, forse un errore per –ου? J.-L. Gatier propone la lettura come Βειθοκάκεος < Βειθοκάκευς, forma al genitivo derivante dal toponym/divinità di *Baitokaike*.[11] Tuttavia, la nostra copia non sembra supportare tale lettura. || 4. Anche se un ripristino come [τ]οῦ sarebbe stato preferibile, quindi avendo il patronimico di Zabdos, sembra che ci sia più spazio che per una lettera tra Ζάβδους e ΟΥ|| 5. .ΑΠΕΟΥ or ΑΠΕΟΥ anche possibile || 4.-5. Rimane ancora non chiaro se il gruppo dei dedicati sia composto da tre o quattro persone, in quanto non c'è abbastanza spazio per un nome e patronimico. Tuttavia, se il nostro completamento della voce καὶ è corretta, il nome seguente potrebbe trattarsi della quarta persona dei dedicanti.

'per i misteri dei déi, Gaios, figlio di Beithokanthos, e Akrabos, figlio di Seleukos, e Abe[m]mes figlio di Zabdos e [ΟΥ·ΑΤΙΣΟΥ] hanno dedicato (questo altare)'

Bibliografia: Omeri e Hamud 2009: 72, Figure 119-122; Gatier (in stampa) *IGLS* XII- Damascène, Mnin 4.

La voce *Beithokanthos* dovrebbe costituire un nome personale derivante da *Baitokaike* e potrebbe essere concepito come toponimo/etnico o teoforico del sito di Hoson Sulaiman. L'antroponimo geografico o etnico-tribale semitico è ampiamente attestato nella regione,[12] ma *Beithokanthos* non sembra indicare significato etnico relativo al luogo di *Baitokaike*, per le distanze e le differenti aree geografiche di entrambi i luoghi. Sembra piuttosto considerare la radice come nome teoforico, dove la divinità del luogo è spesso nominata nelle iscrizioni dedicatorie del sito con il semplice toponimo: *Baitokaike*, *Betokiki*, *Bhkiki* etc. In tale caso, *Beithokanthos* è l'unico antroponimo finora conosciuto che designa un fedele di questa divinità, ma trova un confronto con il famoso caso di *Mambogaios*, ampiamente attestato in Siria e Commagene, che indica verosimilmente il nome personale di un fedele di *Hierapolis/Manbog*.[13] *Beithokanthos* conferma probabilmente il prestigio di questo centro religioso e dimostra una certa fama della sua divinità.[14]

---

[11] Gatier *IGLS* XII-Damascène, Mnin 4 (in stampa).
[12] Cfr. per esempio Drijvers e Healy 1999: 280 e la lista di nomi personali come ʾdysʾ (Edessa) e ḥrnyʾ.
[13] Lightfoot 2001: 118.
[14] Vorrei ringraziare vivamente le osservazioni del professor P.-L. Gatier (*Maison de l'Orient et de la Méditerranée*) e della professoressa E. Stavrianopoulou (*Heidelberg Universität*) per la loro gentile collaborazione per interpretare l'iscrizione.

Gli altri nomi dei dedicanti sono evidentemente di origine locale semitica. *Akrabos* riferisce non solo ad un antroponimo personale con significato di 'scorpione', ma anche a un toponimo.[15] *Abemme* risulta poco diffuso rispetto al nome del padre *Zabdo* che è ben attestato a Palmira.[16]

I. 18. Altare votivo

Spagna, Cordova

È un altare di marmo bianco che è stato trovato riutilizzato in un muro esterno di una costruzione a Cordoba in Spagna. L'altare porta un'iscrizione greca frammentaria che ricorre su due parti dell'oggetto.

Datazione: I sec. d.C.

Margine superiore.   1
[θεοῖς] ἐπηκόοις
[σωτῆρσιν] εὐεργέταις.

Parte centrale.   3
[κυρίῳ] Ἡλίῳ μεγάλῳ Φρὴν
[......] Ἐλαγαβάλῳ καὶ Κύπ[ρι]-
5
[δι εὐ]χάρι Ναζαία καὶ [ἡ δεῖνα]
[κυρίᾳ Ἀ]θηνᾷ Ἀλλὰθ Ν[......]
[.... Βαιτο(?)]κείκᾳ καὶ Γε[ναίῳ(?) — —]
[θεοῖς πατρῴοις ἐπη]κόοις θσ′ [ἔτει ἀν]-
[έθηκαν εὐχῆς χά]ριν

Bibliografia: von Gaertringen *et al.* 1923: 117-132; Mouterde 1924: 337; Cumont 1924: 342-345.

Si tratta di una dedica frammentaria alla dia Allat seguita probabilmente dai nomi dei dedicanti di cui un nome porta la finale χείχα. I primi editori dell'iscrizione suggeriscono la lettura di toponimi come [Λαοδ]χείχα riferita alla città di Λαοδιχηνη in Siria, [χαί Αρ]χείχα per Arca-*Caesarea* o alla *Baitokaike*.[17] F. Cumont invece ritiene sia valida solo quella relativa a *Baitokaike*.[18] Tale ipotesi sulla lettura di un toponimo o un personale teoforico relativo a *Baitokaike* resta discutibile.

---

[15] Ci sono tre moderni villaggi riportano oggigiorno tale toponimo: Aqraba di Damasco, quello di Cisgiordania e il terzo si trova in Hauran, alla quale appartiene *Lucius*, il dedicante di un altare alla Atargatis a Kafer Hawar (località a 40 km a nord) in epoca romana, cfr. Aliquot 2008: *IGLS* XI n. 45.
[16] Per Abemme cfr. Jalabert e Mouterde 1959: *IGLS* V, n. 2687; per Zabdos cfr. Yon 2012: *IGLS* XVII, n. 57 (Ζαβδης).
[17] von Gaertringen *et al.* 1923: 129.
[18] Cumont 1924: 344.

Appendice II.
Monete di *Baitokaike*

I vari sondaggi effettuati a *Baitokaike* (Hoson Sulaiman) nel 1989, nel 2003 e nel 2004 hanno portato alla luce 68 monete di bronzo collocabili in tre periodi principali: ellenistico, romano imperiale e bizantino, databili tra la fine del III sec. a.C. e il VI sec. d. C. Nel 2007 K. Kiwan ha pubblicato un catalogo di 29 esempi delle monete di *Baitokaike*, e successivamente gli esempi ellenistici sono stati ripesi da F. Duyrat.[19] L'incompleta pubblicazione dell'intero *dossier* numismatico del sito e l'insufficiente attenzione rivolta alla catalogazione delle monete ellenistiche nello studio di K. Kiwan, rende necessario fare uno studio più attendibile includendo tutte le monete rinvenute nel sito.

Tipologia

La maggior parte delle monete ellenistiche furono coniate nella zecca di *Aradus* e appartengono alle serie della zecca databili soprattutto al II sec. a.C. (Grafico 1). Tali emissioni sono databili in cifre e numeri fenici leggibili da destra a sinistra: ŠT come anno seguita poi da numeri (|>|= 100, − = 10, | =1). Il nostro catalogo per tali monete si basa sulla recente classificazione di F. Duyrat per la zecca ellenista di *Aradus*.

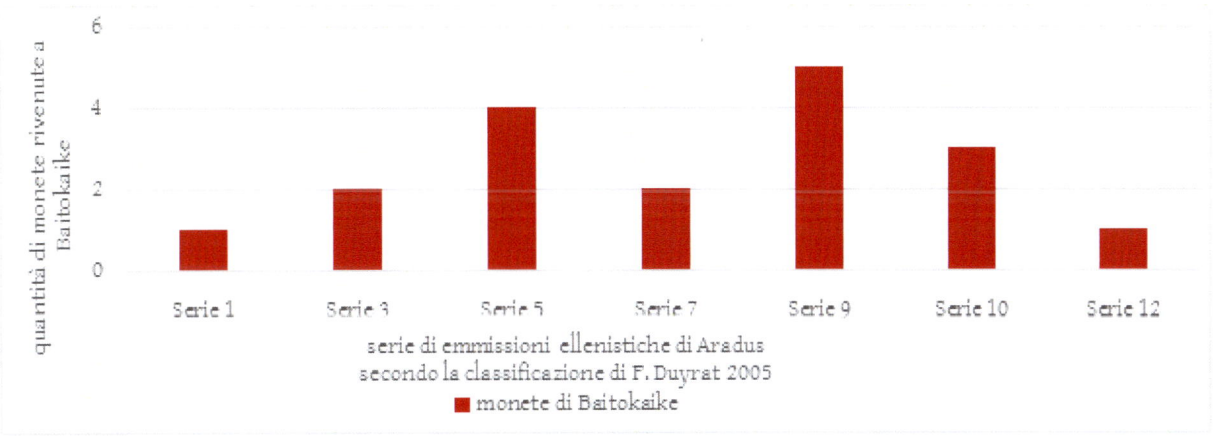

Grafico 1: Profilo numismatico ellenistico di *Baitokaike*.

A partire dal periodo imperiale si nota la varietà di provenienza: *Balanea*, Tripoli, Beirut, *Emesa*, Antiochia e Cizico, anche se la zecca di *Aradus* rimane quella dominante (Grafico 2). Le testimonianze monetarie del periodo bizantino sono rare e ne offrono solo una leggibile ritrovata nel piccolo complesso. Infine, l'unica moneta islamica è risalente al periodo ottomano e coincide con l'invasione del principato egiziano nella Siria ottomana nella prima metà del '900.

---
[19] Kiwan 2006-2007: 13-21; cfr. Duyrat 2012: 87-89.

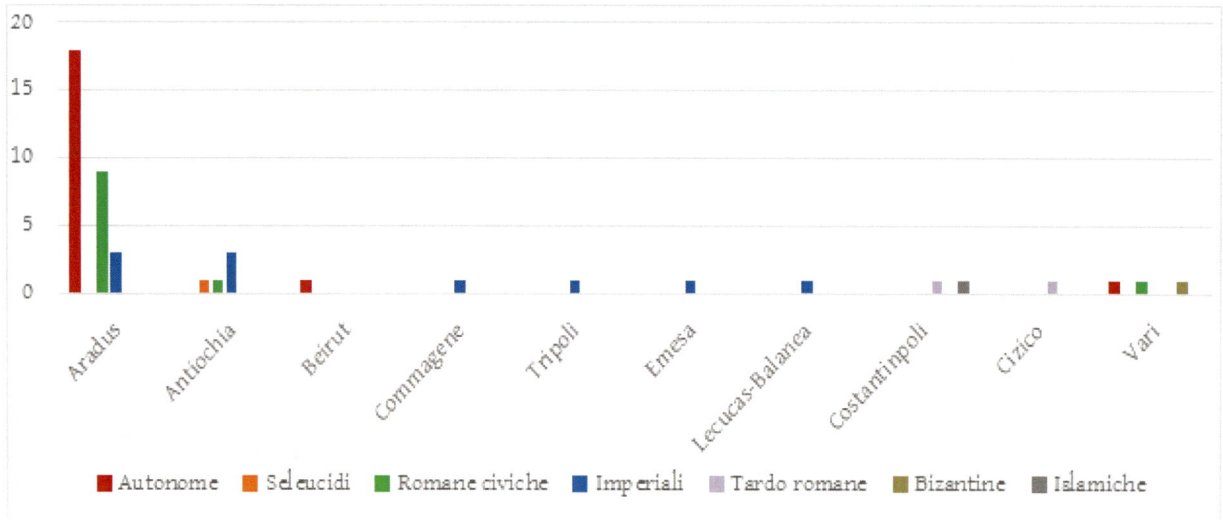

Grafico 2. Profilo numismatico cronologico di *Baitokaike* in base alle zecche di provenienza.

Catalogo

Il catalogo è organizzato cronologicamente ed è diviso tipologicamente a seconda della zecca di provenienza con i relativi dati stratigrafici degli scavi e il numero inventario museale. Sono citate i numeri di referenze per gli esemplari precedentemente pubblicati da K. Kiwan e commentati poi da F. Duyrat. Va notato che le lettere fenicie riportati sul rovescio delle monete ellenistiche sono state trascritte in lettere latine maiuscole e in corsivo.

I. *Aradus* (serie 1?)

1. D. testa di *Tyche* a destra; bordo.
   R. prua di nave a sperone a sinistra; sopra AP.

   Cella-S.T.E.2, inv. 36.
   Æ; 4,55 g; ⌀ 20 mm; spessore 3 mm.
   Duyrat 2012: 87; Kiwan 2006-2007: n. 4.
   Cfr. BNF Babelon n. 933.

II. *Aradus* (serie 3)

2. D. testa di *Tyche* a destra; sopra M AP [Š]; bordo.
   R. prua di nave a voluta a sinistra; esergo [Š][T]‥.

   Cella-S.T.C.1, inv. 44.
   Æ; 2,95 g; ⌀ 18 mm; spessore 25 mm.
   Duyrat 2012: 87; Kiwan 2006-2007: n. 5.
   Cfr. Duyrat 2005: nn. 1681-1687.

3. D. testa di *Tyche* a destra.
   R. prua di nave a voluta (?)

   Cella-S.T.D.1, inv. 26.
   Æ; 6,35 g; ⌀ 20 mm; spessore 3 mm.
   Duyrat 2012: 87; Kiwan 2006-2007: n. 6.
   Cfr. Duyrat 2005: n. 1675.

La presenza del monogramma AP (*APAΔIΩN*) e la datazione in fenico sul rovescio permettono di attribuire i due esempi alle emissioni di *Aradus* coniate fra la fine del III e l'inizio del II sec. a.C.

III. Antiochia

4. D. testa a destra di un re seleucide.
   R. [ΒΑΣ]ΛΕ[ΩΣ]
      [Α]Ν[Τ]ΙΟΧΟ[Υ].
   Apollo seduto a sinistra sull'*omphalos*; un arco.

   Cella-S.T.B.1, inv. 48.
   Æ; 2,1 g; Ø 13 mm; 3 mm.
   (Inedita)
   Cfr. Gardner 1878: Antioco I. nn. 55-56, Seleuco II nn. 12-13, Antioco III nn. 49-54, Seleuco IV nn. 19- 24 Antioco IV nn. 32-37.

È difficile inquadrare precisamente tale moneta, ma lo stile del rovescio è molto conosciuto nelle monete di bronzo coniate tra il regno di Antioco I e il regno di Antioco IV (tra il 281 e il 163 a.C.)[20]

IV. *Aradus* (serie 5)

5. Anno 106 + (154/153 a.C.+)
   D. testa di Zeus laureata a destra; bordo.
   R. sperone di nave a tre denti; sopra ' N; sotto [ŠT] |>| |||||; bordo.

   Cella-S.T.D.1, inv. 45.
   Æ; 2,8 g; Ø 16 mm; spessore 2 mm.
   Duyrat 2012: 87; Kiwan 2006-2007: n. 14.
   Cfr. Duyrat 2005: nn. 1856-1858; Hill 1910: *Aradus* n. 117 (153/2 a.C.)

6. Anno 110+ (150/149+ a.C.)
   D. testa di Zeus laureata a destra bordo.
   R. sperone di nave a tre denti; sopra lettere *N L*; sotto [ŠT] |>| –; bordo.

   Cella-S.T.E.4, inv. 9.
   Æ; 2,4 g; Ø 15 mm; spessore 2 mm.
   Duyrat 2012: 87; Kiwan 2006-2007: n. 13.
   Cfr. Babelon 1893: n. 984; Baramki 1974: *Aradus* n. 50.

7. Anno 111 (148/7 a.C.)
   D. testa di Zeus laureata a destra.
   R. sperone di nave a tre denti; sopra *Ḥ Q*; sotto [ŠT] |>| [–]|.

   Cella-S. T. C.1, inv. 17.
   Æ; 3 g; Ø 15 mm; spessore 3 mm.
   (Inedita)
   Cfr. Duyrat 2005: n. 1902-1904; Hill 1910: *Aradus* nn. 120-122.

8. D. testa di Zeus laureata a destra.
   R. sperone di nave a tre denti.

   Cella-S.T.D.7, inv. 40.
   Æ; 2,4 g; Ø 16 mm; spessore 2 mm.
   (Inedita)
   Cfr. Duyrat 2005: serie 5.

V. *Aradus* (serie 7)

9. D. testa di *Tyche* a destra; a sinistra ramo di palma dietro le spalle.
   R. a destra Poseidone su prua di nave a sperone, porta tridente a mano sinistra e corona Atene a sinistra con mano destra; *N* sotto il braccio destro del dio.

---
[20] Gardner 1878: 26-26.

Cella-S.T.C.1, inv.19.
Æ; 5,8 g ⌀ 20; mm; spessore 3 mm.
Duyrat 2012: 88; Kiwan 2006-2007: n. 3.
Cfr. Duyrat 2005: nn. 2295-2424, nn. 2436-2438.

Non è possibile leggere la data in fenicio sul rovescio, ma la lettera N rincorre in questa serie fra le emissioni del 125 (135/4 a.C.) e del 136 (124/3 a.C.)[21]

VI. *Aradus* (serie 9)

10. D. due teste aggiogate a destra di Zeus ed Era; bordo.
R. Atene combatte su una prua di nave; sopra N; bordo.

Cella-S.T.D. 3.B, inv. 24.
Æ; 3 g; ⌀ 13 mm; spessore 2,65 mm.
Duyrat 2012: 88; Kiwan 2006-2007: n. 8.
Cfr. Duyrat 2005: serie 9.

11. D. due teste aggiogate a destra Zeus ed Era; bordo.
R. Atene combatte su una prua; sopra ʿN.

Cella-S.T.E.5, inv. 50
Æ; 2,05 g; ⌀ 17 mm; spessore 2 mm.
Duyrat 2012: 88; Kiwan 2006-2007: n. 9.
Cfr. Hill 1910: *Aradus* nn. 292-294.

12. Anno 123-125 (137/6-135/4 a.C.)?
D. due teste aggiogate a destra di Zeus ed Era; bordo.
R. Atene combatte su una prua; sopra ʿN.

Cella-S.T.C.1, inv. 10
Æ; 3,15 g; ⌀ 17 mm; spessore 3 mm
Duyrat 2012: 88; Kiwan 2006-2007: n. 12
Cfr. Hill 1910: *Aradus* nn. 292-294.

Le lettere in fenicio ʿN sul rovescio apparivano solamente nelle emissioni fra il 123 (137-136 a.C.) e il 125 (135-134 a.C.) secondo il catalogo di F. Duyrat.[22]

13. D. due teste aggiogate a destra di Zeus ed Era; bordo.
R. Atene su prua di nave; sopra ʿN; sotto [..] | [....]; esergo D.

Cella-S.T.D.1, inv. 23
Æ; 3,25 g; ⌀ 16 mm; spessore 3 mm.
Duyrat 2012: 88; Kiwan 2006-2007: n.11.
Cfr. Babelon 1893 n. 1031 (130/129 a.C.); Baramki 1974: *Aradus* n. 148-154; Robinson 1971: *SNG* IV, n. 6014.

La presenza della lettera D nell'esergo potrebbe indicare un'appartenenza alle serie coniate fra il 130 (130/129 a.C.) e il 133 (127/6 a.C.)[23]

14. D. due teste aggiogate a destra di Zeus ed Era; bordo.
R. Atene combatte su una prua; sotto ŠT |>| [..].

Cella-S.T.D.3, inv. 5.
Æ; 3,15 g; ⌀ 16 mm; spessore 3 mm.
Duyrat 2012: 87 (120+ a.C.); Kiwan 2006-2007: n. 10.
Cfr. Duyrat 2005: 104-106.

---

[21] Cfr. Duyrat 2005: 67-9.
[22] Duyrat 2005: 104; Duyrat 2012: 88.
[23] Duyrat 2005: 104-106.

VII. *Aradus* (serie 10)

15. D. testa laureata di Zeus a destra.
    R. Atene su prua di nave; sotto.

    Cella-S.T.D.3, inv.1.
    Æ; 2,65 g; ⌀ 18 mm; 2 mm.
    Duyrat 2012: 88 (45/4 a.C.?);[24] Kiwan 2006-2007: n. 15.
    Cfr. Duyrat 2005: n. 4402.

16. D. testa laureata di Zeus a destra.
    R. Atene su prua di nave (?)

    Cella-S.T.E.4, inv.42.
    Æ; 1,65 g; ⌀ 12 mm; spessore 2 mm.
    (Inedita)
    Cfr. Duyrat 2005: serie 10.

17. D. testa laureata di Zeus a destra.
    R. Atene su prua di nave.

    Cella-S.T.D.1, inv. 38.
    Æ; 1,35 g; ⌀ 14 mm; spessore 2 mm.
    (Inedita)
    Cfr. Duyrat 2005: serie 10.

Nonostante le monete siano mal conservate soprattutto sul rovescio, è possibile attribuirle alle serie 10 della classificazione di F. Duyrat, che si datano alla fine del II secolo a.C. e la seconda metà del I secolo a.C.[25]

VIII. *Aradus* (serie 12)

18. Anno 166 (94/93 a.C.)
    D. testa di *Ishtar* velata.
    R. toro corre a sinistra; sopra [. .], Γ[.]; sotto [Ρ]Ξς.

    Cella-S.T.D.3, inv.18.
    Æ; 4,65 g; ⌀ 18 mm; spessore 3 mm.
    Duyrat 2012: 88; Kiwan 2006-2007: n. 18.
    Cfr. Duyrat 2005: n. 4422-4444.

IX. Beirut (?)

19. D. testa di *Tyche* a destra.
    R. *Nike* a destra su prua di nave a destra; a sinistra lettere verticali [BHP]YTIW[N].

    Cella-S.T.E.4, inv. 43.
    Æ; 5,5 g; ⌀ 20 mm; spessore 3 mm.
    Duyrat 2012: 88-89; Kiwan 2006-2007: n. 7 (*Marathus!*)
    Cfr. Burnett, Amandry e Carradice 1992: n. 4532 (53= 28/7 a.C.).

2- Le monete romane imperiali

I. *Aradus*

20. D. testa di *Ishtar* velata a destra; testa minore di un imperatore a destra; bordo
    R. toro corre a sinistra; sotto ΑΡΑΔΙΩΝ; bordo.

---

[24] F. Duyrat attribuisce questa moneta all'emissione del 215 (45/44 a.C.) senza dare chiari indizi: Duyrat 2012: 88.
[25] Duyrat 2005: 107.

Cella-S.T.C.5, inv. 7.
Æ; 11,15 g; ⌀ 23 mm; spessore 4 mm.
(Inedita)
Cfr. Burnett, Amandry e Carradice 1992: n. 4484 (Tiberio); Rouvier 1900: n. 386 (Augusto).

21. D. testa di *Ishtar* velata a destra; testa minore di un imperatore a destra.
R. toro corre a sinistra; sotto ΑΡΑΔΙΩΝ; bordo.

Cella-S.T.D.B, inv. 8.
Æ; 5,7 g; ⌀ 21 mm; spessore 3 mm.
Kiwan 2006-2007: n. 17 (II-I sec. a.C.!)
Cfr. Burnett, Amandry e Carradice 1992: n. 4482 (Augusto), n. 4484 (Tiberio); Robinson 1971: *SNG*. IV. n. 6018 (Domnziano).

22. D. testa di *Ishtar* velata a destra; testa minore di un imperatore a destra.
R. toro corre a sinistra.

Cella-S.T.C.1, inv. 11.
Æ; 6,15 g; ⌀ 22 mm; spessore 3 mm.
(Inedita)
Cfr. Hill 1910: *Aradus* n. 345; Baramki 1974: *Aradus* n. 197.

23. D. testa di *Ishtar* velata a destra testa minore di un imperatore a destra.
R. toro corre a sinistra; sopra lettere illeggibili; bordo.

Cella-S.T.D.B, inv.41.
Æ; 7,05 g; ⌀ 21 mm; spessore 3 mm.
Kiwan 2006-2007: n. 16 (II- I sec. a.C.?)
Cfr. Burnett, Amandry e Carradice 1992: 4483 (Augusto); Rouvier 1900: n. 386 (Augusto 2/1 a.C.); Baramki 1974: *Aradus* n. 198.

24. D. testa di *Ishtar* velata a destra; testa minore di un imperatore a destra.
R. toro corre a sinistra.

Cella-N.T.J.4, inv. 37.
Æ; 6,95 g; ⌀ 20 mm; spessore 3 mm.
(Inedita)
Cfr. Hill 1910: *Aradus* n. 345.

25. D. testa di *Ishtar* velata a destra; testa minore di un imperatore a destra.
R. toro corre a sinistra.

Cella-S.T.D.1, inv.25.
Æ; 5,65 g; ⌀ 20 mm; spessore 3 mm.
(Inedita)
Cfr. Babelon 1893: n. 1137 (Tiberius 27 a.C.; Burnett, Amandry e Carradice 1992: n. 4485 (Tiberio).

26. D. testa di *Ishtar* velata a destra; testa minore di un imperatore a destra; bordo
R. toro corre a sinistra (?); bordo.

Cella-N.T.I. 5, inv. 53.
Æ; 0,75 g; ⌀ 13 mm; spessore 1 mm.
(Inedita)

L'attribuzione alla zecca di *Aradus* è basata sullo stile del profilo di *Ishtar* velata.[26] Purtroppo il profilo dell'imperatore non è riconoscibile e il rovescio non presenta la data usualmente scritta in lettere greche

---

[26] Questo tipo è considerato il tipo autonomo della zecca di *Aradus* durante il periodo romano.

per cui non è possibile collocare le monete in un periodo più preciso. Tuttavia, tale tipologia è coniata lungo il periodo romano imperiale fino al IV sec. d.C. quando cessarono le emissioni autonome della zecca di *Aradus*.[27]

II. Tiberio

27. Commagene (?)[28] 19-20 d.C.
    D. [TI.CAESAR.DIVI.] AUGUSTI . F.AUGUST[US]
       testa laureata di Tiberio a destra.
    R. [PONT] MAXIM COS II IMP [VII TR POT XXI]
       Caduceus tra due cornucopie.

Cella-S.T.D.3.A, inv. 27.
Æ; 12 g; ⌀ 28 mm; spessore 3 mm.
Kiwan 2006-2007: n. 21.
Cfr. Burnett, Amandry e Carradice 1992: n. 3868-3869 (Commagene?).

28. Antiochia 31-2 d.C. (?)
    D. [TI CAESAR AVG TR POT XXXIII]
       testa laureata di Tiberio? a destra.
    R. S C in corona d'alloro.

Cella-N.T.I.4, inv. 31.
Æ; 11,45 g; ⌀ 28 mm; spessore 3 mm.
Kiwan 2006-2007: n. 22 (Augusto?)
Cfr. Burnett, Amandry e Carradice 1992: n. 4272-4273 (Antioch, Tiberius).

III. Caligola

29. *Aradus* 297 (38/39 d.C.)
    D. testa di una dea velata a destra, bordo.
    R. dea seduta su prua con cornucopia in mano sinistra; sopra EPZ;
       sotto ΑΡΑΔΙΩΝ; a sinistra G.

Cella-S.T.C.2, inv.28.
Æ; 8,5 g; ⌀ 22 mm; spessore 2,5 mm.
Kiwan 2006-2007: n. 1 (II-I a. C!)
Cfr. Burnett, Amandry e Carradice 1992: nn. 4475-4477; Hill 1910: *Aradus* n.359 (rovescio).

IV. Nerone (?)

30. Antiochia (?)
    D. testa di Apollo (?) a destra.
    R. [. . . .]OX
       lira.

Cella-S.T.D.1, inv.46.
Æ; 2,7 g; ⌀ 16 mm; spessore 3 mm.
Kiwan 2006-2007 n. 19 (I sec. a.C.!)
Cfr. Burnett, Amandry e Carradice 1992: nn. 4293-4294, 4300 (Nerone); Wroth 1899: Antioch n. 80-84.

Nonostante la difficile lettura del rovescio, è presumibile attribuire la moneta alle *civic series* della zecca di Antiochia nell'età di Nerone (?) coniate fra il 55/56 e il 66/67 d.C.

---

[27] Hill 1910: XXXVI
[28] Attribuzione in certa alla Zecca di Commagene, vedi la discussione in Burnett, Amandry e Carradice 1992: 574.

V. Domiziano

31. *Aradus*

Anno 352 (92/93 d.C.)
D. testa di *Tyche* a destra; a sinistra ramo di palma dietro le spalle.
R. Poseidone su prua di nave; a sinistra Atene combatte; sotto BNT.

Cella-S.T.D.1, inv.59.
Æ; 6,25 g; ⌀19 mm; spessore 3 mm.
Kiwan 2006-2007: n. 2 (234 a.C.!)
Cfr. Burnett, Amandry e Ripollès 1992: n. 2040; Babelon 1893: n. 1144; Hill 1910: *Aradus* n. 351; MacDonald 1905: *Aradus*, n. 101.

32. *Aradus* (93-94 d.C.)

D. AYT [ΚΑΙΣΑΡ ΔΟΜΙΤΙΑΝΟΣ ΣΕΒΑΣΤΟΣ ΓΕΡΜΑ]
testa laureata di Domiziano a destra.
R. dea su prua di nave con la cornucopia; a sinistra •P.

Cella-N.T.I.4, Inv.33.
Æ; 7 g; ⌀ 23 mm; spessore 3 mm.
Kiwan 2006-2007: n. 23 (Vespasiano!)
Cfr. Burnett, Amandry e Carradice 1992: n. 2041; Hill 1910: *Aradus* n. 36; Rouvier 1900: n. 393.

L'attribuzione alla zecca di *Aradus* nell'età di Domiziano è basata sugli analoghi esempi della zecca aradiana coniati nella stessa data con il monogramma •P.

VI. Traiano

33. *Aradus* 365 (106/107 d.C.)

D. testa laureata di Traiano (?) a destra.
R. dea su prua di nave con la cornucopia; a sinistra [E]Ξ T.

Cella-S.T.D.3, inv.34.
Æ; 7,95 g; ⌀ 22 mm; 4 mm.
Kiwan 2006-2007: n. 24.
Cfr. Hill 1910: *Aradus*, n. 368-369.

Lo stile e la data del rovescio lasciano attribuire facilmente alla zecca di *Aradus* durante l'età di Traiano. Allo stato delle nostre conoscenze, sembra che tale tipologia sia l'unica conosciuta fino ad ora coniata nel 106/107, e si può aggiungere all'altra più nota coniata nello stesso anno ad *Aradus*.[29]

34. *Aradus* 375 (116/117 d.C.)

D. [ΑΥΤΟΚΡ ΝΕΡ ΤΡ]ΑΙΑΝΟ CAPICT ΚΑΙCCΕΒ[ΤΕ]
testa laureata di Traiano a destra.
R. *Tyche* su una prua di nave a sinistra con una cornucopia; a sinistra EOT;
a destra Q; sotto [A]ΡΑΔΙΩΝ.

Cella-S.T.F.7, inv.56.
Æ; 13,10 g; ⌀ 24 mm; spessore 4 mm.
Kiwan 2006-2007: n. 25.
Cfr. Hill 1910: *Aradus* n. 378; Baramki 1974: *Aradus* n. 217; MacDonald 1905: *Aradus* n. 104.

VII. Adriano

35. TRIPOLIS (116/117?)

D. [ΑΥΤΟΚΠΚΑΙC]ΑΡ ΤΡΑΙ[ΑΝΟC]ΑΔΠΙΑΝΟ
Busto di Traino a destra.

---

[29] D. *Ishtart* e l'imperatore, o *Nike* (?) a sinistra; R. toro corre a. s. cfr. Hill 1910: *Aradus* n. 368-369.

R. TP [ΙΠΟΛΕΙΤΩΝ]
   due teste affiancanti di Dioscuri a destra.

Cella-N.J.7, inv.52.
Æ; 10,05 g; ⌀ 23 mm; spessore 3 mm.
Kiwan 2006-2007: n. 26.
Cfr. Babelon 1893: n. 1909; Hill 1910: Tripoli n. 47; MacDonald 1905: Tripoli nn. 17-18, 20.

VIII. Antonio Pio

36. Antiochia 2 (140 d.C.?)
   D. busto di Antonino Pio (?) a sinistra.
   R. S C; sopra B; aquila con testa a sinistra entro corona dell'alloro.

Cella-S.T.E.2, inv.15.
Æ; 3,6 g; ⌀ 10 mm; spessore 1 mm.
(Inedita)
Cfr. MacDonald 1905: Antiochia nn. 220-221 (140 d.C.); Wroth 1899: Antiochia n. 321.

37. Antiochia, anno II (140 d.C.?)
   D. busto di Antonino Pio (?) a sinistra.
   R. S C, aquila con la testa a sinistra entro corona dell'alloro; sopra B.

Cella-S.T.E.2, inv. 32.
Æ; 3,3 g; ⌀ 18 mm; spessore 3 mm.
Kiwan 2006-2007: n. 28.
Cfr. MacDonald 1905: Antiochia n. 220-21 (140 d.C.); Wroth, Antiochia n. 321.

38. Emesa, anno II (140 d.C.)
   D. [ΑVΤΚΑΙΤΙΑΙΛΑ ΔΡΙΑΝΤΩ] [ΝΕΙΝ]ΟССΕ[ΒΕV]
      Busto drappeggiato di Antonino Pio a sinistra.
   R. aquila su pietra conica; a destra B; sopra ΕΜΙC [ΗΝW]Ν.

Cella-S.T.D.3, inv. 54.
Æ; 10,7 g; ⌀ 23 mm; spessore 4 mm.
Kiwan 2006-2007: n. 27.
Cfr. MacDonald 1905: *Emesa* n. 3.

IX. Settimo Severo

39. *Leucas-Balanea* 232 (194/195 d.C.)
   D. testa laureata barbata di Settimo Severo (?) a sinistra.
   R. a destra uomo (settimo Severo?) in piedi conduce una quadriga trainata da 4 cavalli; sopra BA[....].

T.15.a, inv. 63.
Æ; 2,95 g; ⌀ 19 mm; spessore 2 mm.
(Incdita)
Cfr. Lindgren e Kovacs 1985: I, 2185v.

XI. Costantino I

40. Costantinopoli (330-333 d.C.)
   D. CO[ST]NTI [NUS] [MAX] [A]VG
      testa laureata e diademata di rosette di Costatino I a destra.
   R. a. s. GLOR; sopra IA EXRCITUS; in esergo CONSA
      soldati affrontati con al centro due vessilli.

Scavi 1989, inv. 67 (15).

Æ; peso non identificato; ⌀ 18 mm; spessore non identificato.
(Inedita)
Cfr. Bruun 1966: n. 59.

XII. Arcadio

41. Cyzicus (395-400 d.C.)
    D. D N A[R]C[ADIUS] P [F] [AU]G
       Busto di Arcadio a sinistra.
    R. [VIR]TUS XERCITI
    Arcadio in piedi con lancia, a destra prigioniero sotto il suo piede; in esergo SMKΔ.

Cella-S.T.F.3, inv.12.
Æ; 3,55 g; ⌀ 24 mm; spessore 1,5 mm.
Kiwan 2006-2007: n. 29.
Cfr. Grierson e Mays 1992: Arcadio n. 118; Pearce 1951: Arcadio n. 25c.

XII. Monete Bizantine

42. D. busto di un imperatore barbato con cappelli lunghi.
    R. XX
       sopra N; a sinistra III D; a destra (.NN.).

T.13.a, inv. 62.
(Inedita)
Æ; 6,25 g; ⌀ 22 mm; spessore 2 mm.

La valutazione della moneta (XX) *nummi*, ovvero mezzo-*follis*, sul rovescio fu portata sulle monete a partire dell'età di Giustiniano I (538/539 d.C.) con la data in lettere.[30] Il diritto che l'esergo sul rovescio sono illeggibili e non permettono di identificare l'imperatore e la zecca.

XIII. Monete Ottomane: sultan Mahmud II/*Abdul Mejid* I

43. Costantinopoli 1255 (1839 d.C.)
    D. illeggibile.
    R. *Coniata a Costantipoli* in 1255 (Higri in Arabo).

T.3.B. a, inv. 60.
Æ; 2,5 g; ⌀ 22 mm; 1 mm.
(Inedita)
Cfr. Hennequin 1988: n. 38.

Il diritto doveva provvedere la *tughra* del sultano sia di Mahmud II o del suo successore *Abdul Mejid* I che regnò a partire dal 1839 d.C.

XIV. Monete incerte

44. D. testa di *Tyche* a destra.
    R. illeggibile.

Cella-S.T.C.1, inv. 22.
Æ; 1,95 g; ⌀ 15 mm; spessore 2 mm.
(Inedita)

45. *Aradus*
    D. testa di *Tyche* a destra.
    R. prua di nave a sperone.

---

[30] Goodacre 1957: 12-13, 67-73.

Cella-S.T.C1, inv. 3.
Æ; 4,5 g; ⌀ 19 mm; spessore 2 mm.
(Inedita)

È molto probabile la sua attribuzione alla zecca autonoma di *Aradus* in epoca ellenistica in base al suo stile, ma resta difficile riconoscere le figure sul rovescio per determinare le serie di emissione. La forma della prua sul rovescio indica probabilmente la serie 7 della classificazione di F. Duyrat (176-93 a.C.)

46. D. testa maschile a destra.
R. tesa di *Tyche* a destra.

Cella-N.T.J.8, inv.49.
Æ; 7,3 g; ⌀ 21 mm; spessore 3 mm.
Kiwan 2006-2007: n. 20 (Augusto!).
Cfr. Burnett, Amandry e Carradice 1992: nn. 2026-2030 (*Tyche* di *Laodecea*?); Burnett, Amandry e Ripollès 1992, nn. 4382-4385.[31]

---

[31] Lo stile del rovescio è ben noto nella zecca di *Laodecea* al mare.

Appendice III.
Elenco dei materiali archeologici scelti

I sondaggi effettuati nel 2003 e nel 2004 a *Baitokaike* hanno portato alla luce una varietà di reperti ceramici che sono tuttora in corso di studio. In attesa della pubblicazione finale degli scavi e dell'analisi dei reperti, in questa appendice si presentano gli esemplari più significativi di ogni periodo. Il periodo ellenistico è caratterizzato soprattutto dalla presenza di ceramica sigillata orientale di tipo A, che è ben attestata in Siria durante il II-I sec. a.C. e che presenta una decorazione incisa a palmette, o a fogliette dipinte con vernice rossa e nera. Sono anche attestate le anfore a orlo angolato molto simile al tipo diffuso a Tel Anafa durante la seconda metà del II sec. a.C. Agli inizi del periodo romano si nota la diffusione a *Baitokaike* della terra sigillata pergamena, che richiama la produzione dell'area di Antiochia. Infatti, fra il vasellame rinvenuto, uno reca il sigillo *kointoy* di una delle officine di Antiochia. Allo stesso periodo risalgono varie tipologie di ceramica comune come casseruole a fondo rotondo e soprattutto le brocche, le cosiddette *pots à feu*, a profilo globulare con fondo concavo, colo cilindrico e spesso a due anse. Si tratta di una produzione levantina, i cui prototipi sono attestati lungo l'area fenicia in un lungo arco cronologico fra l'età del Ferro e la tarda Antichità.[32] Inoltre sono presenti vasi di cucina e quelli per lo stoccaggio domestico, a collo largo e elevato quasi rettangolare che termina con un orlo leggermente evaso, molto diffusi in epoca romana. Allo stesso periodo imperiale risalgono diversi oggetti di bronzo rinvenuti nel *temenos* del santuario, come quelli utilizzati per la cosmesi e l'abbigliamento, o la brocca in bronzo, che è il reperto più significativo in quanto oggetto di importazione: la sua tipologia è infatti attestata nelle officine di Pompei del I sec. d.C.[33]

Fra i reperti ceramici di epoca bizantina spiccano le coppe a forma aperta con orlo tagliato e fondo piatto. Questi articoli da tavola sono di probabile importazione dal bacino mediterraneo, dato che richiamano le forme dell'*African fine ware* databili fra la fine del V e gli inizi del VI sec. d.C.[34]

Infine, i frammenti di ceramica invetriata di colore giallo, verde e marrone sono molto indicativi nella cronologia del complesso minore nel sito per attribuirlo alla tarda antichità e al periodo islamico.

Reperti ceramici

Figura	Stratigrafia	Inventario	Tipologia	Datazione	Referenze bibliografiche
III.1	Cella-N.T.E2	C.3	*Fine ware*	Seconda metà del III sec. a.C.	Beirut: Élaigne 2007: 110; Figura 3, 800-834; Homs: Reybolds 2014 Figura 3b.
III.2	Cella-S.T.D. 3	/	Coppa emisferica a motivi geometrici, terra sigillata orientale A	II sec. a.C.	Tell Anafa: Slane 1997: 316. Type TA 27, FW 229-31; Christensen e Johansen 1971: 120, Figura 61 (a decorazione in esagone).
III.3.a	Cella-S. T. D.5	C.2	Coppa emisferica a motivi in rilievo, terra sigillata orientale A	II sec. a.C.	Christensen e Johansen 1971: Figure 10-11, 55, n. 90; Beirut: Élaigne 2007 : 115, Figura 16 (427-316).
III.3.b	T.15.D.	C.7	Terra sigillata orientale A	II sec. a.C.	Bierut: Élaigne 2007: 115, Figura 16 (402-347).
III.3.d	Cella-S.T.D.1	C.10	Terra sigillata orientale.	II-I sec. a.C.	Christensen e Johansen 1971: Figure 10-13, 55. n. 90.

---
[32] Pellegrino 2007: 149.
[33] Tassinari 1993: 45-46, Tavole 159-160.
[34] Cfr. Reynolds 2011: 101-103.

APPENDICE III. ELENCO DEI MATERIALI ARCHEOLOGICI SCELTI

Figura	Stratigrafia	Inventario	Tipologia	Datazione	Referenze bibliografiche
III.3.c	Cella-S.T.D.1	C.8	Terra sigillata orientale A	II sec. a.C.	Tel Anafa: Cornel 1997: MB1.
III.4	Cella-S. T.D	C.5	Anfora	II sec. a.C.	Beriut: Aubert 2002: Figura 23; Tel Anafa: Berlin 1997: PW1.
III.5.a	Cella- S.T.D. 3	/	Terra sigillata 'pergamena romana' con Scena di caccia (?)	Inizi del periodo romano	Antiochia: Waagé 1948: Figura 22
III.5.b	Cella-N. T.I.4.	/	Terra sigillata: pergamena romana con Sigillo KOINT[OY]	Inizi del periodo Romano	Antiochia: Waagé 1948: 36, Figura 19-P 669.
III.6	T.15b	C. 16	Casseruola	Fine ellenistico e inizio romano	Beirut: Pellegrino 2007: Figura 7; Jiyeh (*Porphyreon*): Wicenciak 2010, Figura 8, 1; Chhim: Wicenciak 2014: 119, Figura 23:2.
III.7.a; 7.b	T15.b	C. 12	*Pots à feu*	Inizi del periodo Romano	Beirut: Pellegrino 2007: 149, Figura 5:7- 9.
III.7.c	T15.b	C. 27	*Pots à feu*	I sec. a.C. - I sec. d.C.	Tel Anafa: Berlin 1997: PW 190; Gerusalemme: Berlin 2005: Figura 3.3; Pellegrino 2007: 149, 196, Figura 5: 1-3.
III.7.d	T. 15b.	C. 23	*Pots à feu*	I sec. a.C. - I sec. d.C.	Tel Anafa: Berlin 1997: PW 188; Beirut: Pellegrino 2007: 149, 196, Figura 5: 3.
III.7.e	Cella-S.T.D.4	C.6	*Pots à feu*	I sec. a.C. - I sec. d.C.	Jerusalem: Berlin 2005: Figure 3:1-7; Beirut: Pellegrino 2007: 149, 196, Figure 5: 1-3.
III.8	T15.b	C.19	*Cooking pots*	I sec. d. C.	Baalbek (grande cortile): Hamel 2014: 72, Figura 3.13; Beirut: Pellegrino 2007: 152, Figura 11:3.
III.9.a	T.15.b	C.6	*Cooking pots*	Dal I sec. d.C.	Tel Anafa: Berlin 1997: 114, PW 314; Gerusalemme: Rosenthal-Heginbottom 2005: 246, Figura 39.42.
III.9.b	T 15.b	C.1	*Cooking pots*	Dal I sec. d. C.	Tel Anafa: Berlin 1997, PW 314; Gerusalemme: Rosenthal-Heginbottom 2005: 246, Figura 39, n. 43.
III.9.c	T.15.b	C.24	*Cooking pots*	Dal I sec. d.C.	Gerusalemme: Rosenthal-Heginbottom 2005: 246, Figura 39, n. 37.
III.10	T 15. F	senza	Ceramica comune	I-IV sec. d.C.	Christensen, Thomsen e Ploug 1986: 27, n. 283, Figura 7e.
III.11	T. 12	C.2	Pentola	I-II sec. d.C.	Hamel 2014: Figura 3. 6.
III.12	Cella-S. T. D.3	senza	Lucerna- tipologia locale	II-III sec. d.C.	Badawi 2007: 194, Figure 1-3; Stillwell 1941: 65, type 120-130; Sussman 2012: Figure 171-72.

Figura	Stratigrafia	Inventario	Tipologia	Datazione	Referenze bibliografiche
III.13	Cella.S. T.E.4	C.1	*Brittle ware* a fondo piatto	III-IV sec. d.C.	Apamea: Vokaer 2014: 45, Figura 6:7.
III.14.a-c	T. 15.a	C.14	Coppe	V-VI sec. d.C.	Swieda (odeon): Renel 2010: Figura 15,2; Cartagine-Spagna: Reynolds 2011: Figura 4, 48.
III.15	Cella-N.T.E. 2	C.2	*Cooking pots*	V sec. d. C.	Beirut: Reynolds 2008: 74, Figura 6m.
III.16.a	T.15.D	C.13	*Cooking pots*	Tardo Bizantino	Ras el-Bassit: Mills e Beaudry 2010: O33.2CP1.5; Beirut: Reynolds e Waksman 2007: 71, Figura 20; Damasco: Tréglia e Berthier 2010: 873, Figure 7. 37-44.
III.16.b	T.3	C.2	*Cooking pots*	Tardo Bizantino	Ras el-Bassit: Mills e Beaudry 2010: O33.2 CP1.5.
III.17	Cella.S.T.D.3.A	/	Figurina di tessa femminile con capo conico	/	/
III.18	Cella-S.T.D2	/	Profilo destro di figurina femminile (?)	/	/
III.19	Survey basilica, complesso minore	Superficie	Frammenti di ceramica invetriata	XIII-XIV d.C.	Cfr. Salamé-Sarkis 1980, p.176-183 group A.II.1, p.186-191 group A.III.
III.20	Cella-S.T.D.3.A	/	Brocca in bronzo	I sec. d.C.	III.20
III.21	Cella-S.T.D.C	3305	Oggetto di filatura in bronzo (?)	Età romana (?)	III.21
III.22.a	Cella-S.T.D.3	3304	Spilla in bronzo	Età romana	III.22.a
III.22.b	Cella-S.T.D.1	3293	Spilla in bronzo	Età romana	III.22.b
III.22.c	Cella-S.T.D.2	3296	Spillone in bronzo	Età romana (?)	III.22.c
III.22.d	Cella-S.T.C.1	3292	Spatola in bronzo	Età romana	III.22.d
III.23	T. 14	/	Cuspide di lancia	Età romana (?)	III.23
III.24	Cella-N.T.J.7	3307-3310	Frammenti di conocchia e girello di fuso in ossa.	Età romana	III.24

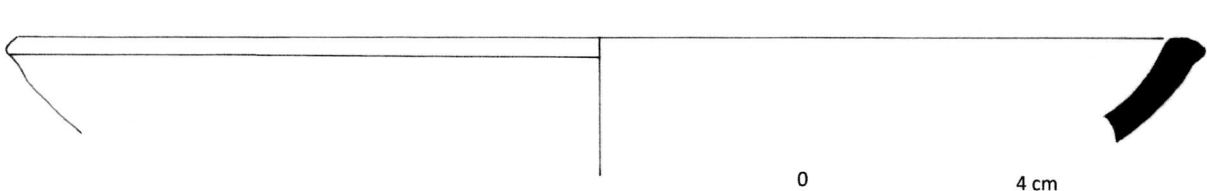

Fig. III.1: Reperti ceramici, *Baitokaike*.

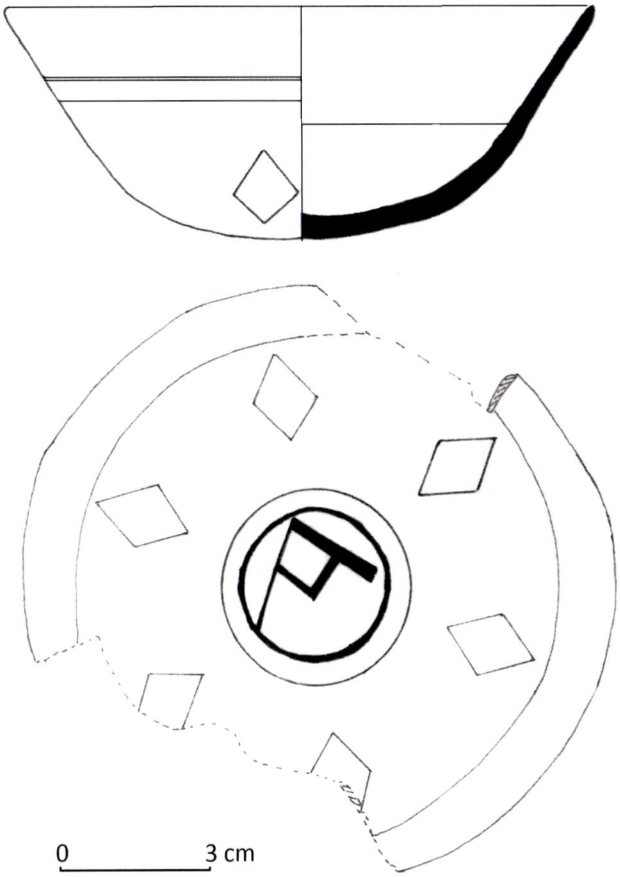

Appendice III. Elenco dei materiali archeologici scelti

Fig. III.2: Reperti ceramici, *Baitokaike*.

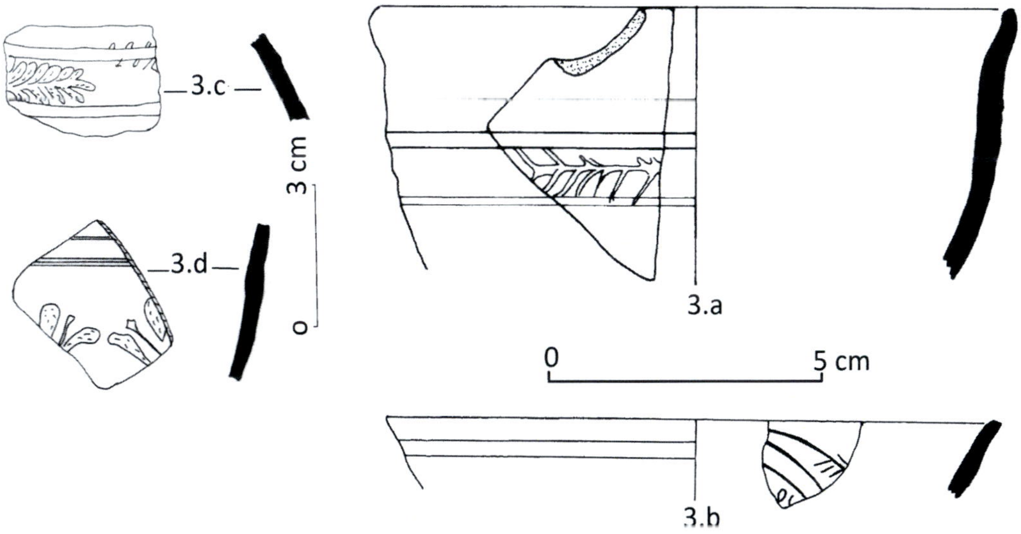

Fig. III.3: Reperti ceramici, *Baitokaike*.

Fig. III.4: Reperti ceramici, *Baitokaike*.

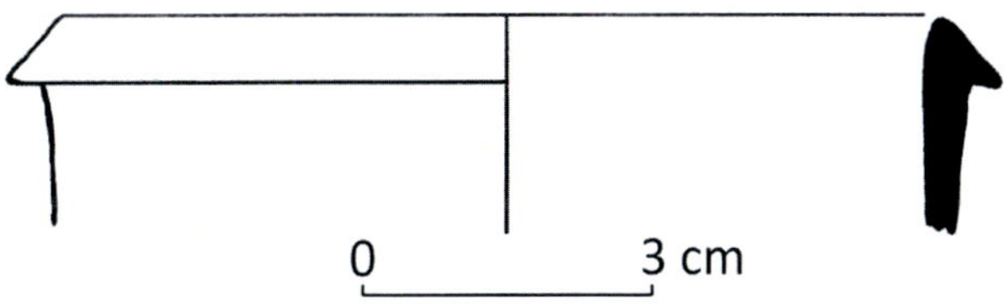

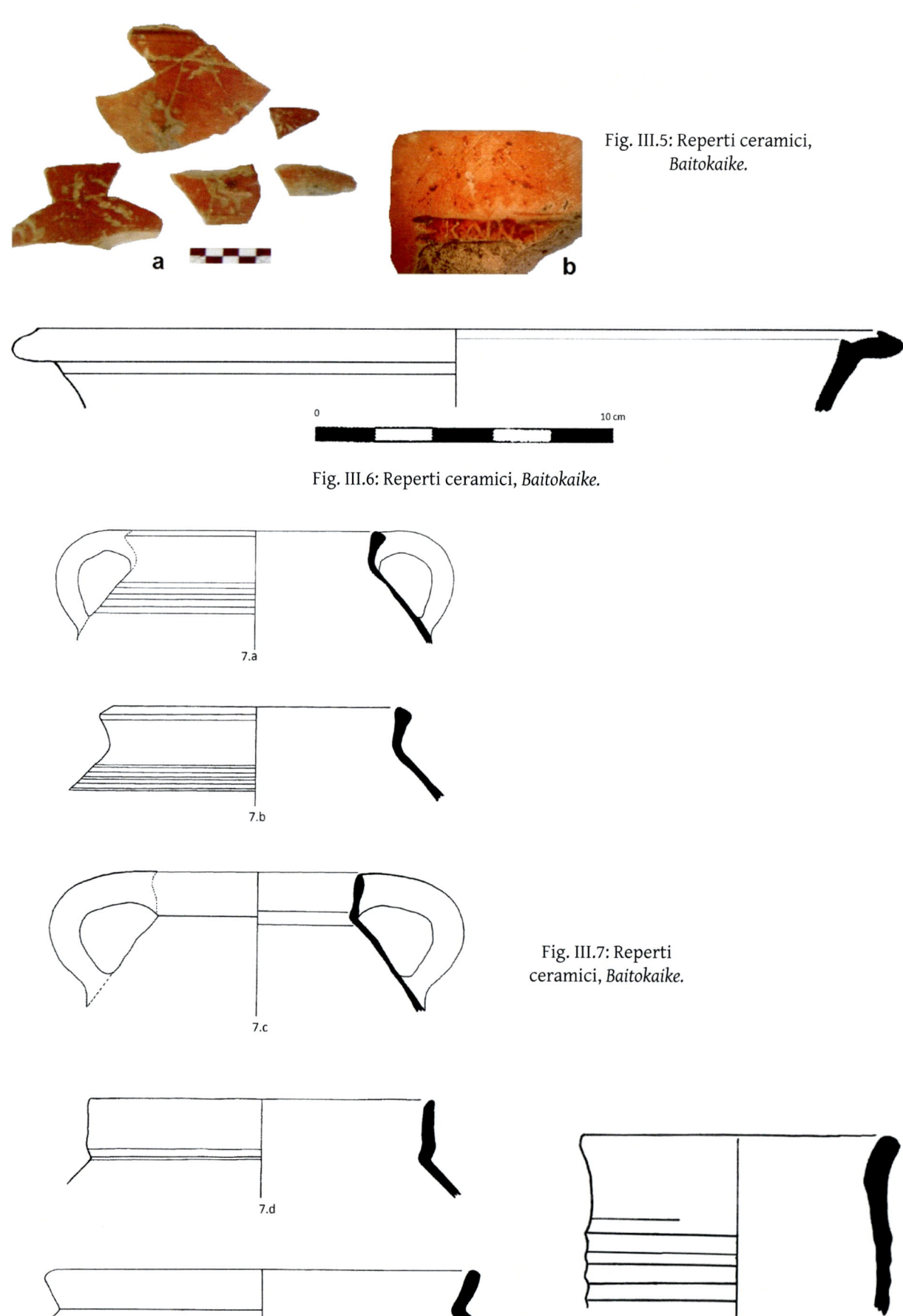

Fig. III.5: Reperti ceramici, Baitokaike.

Fig. III.6: Reperti ceramici, Baitokaike.

Fig. III.7: Reperti ceramici, Baitokaike.

Fig. III.8: Reperti ceramici, Baitokaike.

APPENDICE III. ELENCO DEI MATERIALI ARCHEOLOGICI SCELTI

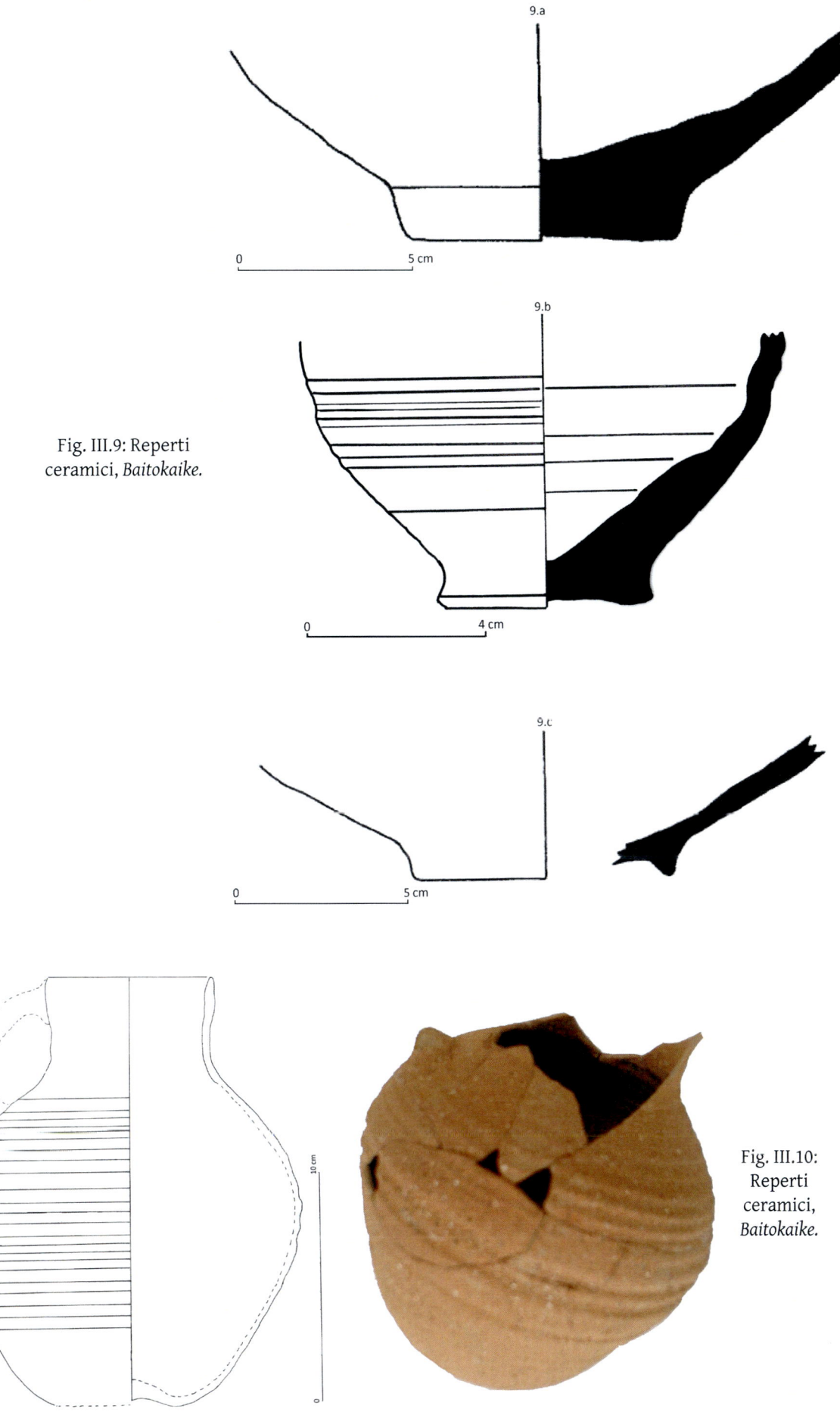

Fig. III.9: Reperti ceramici, *Baitokaike*.

Fig. III.10: Reperti ceramici, *Baitokaike*.

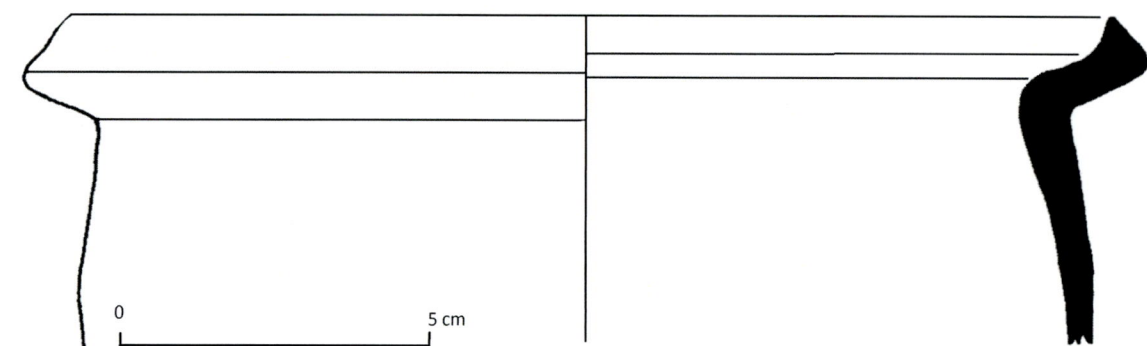

Fig. III.11: Reperti ceramici, *Baitokaike*.

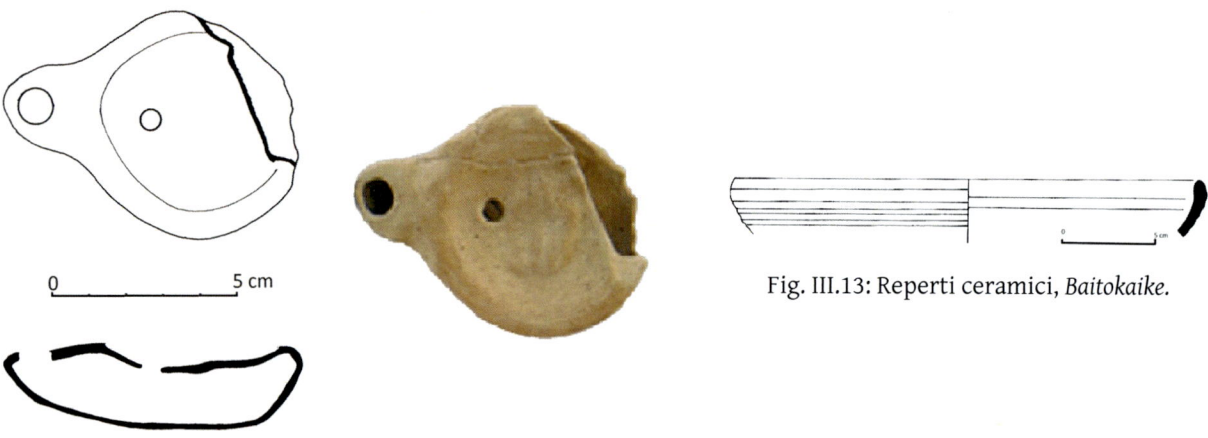

Fig. III.13: Reperti ceramici, *Baitokaike*.

Fig. III.12: Reperti ceramici, *Baitokaike*.

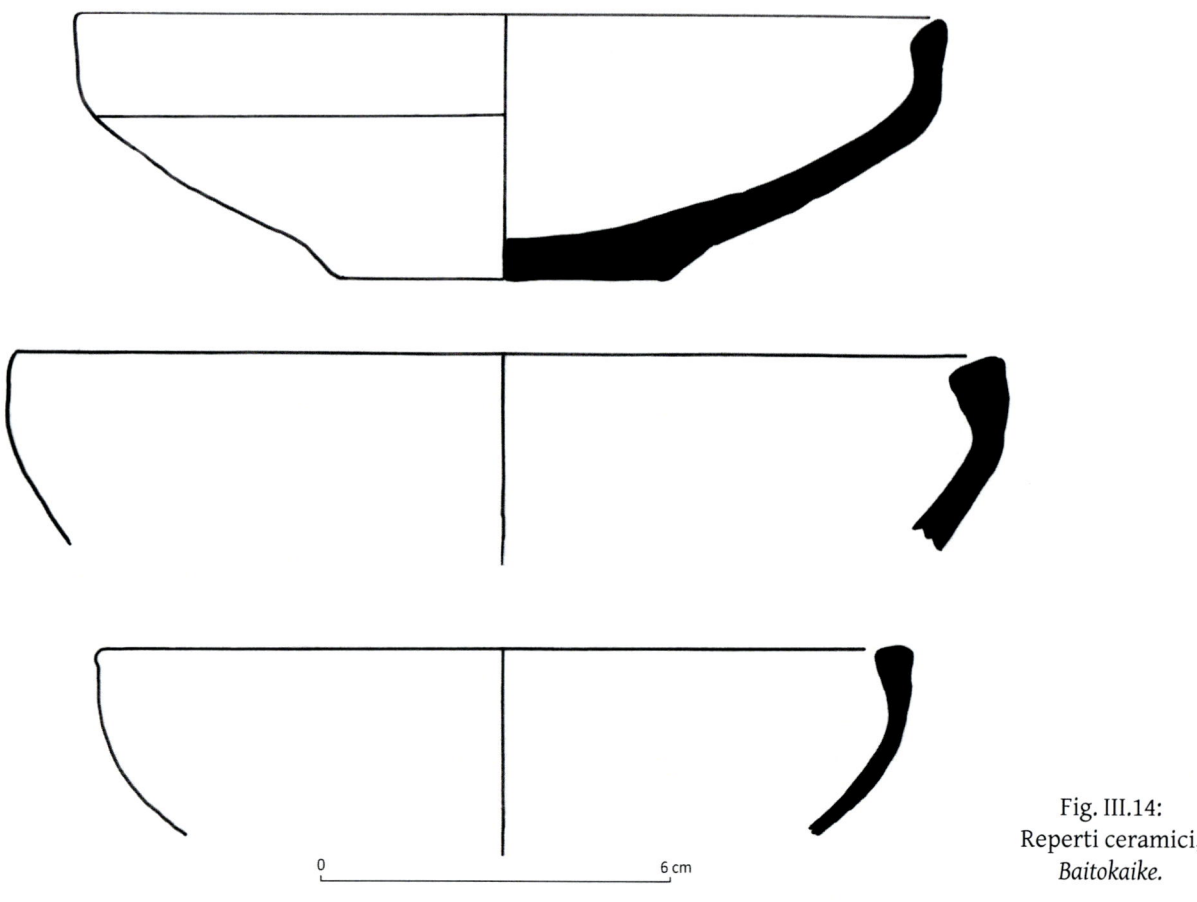

Fig. III.14: Reperti ceramici, *Baitokaike*.

Appendice III. Elenco dei materiali archeologici scelti

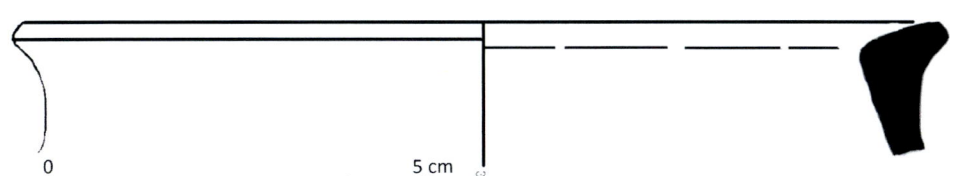

Fig. III.15: Reperti ceramici, *Baitokaike*.

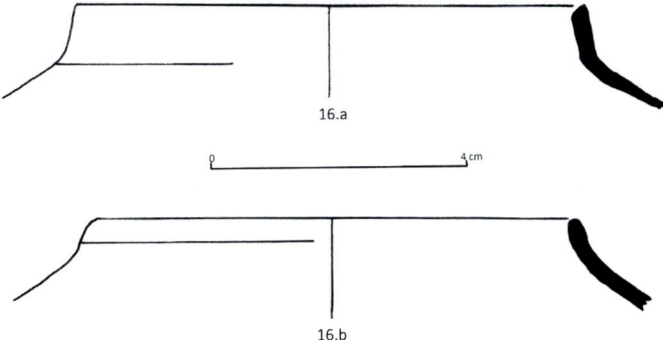

Fig. III.16: Reperti ceramici, *Baitokaike*.

Fig. III.17: Reperti ceramici, *Baitokaike*.

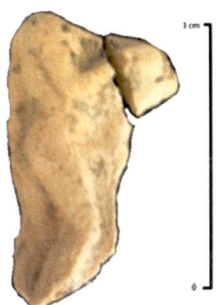

Fig. III.18: Reperti ceramici, *Baitokaike*.

Fig. III.19: Reperti ceramici, *Baitokaike*.

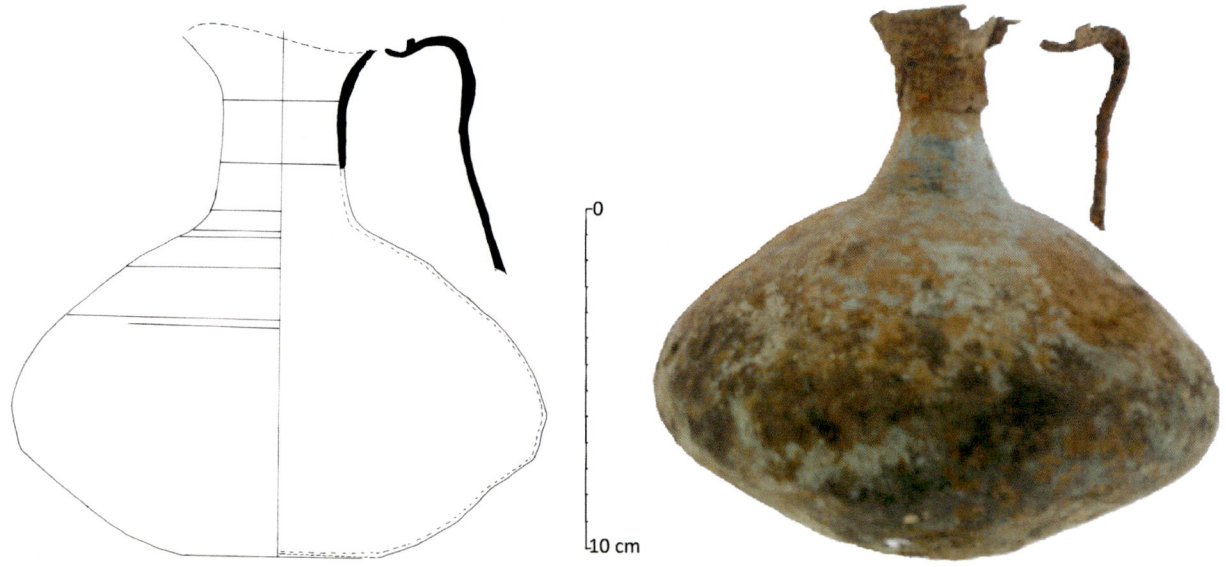

Fig. III.20: Oggetti in bronzo.

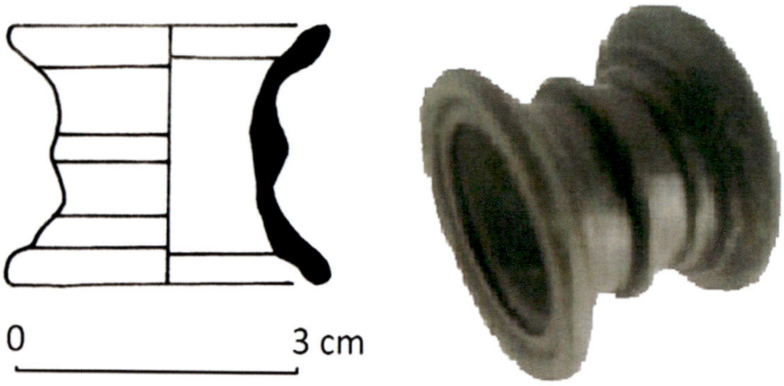

Fig. III.21: Oggetti in bronzo.

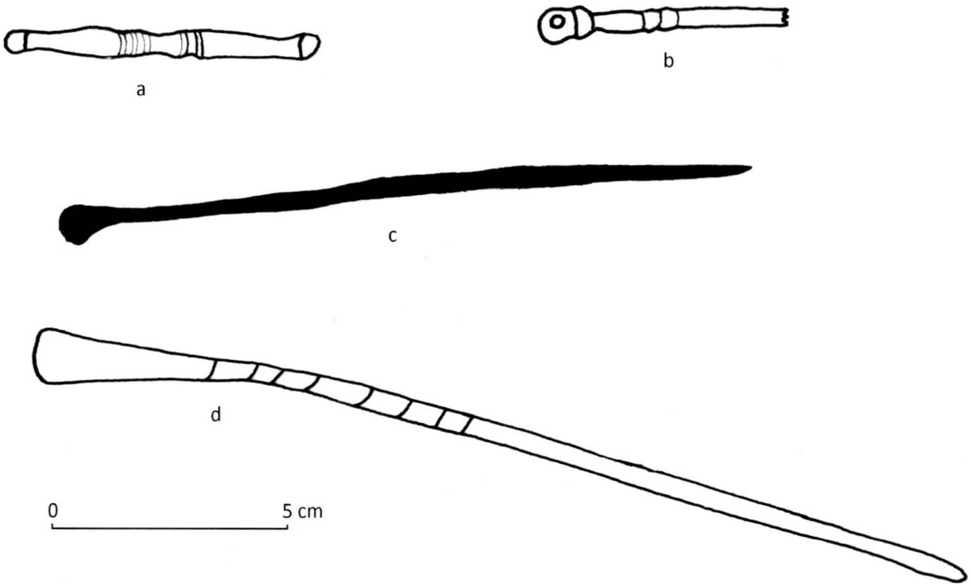

Fig. III.22: Oggetti in bronzo.

Appendice III. Elenco dei materiali archeologici scelti

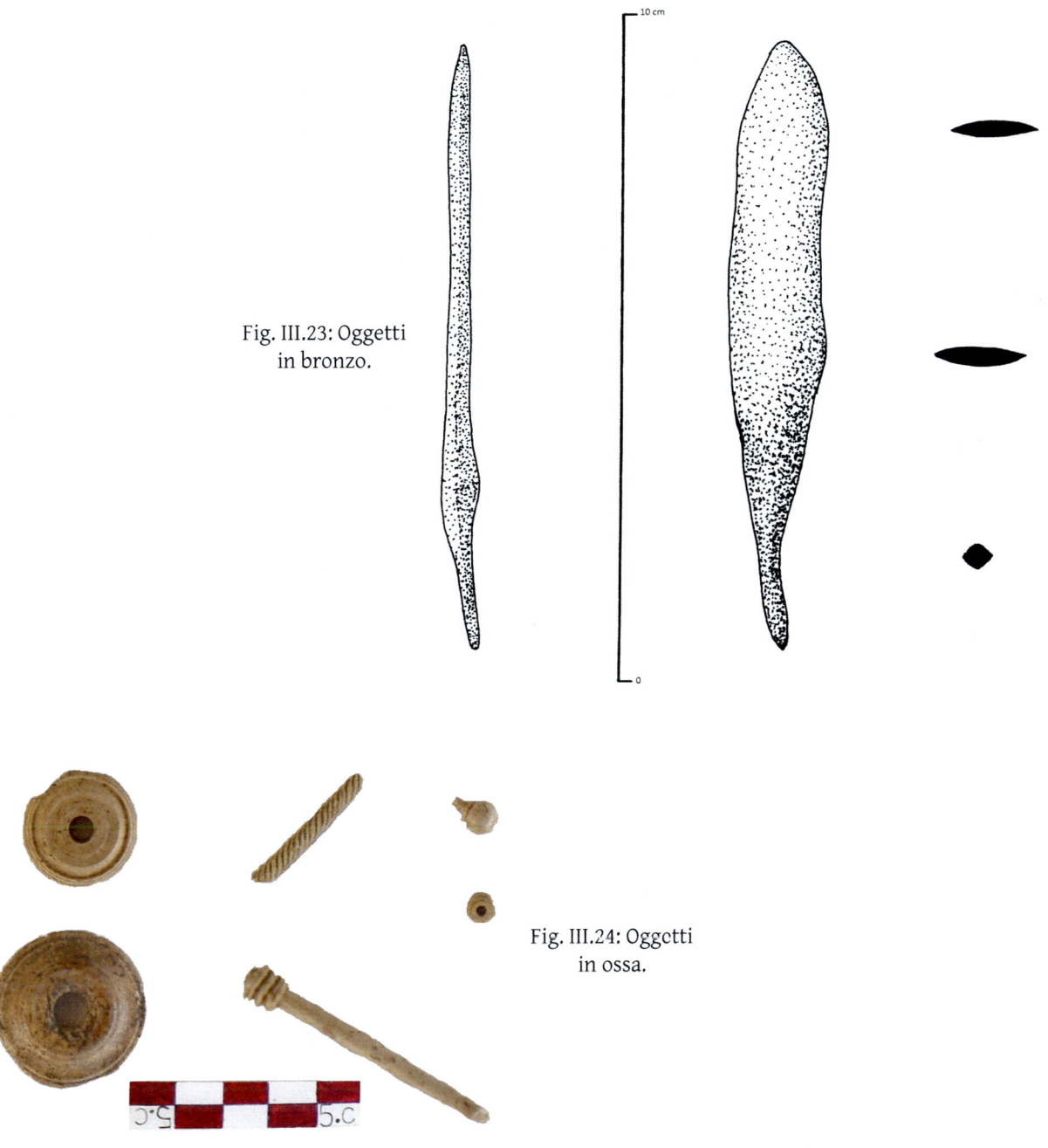

Fig. III.23: Oggetti in bronzo.

Fig. III.24: Oggetti in ossa.

Fonti antiche

App. *Syr.* = Appiano, *Guerre siriane*: Goukowsky, P. 2007. *Appien: Histoire Romaine, livre XI, le livre Syriaque*. Paris: Les Belles Lettres.

Arr. *An.* = Arriano, *Anabasis Alexandri*: Brunt, P. A. 1979. *Arrian: History of Alexander and India*. Cambridge MA: Harvard University Press.

Curt. = Curtius, *Historiarum Alexandri Magni*: Rolfe, J.-C. 1949. *History of Alexander the great of Macedonia*. Cambridge MA: University Press.

Dam. *Isid.* = Damascius, *Vita Isidori, apud Photius, Bibliotheca*: Athanassiadi, P. 1999. *Damascius, the Philosophical History*. Athens: Apamea Cultural Association.

Jo. *BJ* = Josephus, *Bellum Judaicum*: Pelletier, A. 1975-1982. *Guerre des Juifs, Texte établi et traduit*. Paris: Les Belles Lettres.

h. *Hom.* = Homerus, *hymni Homerici*: Vergados, A. 2013. *The Homeric Hymn to Hermes. Introduction, Text and Commentary*. Berlin, Boston: Walter de Gruyter.

N. Khasro. S. F. = Naser ibn Khasro: Magi, A. (ed.) 1991. *Safar-name. Il viaggio* (Quaderni dell'Istituto Culturale della Repubblica Islamica d'Iran in Italia 2): 51-130.

Mal., *Chronogr.* VII = Ionnis Malalas, *Chronographia*: Roberto, U. (ed.) 2005. *Ioannis Antiocheni Fragmenta ex Historia chronica*. Berlin: Walter de Gruyter.

Marcob. Sat. = Marcobius Saturnalia: Willis. I. A. (ed. e trad.) 1994. Leipzig – Stuttgart: B.G. Teubner.

Luc. *Syr. D.* = Luciano di Samosata, de *Syria Dea*: Lightfoot, J. L. (ed. e *trans*) 2003. *Lucian: On the Syria Goddess*. Oxford: Oxford University Press.

Plin. *Nat.* = Plino il vecchio, *Naturalis Historia*: S. Schmitt. 2013. *Histoire naturelle: texte traduit, présenté et annoté*. Toulouse: Gallimard, Bibliothèque de la Pléiade.

Posidon. = Posidonius: Kidd, I. G. 1988. *Posidonius. II. The commentary (ii) Fragments 150-293*, Cambridge: University Press.

Str. = Strabone, *Geografia*: N. Biffi. 2002. *Il medio Oriente di Strabone: libro XVI della Geografia, introduzione, traduzione e commento* (Qaderni di Invigilata lucernis). Bari: Edipuglia srl.

Zos. = Zosimus, *Histoire Nouvelle*: I. F. Paschoud (trad.) 2000. Paris: Les Belles Lettres.

Bibliografia Generale

Abbott, F. F., Johnson, A. C. 1926. *Municipal Administration in the Roman Empire*. Princeton: Princeton University Press.

Adam, J.-P. 1977. A propos du trilithon de Baalbek: Le transport et la mise en œuvre des mégalithes. *Syria* 54: 31-63.

Ahmad, T. 2017a. Il santuario rurale nella Siria-Fenicia e il suo sviluppo in epoca romana. *Rivista di studi Fenici* 43/2015: 7-24.

Ahmad, T. 2017b. La fontana monumentale del santuario di Damasco – Siria *(Swq l-ṣaġa)*. *Syria* 94: (in stampa).

Aliquot, J. 2008. *Inscriptions grecques et latines de la Syrie. IGLS XI – Mont Hermon. Liban et Syrie* (Bibliothèque archéologique et historique 183). Beyrouth: Presses de l'Institut français du Proche-Orient.

Aliquot, J. 2009. *La vie religieuse au Liban sous l'empire romain* (Bibliothèque archéologique et historique 189). Beyrouth: Presses de l'Institut français du Proche-Orient.

Amy, R. 1950. Temples à escaliers. *Syria* 27: 82-136.

Aubert, C. 2002. Les céramiques hellénistiques de Beyrouth: caractéristiques des productions locales, in F. Blondé, P. Ballet e J.-F. Salles (eds) *Céramiques hellénistiques et romaines, productions et diffusion en Méditerranée orientale chypre, Égypte et cote syro-palestinienne* (Travaux de la Maison de l'Orient 35): 73-84. Lyon: Maison de l'Orient.

Austin, M. M. 1981. *The Hellenistic World from Alexander to the Roman conquest. A selection of ancient sources in translation*. Cambridge: Cambridge University Press.

Babelon, E. 1893. *Les perses achéménides, les satrapes et les dynastes tributaires de leur empire Cypre e Phénicie* (Catalogue des monnaies grecques de la Bibliothèque National). Paris: C. Rollin & Feuarden.

Badawi, M. 2007. Huit tombes hellénistiques et romaines à Jeblé. *Syria* 84: 185-204.

Balty, J. 1977. *Mosaïques antiques de Syrie*. Bruxelles : Centre belge de recherches archéologiques à Apamée de Syrie.

Baramki, D. C. 1974. *The coin collection of the American University of Beirut Museum. Palestine and Phoenicia*. Beirut: American University of Beirut.

Baroni, A. 1984. I terreni e i privilegi del tempio di Zeus a Baetokaike. *Studi Ellenistici* I 48: 135-167.

Belayche, N. 2004. Une panégyrie antiochéenne: le maïuma. *Topoi Suppl.* 5: 401-415.

Berlin, A. 1997. The plain Wares, in S. C. Herbert (ed.) *Tel Anafa, the Hellenistic and Roman Pottery* (Journal of Roman archaeology 10 – part II-i): 1-251.

Berlin, A. 2005. Pottery and pottery production in the Second Temple period, in B. Arubas e H. Goldfus (eds) *Excavations on the site of the Jerusalem international convention center (Binyanei Ha'uma): a settlement of the late first to second Temple period, the tenth legion's kilnworks, and a byzantine monastic complex, The Pottery and other small Finds* (Journal of Roman Archaeology 60): 29-60.

Bikerman, E. 1938. *Institutions des Séleucides* (Bibliothèque archéologique et d'histoire 26). Paris: Geuthner.

Bonnet, C. 2015. *Les enfants de Cadmos: le paysage religieux de la Phénicie hellénistique*. Paris: Éditions de Boccard.

Bounni, A. 1991. La stèle de Qadboun. *Mélanges de l'Ecole française de Rome, Antiquité* 103: 51-55.

Bounni, A. 1997. La permanence des lieux de culte en Syrie, l'exemple du site de Qadboun. *Topoi* 7/2: 777-789.

Bounni, A. 2004. *Le sanctuaire de Nabū à Palmyre* (Bibliothèque archéologique et historique 132). Beyrouth: Presses de l'Institut français du Proche-Orient.

Bounni, A., Seigne, J., Saliby, N. 1992. *Le sanctuaire de Nabū à Palmyre. Planches* (Bibliothèque archéologique et historique 131-2). Beyrouth: l'Institut français du Proche-Orient.

Briquel-Chatonnet, F. 2005. Les cités de la cotés phénicienne et leurs sanctuaires de montagne. *Archiv für Religionsgeschichte* 7: 20-33.

Brümmer, E. 1985. Der römische Tempel von Dmeir: ein Vorbericht. *Damaszener Mitteilungen* 2: 55-64.

Brun. J.-P. 1986. *L'oléiculture antique en Provence. Les huileries du département du Var* (Revue archéologique de Narbonnais 15). Paris.

Bruun; P. M. 1966. *Roman Imperial Coinage. Vol. VII Costantine and Licinius A.D 313-337*. London: Spink.

Burnett, A., Amandry, M., Carradice, I. 1992. *Roman provincial coinage Vol. II. From Vespasian to Domitian (AD 69-96)*. London – Paris: British Museum Press, Bibliothèque nationale de France.

Burnett, A., Amandry, M., Ripollès, P. P. 1992. *Roman provincial coinage Vol. I, from the death of Caesar to the death of Vitellius (44 BC-AD69)*. London – Paris: British Museum Press, Bibliothèque nationale de France.

Cabouret, B. 1997. Les cultes grecs d'Antioche. *Topoi* 7: 1005-1022.

Cagnat, R. et al. (eds) 1906. *Inscriptiones graecae ad res romanas pertinentes* Vol. 3, fasc. 1-6. Paris: Librairie Ernest Leroux.

Callot, O. 1984. *Huileries antiques de Syrie de Nord* (Bibliothèque archéologique et historique 118). Beyrouth: Presses de l'Institut français du Proche-Orient.

Cecchini, S. M. 1997. La stele di Amrit. Aspetti e problemi iconografici e iconologici, in Matthiae (ed.) *Contributi per e materiali di archeologia orientale* (studi in onore di Henri Frankfort): 83-100.

Chandler, R. 1774. *Inscriptiones antiquae, pleraeque nondum editae: in Asia Minori et Graecia, praesertim Athenis, collectae. Cum appendice*. Oxford.

Christensen, A. P., Johansen, C. F. 1971. *Hama. Fouilles et recherches 1931-1938 III 2. Les poteries hellénistiques et le terres sigillées orientales*. Copenhague National Museum.

Christensen, A. P., Thomsen, R., Ploug, G. 1986. *Hama. Fouilles Hama. Fouilles et recherches 1931-1938 III et recherches 1931-1938 III 3. The Greco-Roman Objects of clay, the coins and the necropolis*. Copenhagen: National Museum.

Chuvin, P. 1988. Les fondations syriennes de Séleucos Nicator dans la Chronique de Jean Malalas, in P.-L. Gatier, B. Helly e J.-P. Rey-Coquais (eds) *Géographie historique au Proche-Orient (Syrie, Phénicie, Arabie, grecques, romaines, byzantines), Actes de la Table Ronde de Valbonne,* 16-18 Septembre 1985: 99-110. Paris: éditions du CNR.

Collart, P., Vicari, J. 1969. *Le sanctuaire de Baalshamin a Palmyre*, Vol. I-II. Roma: Institut suisse de Rome.

Collart, P., Coupel, P. 1951. *L'autel monumentale de Baalbek* (Bibliothèque archéologique et historique 52). Paris: Presses de l'Institut français du Proche-Orient.

Collart, P., Coupel, P. 1977. *Le petit autel de Baalbek* (Bibliothèque archéologique et historique 98). Paris: Presses de l'Institut français du Proche-Orient.

Cook, A. B. 1914. *Zeus, a study in ancient religion, Vol. I*. Cambridge: University Press.

Cornel, L. 1997. A Note on the molded bowls, in S. C. Herbert (ed.) *Tel Anafa II, the Hellenistic and Roman Pottery* (Journal of Roman Archaeology supplementary series 10, part II-I): 407-416.

Cumont, F. 1924. Une Dédicace a des dieux syriens trouvée à Cordoue. *Syria* 5: 342-345.

Cumont, F. 1928. L'autel palmyrénien du musée du Capitole. *Syria* 9: 101-109.

Dabbour, Y., Tholbecq, L. 2009. Le sanctuaire de Baetocaecé (Hosn Suleiman, Jabal al Saheliyé, Syrie); un état des lieux. *Topoi* 16/1: 207-223.

Delekat, L. 1964. *Katoche, Hierodulie und Adoptionsfreilassung*. München: Beck.

Dentzer, J.-M. 1985. Six campagnes de fouilles à Si': Développement et culture indigène en Syrie méridionale. *Damaszener Mitteilungen* 2: 65-83.

Dentzer-Feydy, J. 1989. Le décor architectural aux époques hellénistique et romaine, in J.-M. Dentzer, W. Orthmann (eds) *Archéologie et histoire de la Syrie II, La Syrie de l'époque achéménide à l'avènement de l'Islam*: 457-476. Saarbrück: Saarbrücker Druckerei und Verlag.

Dentzer-Feydy, J. 1990a. Les chapiteaux ioniques de Syrie méridionale. *Syria* 67: 143-181

Dentzer-Feydy, J. 1990b. Les chapiteaux corinthiens de Syrie méridionale. *Syria* 67: 633-663.

Dentzer-Feydy, J. 1999. Les temples de l'Hermon, de la Bekka et de la vallée du Barada, dessinés par W. J. Bankes (1786-1855). *Topoi* 9/2: 527-568.

Dentzer-Feydy, J. 2003. Nature et fonction du monument: conclusions, in J. Dentzer-Feydy, J.-M. Dentzer e P.-M. Blanc (eds) *Hauran II. Les installations de Si'8. Du sanctuaire à l'établissement viticole* (Bibliothèque archéologique et historique 164): 105-109. Beyrouth: Presses de l'Institut français du Proche-Orient.

Dignas, B. 2002. *Economy of the Sacred in the Hellenistic and Roman Asia Minor*. Oxford: University press.

Dittenberg, W. (ed.) 1903. *Orientis Graeci inscriptiones selectae. Supplementum Sylloge inscriptionum Graecarum* I. Leipzig: Lipisiae S. Hirzel.

Downey, S. B. 1977. *The stone and plaster sculpture. The Excavations at Dura Europos, Final Report III. 1-2* (Monumenta Archaeologica 5/). Los Angeles: University of California, Inst. of Archaeology.

Drijvers, H. J. W. 1988. Aramaic 'ḥmana' and Hebrew 'ḥmn': their Meaning and Root. *Journal of Semitic Studies* 33: 165-180.

Drijvers, H. J. W., Healy, J. F. 1999. *The Old Syrian Inscriptions of Edessa and Osrhoene: Texts, Translations, and Commentary*. Leiden: Brill.

Dunand, M. 1934. *Mission archéologique au Djebel Druze : Le Musée de Soueida, inscriptions et monuments figurés* (Bibliothèque archéologique et historique20). Paris: Presses de l'Institut français du Proche-Orient.

Dunand, M. 1965. Tombe peinte dans la campagne de Tyre. *Bulletin du Musée de Beyrouth* 8: 5-51.

Durand, C. 2015. Les bains nabatéo-romains de Dharih (Jordanie). *Syria* 92: 13-21.

Durrbach, F., Roussel, P. 1935. *Inscriptions de Dèlos. Actes des fonctionnaires athéniens préposés à l'administration des sanctuaires après 166 av. J.-C. (N°s 1400-1479. Fragment d'actes divers (N°s 1480-1496)*. Paris.

Dussaud, R. 1897. Voyage en Syrie, notes archéologiques. *Revue Archéologique* 30: 305-57.

Dussaud, R. 1903. Notes de mythologie syrienne. *Revue Archéologique* 1: 124-148.

Duyrat, F. 2002. Les ateliers monétaires de Phénicie du Nord à l'époque hellénistique, in : C. Augé e F. Duyrat (eds) *Les monnayages syriens. Quel apport pour l'histoire du Proch-Orient hellénitique et romai ? Actes de la table ronde de Damas, 10-12 novembre 1999*, (Bibliothèque archéologique et historique 162): 21-69. Beyrouth: Presses de l'Institut français du Proche-Orient.

Duyrat, F. 2005. *Arados hellénistique: étude historique et monétaire* (Bibliothèque archéologique et historique 173). Beyrouth: Presses de l'Institut français du Proche-Orient.

Duyrat, F. 2012. Arados (Phénicie) au IIe siècle: Monnaie, expansionnisme régional et richesse. *Revue numismatique* 169: 63-90.

Eddinger, T. W. 2004. A Nabatean/Roman temple at Dhat Ras, Jordan. *Near Eastern Archaeology: a publication of the American Schools of Oriental Research* 67: 14-25.

Élaigne, S. 2007. Les importations de céramiques fines hellénistiques à Beyrouth (site Bey 002) : aperçu du faciès nord levantin. *Syria* 84: 107-142.

Ertel, C., Freyberger K. S. 2008. Das Heiligtum von Baitokaike (Hösson Soleiman): Ein lokales Kult-, Market- und Heilzentrum in Phönizien aus hellenistischer Zeit. *Kölner Jahrbuch* 41: 731-777.

Fani, Z. 2004-2005. Deux reliefs de porteurs d'amphores. *Annales Archéologiques Arabes Syriennes* 47-48: 105-115.

Feissel, D. 1993. Les privilèges de Baitokaiké: remarques sur le rescrit de Valérien et le colophon du dossier. *Syria* 70: 13-26.

Fischer, M., Ovadiah, A., Roll, I. 1984. The Roman Temple at Kedesh, upper Galilee: a preliminary study. *Tell Aviv* 11: 146-172.

Fischer, M., Ovadiah, A., Roll, I. 1986. The Epigraphic Finds from the Roman Temple at Kedesh in the Upper Galilee. *Tel Aviv* 13.1: 60-66.

Fournet, T., Tholbecq, L. 2015. Les bains de Sabra : un nouvel édifice thermal aux portes de Pétra. *Syria* 92: 33-41.

Franzi, G. 1853. *Corpus inscriptionum graecarum. Auctoritate et impensis Academiae litterarum regiae borussicae edidit Augustus Boeckhius*. Berlin: Officina Acad.

Freyberger, K. S. 1989. Untersuchungen zur Baugeschichte des Jupiter-Heiligtums in Damaskus. *Damaszener Mitteilungen* 4: 61-86.

Freyberger, K. S. 1991. Der Tempel in Slim: ein Bericht. *Damaszener Mitteilungen* 5: 9 38.

Freyberger, K. S. 1997. Fonction de Hamana et les sanctuaires des cultes indigènes en Syrie et en Palestine. *Topoi* 7/2: 851-871.

Freyberger, K. S. 1998. *Die frühkaiserzeitlichen Heiligtümer der Karawanenstationen im hellenisierten Osten* (Damaszener Forschungen 6). Mainz am Rhein: Phillip von Zabern.

Freyberger, K. S. 1999. Les temples de Niha. *Topoi* 9/2: 569-577.

Freyberger, K. S. 2000. Im Licht des Sonnengottes. Deutung und Funktion des sogenannten in 'Bacchus-Tempels' im Heiligtum des Jupiter Heliopolitanus in Baalbek. *Damaszener Mitteilungen* 12: 95-133.

Freyberger, K. S. 2004. Das Heiligtum in Hoson Soleiman (Baitokaike). *Damaszener Mitteilungen* 12: 16-40.

Freyberger, K. S. 2006. Das Heiligtum in Ain Hersha: Religiöses Leben im Gebiet des Hermon in römischer Zeit. *Damaszener Mitteilungen* 14: 227-250.

Freyberger, K. S. 2007. Der Tempel von Medjdel Anjar: Kult in der südlichen Beka' in hellenistisch-römischer Zeit. *Mélanges de l'Université Saint Joseph* 60: 77-110.

Freyberger, K. S. 2009. Das Heiligtum in Baitokaike (Hössn Soleiman). Chronologie, Funktion und Bedeutung (Archäologische Gesellschaft zu Berlin e.V. 2009). *Archäologischer Anzeiger* 2009/2: 265-292.

von Gaertringen, F. H., et al. 1923. Syrische Gottheiten auf einem Altar aus Cordova. *Archiv für Religionswissenschaft* 22: 117-132.

Gardner, P. 1878. *Catalogue of Greek coins in the British Museum. The Seleucid kings of Syria*. London: Longsman (ristampato a Bologna 1963).

Gatier, P.-L. 1997. Villages et sanctuaires en Antiochène autour de Qalaat Kalota, *Topoi* 7/2: 751-755.

Gatier, P.-L. *Inscriptions grecques et latines de la Syrie. XII - Damascène*. Beyrouth: Presses de l'Institut français du Proche-Orient (Bibliothèque archéologique et historique in stampa).

Gawlikowski, M. 1973. *Palmyre VI: le temple palmyrénien. Étude d'épigraphie et de topographie historique*. Varsovie: Éditions scientifiques de Pologne.

Gawlikowski, M. 1989. Les temples dans la Syrie à l'époque hellénistique et romain, in J.-M. Dentzer, W. Orthmann (eds) *Archéologie et historie de la Syrie II, La Syrie de l'époque achéménide à l'avènement de l'Islam*: 323-346. Saarbrücker Druckerei und Verlag.

Gawlikowski, M. 1990. Les dieux de Palmyre. *Aufstieg Und Niedergang der Römischen Welt* II.18. 4: 2605-2658. Berlin-New York: Walter de Gruyter.

Gawlikowski, M. 1997. Du Hamana au Naos. Le Temple palmyrénien hellénisé. *Topoi* 7/2: 837-49.

Gawlikowski, M. 1998. Les sanctuaires du Proche-Orient romain dans la recherche récente. *Topoi* 8/1: 31-52.

Gawlikowski, M. 1999. Motab et Hamana. Sur quelques monuments religieux du Levant. *Topoi* 9/2: 491-505.

Gogräfe, R. 1996. The temple of Seriane-Esriye. *Annales Archéologiques Arabes Syriennes* 42 (International Colloquium on Palmyra and the Silk Road): 179-186.

Gogräfe, R. 1997. Der Tempel von Isriye zwischen nahöstlicher Kulttradition und römischer Architektur. *Topoi* 7/2: 801-836.

Gogräfe, R. 2013. Isriye (It-rīah)-Seriana Bemerkungen zur Raumfunktion eines severischen Tempels in Syrien, in I. Gerlach e D. Raue (eds) *Sanktuar und Ritual: heilige Plätze im archäologischen Befund*, (Forschungscluster 4, Heiligtümer: Gestalt und Ritual, Kontinuität und Veränderung): 171-184. Berlin.

Goodacre, F. R. 1957. *A handbook of coinage of Byzantine Empire*. London: Spink.

Grierson, P., Mays, M. 1992. *Catalogue of Late Roman Coins in the Dumbarton Oaks collections and in the Whittemore collection. From Arcadius and Honorius to the Accession of Anastasius*. Washington: Dumbarton Oaks.

Gschwind, M. et al. 2009. Raphaneae. Report on the 2005 and 2006 Survey. *Zeitschrift für Orient-Archäologie* Band 2: 234-289.

Hajjar, Y. 1977. *La Triade d'Héliopolis-Baalbek, son culte et sa diffusion à travers les textes littéraires et les documents iconographiques et épigraphiques Tom I-II* (Études Préliminaires aux Religions Orientales dans l'Empire Romain 59, 1-2). Leiden: Brill.

Hajjar, Y. 1985. La *Triade d'Héliopolis-Baalbek, iconographie, théologie culte et sanctuaires* (Études Préliminaires aux Religions Orientales dans l'Empire Romain 59, 3). Leiden: Brill.

Hajjar, Y. 1990. Divinités oraculaires et rites divinatoires en Syrie et en Phénicie à l'époque gréco-romaine. *Aufstieg Und Niedergang der Römischen Welt* II 18.4: 2236-2320. Berlin-New York: Walter de Gruyter.

Hamel, H. 2014. Roman pottery in Baalbek/Heliopolis, in B. Fischer-Genz, Y. Gerber e H. Hamel (eds), *Roman Pottery in The Near East, Local production and regional Trade, Proceedings of the round table held in Berlin 19-20 February 2010*: 67-78. Oxford: Archaeopress.

Harris, W. V. 1980. Towards a study of the Roman slave trade. In J. H. D'Arms ed E. C. Kopff (eds) *The Seaborne Commerce of Ancient Rome: Studies in Archaeology and History* (Memories of the American Academy in Rome, Vol. 36): 117-140. Roma.

Heilmeyer, W-D. 1970. *Korinthische Normalkapitelle. Studien zur Geschichte der römischen Architekturdekoration* (Mitteilungen des Deutschen Archäologischen Instituts, Römische Abteilung/Ergänzungsheft 16). Heidelberg: Kerle.

Hennequin, G. 1988. *Les Collections monétaires. V.1. Monnaies de l'Islam et du Proche-Orient : Administration des monnaies et médailles*. Paris: Administration des Monnaies et Médailles.

Herrmann, P. 1973. Inscriptions grecques et latines de la Syrie. Tome 7: Aradus er régions voisines par J.-P. Rey-Coquais. *Gnomon* 45: 69-73.

Hermann, P. (ed.) 1981. *Litterarum austriacae, volumen V. Titvli Lydiae lingvis graeca et latina conscripti;* Fasc. 1 *Regio septentrionalis ad orientem vergens*. Vienna: Acad. Scientiarum Austriaca.

Von Hesberg, H. 1980. *Konsolengeisa des Hellenismus und der frühen Kaiserzeit (Römische Mitteilungen 24)* Ergänzungsheft. Mainz: von Zabern.

Hill, G. F. 1910. *Catalogue of the Greek coins of Phoenicia in the British Museum*. London.

Holum, K. G. 2004. Caesarea's Temple Hill: the archaeology of the sacred space in an Ancient Mediterranean city. *Near Eastern Archaeology: a publication of the American Schools of Oriental Research* 67: 184-199.

Jalabert, L., Mouterde, R. (eds) 1939. *Inscriptions Grecques et Latines de Syrie IGLS II. Chalcidique et Antiochène* (Bibliothèque archéologique et historique 32). Paris: Presses de l'Institut français du Proche-Orient.

Jalabert, L., Mouterde, R. (eds) 1953. *Inscriptions Grecques et Latines de Syrie IGLS III,2. Antiochène*. Paris: Presses de l'Institut français du Proche-Orient.

Jalabert, L., Mouterde, R. (eds) 1959. *Inscriptions Grecques et Latines de Syrie IGLS V. Émèsene*. Paris: Presses de l'Institut français du Proche-Orient.

Kalayan, H. 1964. Rapport préliminaire sur les travaux de reconnaissance du site de Maschnaka. *Bulletin du Musée de Beyrouth* 17: 105-110.

Kalos, M. 2001. Un sanctuaire de Mithra inédit en Syrie du Sud. *Topoi* 11/1: 229-277

Kiwan, K. 2006-2007. Note préliminaire sur les monnaies trouvées à Hoson Souleiman. *Annales Archéologiques Arabes Syriennes* 49-50: 13-21 (articolo in arabo con *abstract* in francese).

Klinkott, M. 1989. Ergebnisse der Bauaufnahme am 'Temple' von Dmeir. *Damaszener Mitteilungen* 4: 109-161.

Krauskoopf, C. 2000. Stadtkernarchäologie im Suq as-Saga in Damaskus. Ein Vorbericht. *Damaszener Mitteilungen* 12: 389-395.

Kreissig, H. 1970. Beobachtungen an hellenistischen Inschriften zur Frage des Tempel-eigentums an Land. *Klio* 52: 231-234.

Krencker, D., Zschietzschmann, W. 1938. *Römische Tempel in Syrien: nach Aufnahmen und Untersuchung von Mitgliedern der deutschen Baalbekexpedition 1901-1904*. Berlin – Leipzig: Walter de Gruyter.

Lachat, C. et al. 2015. Les thermes de Birketein à Gérasa (Jérash, Jordanie) et le rôle du bain dans la vie religieuse du Proche Orient romain. *Syria* 92: 45-65.

Legras, B. 2011. *Les redus grecques du Serapieion de Memphis. Une enquête sur l'hellénisme égyptien* (Studia Hellenistica 49). Louvain-Paris-Walpole (Ma): Peeters Pub & Booksellers.

Lightfoot, J. L. 2001. ΜΑΜΒΟΓΑΙΟΣ. *Epigraphica Anatolica* 33: 113-118.

Lindgren; H., Kovacs, F. 1985. *Ancient Bronze Coins of Asia Minor and the Levant from the Lindgren collection*. San Mateo: Chrysopylon Publications.

MacDonald, G. 1905. *Catalogue of Greek Coins in the Hunterian Collection. Vol III. Further Asia, Northern Africa, Western Europe*. Glasgow: J. Maclehose and sons.

Mansel, A. M. 1975. Berichte über Ausgrabungen und Untersuchungen in Pamphylien in den Jahren 1957-1972. *Archäologischer Anzeiger* 90: 49-96.

Meurdrac, M., Albanèse, L. 1939. A Travers les nécropoles gréco-romaines de Sidon. *Bulletin du Musée de Beyrouth* 3: 37-51.

Millar, F. 1977. *The Emperor in the Roman World: 31 BC – AD 337*. London: Gerald Duckworth and Company.

Millar, F. 1993. *The Roman Near East, 31 BC – AD 337*. Cambridge: Harvard University Press.

Mills, P. J. E., Beaudry, N. 2010. Pottery from late Roman Ras el Bassit, in S. Menchelli *et al*. (eds) *Late Roman Coarse Wares, Cooking Wares and Amphorae in the Mediterranean. Archaeology and Archaeometry. Comparison between Western and Eastern Mediterranean* 3 (British Archaeological Reports 2185-II): 857-866. Oxford: Archaeopress.

Mittag, P. F. 2006. *Antiochos IV. Epiphanes, Eine politische Biographie* (Klio 11). Berlin: Oldenbourg Verlag.

Moggi, M. 1987. I sincretismi di Alicarnasso, ovvero: il concetto di importante e di superfluo. *Quaderni urbinati di cultura classica* 27: 113-125.

Mouterde, R. 1924. Divinites syriennes adorees a Cordoue. *Al-Machriq* 22: 337-341.

Mouterde, R. 1934. Bibliographie 1. Fouilles, géographie, archéologie et histoire de la Syrie – C. B. Welles, Royal Correspondence in the Hellenistic Period. A study in Greek Epigraphy, London 1934. *Mélanges de l'Université Saint Joseph* 18: 191-193.

Musti, D. 1966. Lo stato dei Seleucidi: dinastia, popoli, città da Seleuco I e Antioco III. *Studi Classici e Orientali* 15: 61-197.

Nelson, M. C. 2011. A preliminary review of the architecture of Omrit. The Temple area, in J. A. Overman e D. N. Schowalter (eds) *The Roman Temple Complex at Horvat Omrit, an interim report* (British Archaeological Reports 2205). Oxford: Archaeopress.

Nordiguian, L. 1993-1994. Remarques sur l'agglomération antique de Deir el-Qalaa. *Mélanges de l'Université Saint Joseph* 53: 353-401.

Nordiguian, L. 2005. *Temples de l'époque romaine au Liban*. Beyrouth: Presses de l'Université Saint-Joseph.

Omeri, I., Hamud, M. 2009. *Templi di Mnin*. Damasco (Monografia in Arabo).

Orelli, J. C. 1828. *Inscriptionum latinarum selectarum amplissima collectio ad illustrandam Romanae Antiquitatis disciplinam accomodata ac magnarum collectionum supplementa complura emendationesque exhibens*. Vol. 1. Zürich: Typis Orellii, Fuessli et sociorum.

Oppenheim, M. F., Lucas, H. 1905. I. Abteilung. Griechische und lateinische Inschriften aus Syrien Mesopotamien und Kleinasien. *Byzantinische Zeitschrift* 14: 1-72.

Othman, A. 2004. Rapporto preliminare della missione archeologica siriana a Hoson Soleiman 2003-2004. Archivio della Direzione generale dell'antichità e dei musei a Damasco (DGAM), in arabo.

Ovadiah, A, Turnheim. Y. 1994. 'Peopled' scrolls in Roman architectural decoration in Israel. The Roman Theatre at Beth Sean/Scythopolis (Rivista di Archeologia 12). Roma: Erma di Bretschneider.

Ovadiah, A. Turnheim, Y. 2011. *Roman Temples, Shrines and Temene in Israel*, (Rivista di Archeologia 30). Roma: Erma di Bretschneider.

Pearce, J. W. E. 1951. *Roman imperial coinage Vol. IX, Valentinian I – Theodosius I*. London: Spink and son LTD.

Pellegrino, E. 2007. Les céramiques communes de Beyrouth (Secteur Bey 002) au début de l'époque romaines. *Syria* 84 : 143-168.

Piejko, F. 1982. A bronze plaque for the God of Baetocaece. *Berytus, Archaeological studies* 30: 97-103.

Raban, A. 1987. The city walls of Straton's Tower: some new archaeological data. *Bulletin of the American Schools of Oriental Research* 269: 71-88.

Renan, E. 1864. *Mission de Phénicie*. Paris : Imprimerie impériale.

Renel, F. 2010. La céramique antique de Syrie du Sud de la période hellénistique à la période byzantine : (IIe s. a.v. J.-C. – VIe s. apr. J.-C.) étude de cas : le Jebel et le Leja, in *Hauran V La Syrie du Sud du Néolithique à l'antiquité tardive*, Vol. I, (Bibliothèque archéologique et historique 191): 515-544. Beyrouth: Presses de l'Institut français du Proche-Orient.

Rey, E. G. 1866. Reconnaissance de la Montagne des Ansariés. *Bulletin de la Société de Géographie* 5-1: 433-469.

Rey-Coquais, J.-P. 1967. *Inscriptions grecques et latines de la Syrie IGLS VI, Baalbek et Beqa'* (Bibliothèque archéologique et historique 78). Paris: Presses de l'Institut français du Proche-Orient.

Rey-Coquais, J.-P. 1970. *Inscriptions grecques et latines de la Syrie IGLS VII. Aradus et la région voisines* (Bibliothèque archéologique et historique 89). Paris: Presses de l'Institut français du Proche-Orient.

Rey-Coquais, J.-P. 1972. Inscription du Liban nord. *Mélanges de l'Université Saint Joseph* 47: 85-105.

Rey-Coquais, J.-P. 1974. *Arados et sa pérée aux époques grecque, romaine et byzantine : recueil des témoignages littéraires anciens, suivi de recherches sur les sites, l'histoire, la civilisation* (Bibliothèque archéologique et historique 97). Paris: Presses de l'Institut français du Proche-Orient.

Rey-Coquais, J.-P. 1987. Des montagnes au désert : Baetocécé, le Pagus Augustus de Niha, la Ghouta à l'Est de Damas, in E. Frézouls (ed.), *Sociétés urbaines, sociétés rurales dans l'Asie Mineure et la Syrie hellénistiques et romaines, Actes du colloque de Strasbourg* novembre 1985 (Université Sciences Humaines de Strasbourg. Contributions et travaux de l'Institut d'Histoire Romain IV): 191-216.

Rey-Coquais, J.-P. 1997. Note sur deux sanctuaires de la Syrie romaine. *Topoi* 7/2: 929-944.

Rey-Coquais, J.-P. 1999. Qalaat Fakra : un monument du culte impérial dans la montagne libanaise. *Topoi* 9/2: 629-664.

Reynolds, P. 2008. Linear typologies and ceramic evolution. *FACTA a journal of Roman Material Culture Studies* 2: 61-87.

Reynolds, P. 2011. A 7th century pottery deposit from Byzantine Carthago Spataria (Carategena, Spain). *Late Roman Fine Wares. Solving problems of typology and chronology – A review of the evidence, debate and new contexts* 1: 99-127. Oxford: Archaeopress.

Reynolds, P. 2014. The Homs Survey (Syria): Contrasting Levantine trends in the regional supply of fine wares, amphorae and kitchen wares (Hellenistic to early Arab periods), in B. Fischer-Genz, Y. Gerber e H. Hamel (eds) *Roman and Late Antique Mediterranean Pottery 3: Roman Pottery in The Near East. Local Production and regional trade* (proceedings of the road table held in Berlin 19-20 February 2010): 53-65. Oxford: Archaeopress.

Reynolds, P., Waksman, Y. 2007. Beirut cooking Wares 2nd to 7th centuries: Local Forms and North Palestinian Imports. *Berytus, Archaeological studies* 50: 59-81.

Rigsby, K. J. 1980. Seleucid Notes. *Transaction and Proceedings of the American Philological Association* 110: 233-254.

Rigsby, K. J. 1996. *Asylia. Territorial Inviolability in the Hellenistic World*. Berkeley: University of California Press.

Robert, J., Robert, L. 1940. Bulletin épigraphique. *Revue des études grecques* 53: 197-236.

Robinson, E. S. G. (ed.) 1971. *Sylloge Nummorum Graecorum. Volume IV. Fitzwilliam Museum: Leake and general collection*, Part VIII, Syria – Nabathaea. London: Oxford University Press.

Rosenthal-Heginbottom, R. 2005. The 1968 excavations, in B. Arubas – H. Goldfus (eds) *Excavations on the site of the Jerusalem International Convention Centre (Binyanei Ha'uma): A Settlement of the Late First to Second Temple Period, the Tenth Legion's Kilnworks, and a Byzantine monastic complex: The pottery and other small finds* (Journal of Roman archaeology 60): 229-282.

Rostovtzeff, M. 1910. *Studien zur Geschichte des römischen Kolonates* (Archiv Papyrusforschung Beiheft 1). Leipzig: B. G. Teubner.

Rouvier, R. 1900. Numismatique des villes de la Phénicie: Arados, Béryte et Laodicée de Canaan. *Journal international d'archéologie numismatique* 3: 237-312.

Safar, F., Mustapha, M. A. 1974. *Hatra: La città del dio Sole*. Baghdad (in Arabo).

Sadurska, A., Bounni, A. 1994. *Les sculptures funéraires de Palmyre* (Rivista di Archeologia, Supplemento 13). Roma : Erma di Bretschneider.

Salamé-Sarkis, H. 1980. *Contribution à l'histoire de Tripoli et sa région à l'époque des Croisades* (Bibliothèque archéologique et historique 106). Paris: Presses de l'Institut français du Proche-Orient.

Sapin, J. 1980. Peuplement et milieu de vie dans la vallée du Nahr el-Abrash (principalement à l'âge du bronze). *Annales de géographie de l'Université Saint-Joseph* 1: 39-58.

Sapin, J. 1989. La trouée de Homs. Prospection géographique et archéologique. *Contribution française a l'Archéologie syrienne 1969-1989*: 107-12. Damas: Institut Français d'Archéologie du Proche-Orient.

Sartre, M. 2001. *D'Alexandre à Zénobie, histoire du Levant antique, IVe siècle avant J.-C., IIIe siècle après J.-C.* Paris: Fayard.

Sauvaget, J. 1949. Le plan antique de Damas. *Syria* 26: 314-358.

Sayar, M. H. (ed.) 2000. *Die Inschriften von Anazarbos und Umgebung Inschriften aus dem Stadtgebiet und der nächsten Umgebung der Stadt* (Inschriften griechischer Städte aus Kleinasien 56). Bonn: Habelt.

Sbeinati, M. R., Darawcheh, R., Mouty, M. 2005. The historical earthquakes of Syria: an analysis of large and moderate earthquakes from 1365 BC to AD 1900. *Annals of Geophysics* 48/ 3: 347-435.

Schlumberger, D. 1933. Les formes anciennes du chapiteau corinthien en Syrie, en Palestine et en Arabie. *Syria* 14: 283-317.

Schneider, R. M. 1986. *Bunte Barbaren. Orientalenstatuen aus farbigen Marmor in der römischen Repräsentationnskunst*. Worms: Wernersche Verlagsgesellschaft.

Segal, A., Naor, Y. 1989. Four seasons of excavations at a Hellenistic site in the area of Kibbutz Sha'ar ha-Amakim, in D. H. French e C. S. Lightfoot (eds) *The Eastern Frontier of the Roman Empire: proceedings of a colloquium held at Ankara in September 1988*, Part I (British Archaeological Reports 553): 421-435. Oxford: Archaeopress.

Segal, A. 2008. Religious architecture in the Roman Near East, in T. Kaizer (ed.) *The variety of local religious life in the Near East in the Hellenistic and Roman periods* (Études Préliminaires aux Religions Orientales dans l'Empire Romain 164): 97-132. Leiden-Boston: Brill.

Seibert, J. 2003. Der Tempelbezirk des 'Blitzeschleudernden Gottes': Die Anlage von Baitokaike (heute Hosn Soleiman) in Syrien. *Antike Welt* 34.4: 365-374.

Seigne, J. 2002. Gerasa-Jerash – Stadt der 1000 Säulen, in A. Hoffman e S. Kerner (eds) *Gadara-Gerasa und die Dekapolis* (Zaberns Bildbände zur Archäologie): 6-22. Mainz am Rhein: von Zabern.

Seyrig, H. 1939. Antiquités syrienne, 29. A propos du culte de Zeus à Séleucie. *Syria* 20: 296-323.

Seyrig, H. 1950. Antiquités syriennes 42. Sur les ères de quelques villes de Syrie : Antioche, Apamée, Aréthuse, Balanée, Épiphanie, Laodicée, Rhosos, Damas, Béryte, Tripolis, l'ère de Cléopâtre, Chalcis du Liban, Doliché. *Syria* 27: 5-56.

Seyrig, H. 1951. Antiquités syriennes. 48. Aradus et Baetocaecé. *Syria* 28: 191-206.

Seyrig, H. 1961. Némésis et le temple de Maqam er-Rab. *Mélanges de l'Université Saint Joseph* 37: 259-270.

Seyrig, H. 1962. Antiquités syriennes. 80. Divinité de Ptolémaïs. *Syria* 39: 193-207.

Seyrig, H. 1964. Monnaies hellénistiques 12. Questions Aradiennes. *Revue numismatique* 6: 9-50.

Seyrig, H. 1973. *Trésors monétaires séleucides 2, Trésors du Levant anciens et nouveaux*. Paris: Librairie Orientaliste Paul Geuthner.

Seyrig, H., Amy, R., Will, E. 1975. *Le temple de Bel à Palmyre* (Bibliothèque archéologique et historique 83. 1-2). Paris: Presses de l'Institut français du Proche-Orient.

Slane, K. W. 1997. The Fine Wares, in S. C. Herbert (ed.) *Tel Anafa, the Hellenistic and Roman Pottery* (Journal of Roman archaeology 10 – part II-i): 252-406.

Sourdel, D. 1952. *Les cultes du Hauran à l'époque romaine* (Bibliothèque archéologique et historique 53). Paris: Presses de l'Institut français du Proche-Orient.

Steinsapir, A. I. 1999. Landscape and the sacred. The sanctuary dedicated to Holy, Heavenly Zeus Baetocaece. *Near Eastern Archaeology: a publication of the American Schools of Oriental Research* 62: 182-194.

Steinsapir, A. I. 2005. *Rural Sanctuaries in Roman Syria. The Creation of a Sacred Landscape* (British Archaeological Reports 1431). Oxford: Archaeopress.

Stillwell, R. (ed.) 1941. *Antioch on the Orontes III. The Excavations 1937-1939*. Princeton University Press.

Stucky, R. A. 2005. *Das Eschmun-Heiligtum von Sidon. Architektur und Inschriften* (Beiheft zur Halbjahresschrift Antike Kunst 19). Basel: Vereinigung der Freunde antiker Kunst.

Sussman, V. 2012. *Roman Period Oil Lamps in the Holy Land: Collection of the Israel Antiquities Authority* (British archaeological reports 2447). Oxford: Archaeopress.

Tassinari, S. 1993. *Il vasellame bronzeo di Pompei*. Roma: l'Erma di Bretschneider.

Taylor, G. 1967. *The Roman Temples of Lebanon, a pictorial guide*. Beirut: Librairie Orientale.

Tanabe, K. (ed.) 1986. *Sculptures of Palmyra I*. Tokyo: Ancient Orient Museum.

Theodor, M. (ed.) 1873. *Corpus Inscriptionum latinarum part III. Inscriptiones Asiae, provinciarum Europae Graecarum, Illyrici Latinae*. Berlin: apud G. Reimerum.

Thomposon, D. J. 2011. Slavery in the Hellenistic world, in K. Bradley e P. Cartledge (eds) *The Cambridge World History of Slavery, Vol. 1, The Ancient Mediterranean World*: 194-213. Cambridge University Press.

Thür, H. 1989. *Das Hadrianstor in Ephesos* (Forschungen in Ephesos 11/1). Wien: Verlag der Österreichern Akademie der Wissenschaften.

Tréglia, J.-C., Berthier, S. 2010. Amphores, céramiques communes et céramiques culinaires byzantines de la citadelle de Damas (Syrie), in S. Menchelli *et al.* (eds) *Late Roman Coarse Wares, Cooking Wares and Amphorae in the Mediterranean. Archaeology and Archaeometry. Comparison between Western and Eastern Mediterranean 3* (British Archaeological Reports 2185-II): 867-876. Oxford: Archaeopress.

Turnheim, Y., Ovadiah, A. 2002. *Art in the public and private spheres in Roman Caesarea Maritima. Temples, Architectural decorations and Tesserae* (Rivista di Archeologia 27). Roma.

Virgilio, B. 1987. I katochoi del tempio di Zeus a Baitokaike. *Studi Ellenistici* 2: 193-198.

Vokaer, A. 2014. A 3rd to 4th century AD pottery assemblage from Apamea and some further considerations on pottery production and distribution in Roman Syria, in B. Fischer-Genz, Y. Gerber e H. Hamel (eds) *Roman and Late Antique Mediterranean Pottery 3: Roman Pottery in The Near East. Local Production and regional trade* (proceedings of the road table held in Berlin 19-20 February 2010): 37-51. Oxford: Archaeopress.

Waagé, F. O. (ed.) 1948. *Antioch on the Orontes IV, part I Ceramics and Islamic Coins*. Princeton and London: Princeton University Press.

Waddington, W.-H. 1870. *Inscriptions grecques et latines de la Syrie* (Inscriptions recueillies en Grèce et en Asie Mineure. v. 3, pt. 1-2). Paris: Didot frères.

Watzinger, C., Wulzinger, K. 1921. *Damaskus - die antike Stadt*. Berlin: Walte.

Weber, T. M. (ed.) 2006. *Sculptures from Roman Syria. In the Syrian National Museums. From cities and villages in central and southern Syria* (Vol. 1). Wernersche Verlagsgesellschaft.

Welles, C. B. 1934. *Royal Correspondence in the Hellenistic Period*. New Haven.

Westermannn, W. L. 1921. Land registers under the Seleucids. *Classical Philology* 16: 12-19.

Wicenciak, U. 2010. Local Roman coarse wares from Chhim (Southern Lebanon), in S. Menchelli *et al*. (eds) *Late Roman Coarse Wares Cooking Wares and Amphorae in Mediterranean* (British Archaeological Reports 2185-II): 885-890. Oxford: Archaeopress.

Wicenciak, U. 2014. Pottery production in the late Hellenistic and early Roman periods at Jiyeh – ancient Porphyreon (Lebanon), in B. Fischer-Genz, Y. Gerber e H. Hamel *Roman and Late Antique Mediterranean Pottery 3: Roman Pottery in The Near East. Local Production and regional trade* (proceedings of the road table held in Berlin 19-20 February 2010): 103-124. Oxford: Archaeopress.

Wiegand, T. (ed.) 1921. *Baalbek, Ergebnisse der Ausgrabungen und Untersuchungen in der Jahren 1898 bis 1905* Band I. Berlin and Leipzig: Walter de Gruyter.

Wiegand, T. (ed.) 1923. *Baalbek, Ergebnisse der Ausgrabungen und Untersuchungen in der Jahren 1898 bis 1905* Band II. Berlin and Leipzig: Walter de Gruyter.

Wienholz, H. 2008. The Relative Chronology of the Roman Buildings in Baalbek in View of their Architectural Decoration, in M. van Ess (ed.) *Baalbek / Heliopolis*, Results of archaeological and architectural research 2002-2005 (Bulletin d'archéologie et d'architecture libanaise. Hors-Série 4): 271-285.

Will, E. 1946-1948. Un sarcophage romain a sujet eschatologique au musée de Beyrouth. *Bulletin du Musée de Beyrouth* 8: 109-127.

Will, E. 1991. L'espace sacrificiel dans les provinces romaines de Syrie et d'Arabie, in R. Étienne e M.-T. Le Dinahet (eds) *L'espace sacrificiel dans les civilisations méditerranéennes de* l'Antiquité: 259-263. Lyon.

Will, E. 1994. Damas Antique. *Syria* 71: 1-43.

Will, E., Larché, F. 1991. *Iraq al Amir. Le château du Tobiade Hyrcan* (Bibliothèque archéologique et historique 132). Paris: Presses de l'Institut français du Proche-Orient.

Williams, W. 1986. Epigraphic texts of imperial subscripts: a survey. *Zeitschrift für Papyrologie und Epigraphik* 66: 181-207.

Wroth, W. 1899. *Catalogue of the Greek coins of Galatia, Cappadocia, and Syria in the British Museum*. London.

Yasmine, J. 2005. Remaniements de temples d'époque romaine; les cas de Niha et de Faqra. L'apport de l'étude métrologique. *Bulletin d'Archéologie et d'Architecture Libanaise* 9: 301-316.

Yasmine, J. 2009. Transformations monumentales de sanctuaires et de temples antiques: Le cas de Niha e Hardine. *Topoi* 16: 121-152.

Yasmine, J. 2013. The Niha sites (Lebanon) cultural landscape: a 3D model of sanctuaries and their context, in P. Grussenmeyer (ed.) *24 International CIPA Symposium* (Vol. 40-5/W 2) 2-6 September 2013: 699-704. Strasbourg.

Yon, J.-B., Gatier, P.-L. 2009. *Choix d'inscriptions grecques et latines de la Syrie*. Beyrouth: Institut Français du Proche-Orient.

Yon, J.-P. 2012. *Inscriptions grecques et latines de la Syrie XVII, Palmyre, Fascicule 1* (Bibliothèque archéologique et historique 195). Beyrouth: Presses de l'Institut français du Proche-Orient.

Zahariade, M., Gudea, N. 1997. *The Fortifications of Lower Moesia (AD 86-275)*. Amsterdam: Adolf M. Hakker.

Il complesso monumentale Romano di *Baitokaike* (Hoson Sulaiman – Siria)

The Roman Monumental Complex of *Baitokaike* (Hoson Sulaiman – Syria)

Abstract

One of the most peculiar characteristics of the temple architecture in Roman Syria lies in the presence of numerous extra-urban cult places, which are mainly situated along the mountain ranges along the coast. However, most research is limited to an architectural and religious study of these monuments; up until now, there is no deeper analysis of the relationship of these sites with the landscape and the potential creation of hundreds of rural sacred places as well as their relationship with the Oriental religions in the Roman Empire as part of religious syncretism. To this large gap, we must add, moreover, the notable historical and archaeological deficiencies, which limited our knowledge of Northern Phoenicia area (the current Syrian coast) during the classical periods.

The manuscript aims to respond to these problematic questions through the case-study of the sanctuary complex at *Baitokaike* (Hoson Sulaiman). The site is located in a high valley at the source of the river el-Gamqa, 35 km from the coast in the direction of the ancient city of *Aradus*. The modern toponym of the sanctuary complex and its village means 'Solomon's fortress', which indicates the phenomenon that many sanctuaries in the Phoenician area were called fortress because of their huge dimensions. The attribution of this toponym derived without any doubt from the Islamic interpretation of the Hebrew legend of Solomon: a unique person who was able to erect huge constructions. The ancient name of the site, Βαιτοχαιχε, however had different meaning. Here we have an Aramaic toponym composed of two elements: the first one (*Baeto*) means house, temple or village; the second one is *kaike* (castor oil plant). This composite etymology is very common among the ancient toponyms of the area, which remain in use until today especially in the southern *Bargylus*. The Greek inscriptions of the site show several variation in the writing of this name during the Roman period depending on the different pronunciations of the Aramaic roots: Βετο-χιχι, Βετο-χειχει, Βαιτο-χειχει, and finally replacing the first element with the letter B in B-ηχιχι, like many other toponyms in the area. The site consists of two complexes and other worshiping monuments such as *sacellum* and an aedicule that extended between them. The first complex represents Roman sanctuary dedicated to Zeus celeste of *Baitokaike*. The sanctuary is considered one of the most peculiar examples of Roman architecture in Syria, since it occupied a surface area (138 x 82 m) comparable to that of the most famous Roman complexes of Baalbek, Damascus and Palmyra. It represents a typical sanctuary of Roman Syria accessible from the Northeast by a propylaeum and through three other symmetrical monumental gateways. At the center of the *temenos* a tetrastyle-prostyle pseudo-peripteral temple was erected (50 x 14 m), which is preceded by a long staircase and provided by a *Krypta* within its podium below the *naos*. A spring with a nymphaeum construction was incorporated into the western enclosure wall and was opened from outside the *temenos*. The second complex of the site is constituted by a kind of square-shaped forum-market accessible from the Southern side through two gates. This complex includes various cultic buildings oriented towards the great sanctuary as a distyle temple in antis (4x8 m), an exedra and some remains of a Byzantine basilica.

Baitokaike is well-known for its Greek-Latin inscription of the Seleucid privileges such as the asylum, which would have been confirmed later by the Roman emperors: Valerian and Gallienus. The κάτοχοι (group of the faithful) appear in this inscription as the editors as well as in other dedicatory of the gateways in the sanctuary.

As a rural cult place, it represents a well-preserved sanctuary that demonstrates a strong interaction between local Syrian religiosity and Roman sacred architecture, thus providing important data in understanding the issues surrounding the creation of extra-urban cult places and their architectural development.

In the beginning of the last century, D. Krencker and W. Zschietzschmann carried out the first archaeological surveys at *Baitokaike*. We had to wait until the beginning of the current century (2003-2004) for new and limited excavations on the site by the general Direction of Antiquity and Museums (DGAM), which was followed by the Syrian-Canadian mission, directed by Y. Dabbour and L. Tholbecq from the free University of Brussels between 2007 and 2010. Based on the recent studies on the site, this manuscript, in six chapters and three appendices, aims to gain a more profound understanding of the topic of the rural Roman sanctuary and its involvement within the rural landscape context, by the proposing a new interpretation of the sanctuary complexes at *Baitokaike*. The work analyses the architecture and the function of the buildings (Chapter 1) responds to their problematic chronological framing (Chapter 2) and proposes a thesis about the foundation of this cult place and its development (Chapter 3). The chapter criticizes the chronological hypothesis of the monuments at *Baitokaike*, which S. K. Freyberger suggested in 2004 and elaborated later with C. Ertel, while attempting to reconstruct the sacred landscape. The Chapter 4 discusses the economic activities and its administrations in Hellenistic and Roman presidios, through the analysis of the main Greek-Latin inscription of the privileges. Then in Chapter 5, I try to reconstruct the sacred landscape and its development. In the last Chapter, this work studies the cult of Zeus *Baitokaike* and the phenomenon of the transformation into an important oracular and therapeutic cult place.

The three appendices of the manuscript include a collection of the entire *Baitokaike* epigraphic and numismatic dossier with selected examples of archaeological materials found on site during the excavations of 2003-2004. The first appendix includes some unpublished Greek inscriptions and studies others coming from different places of worship. The numismatic study of the second includes 46 coins uncovered during the excavation of 2004, revisiting those already published by K. Kiwan in 2006-2007 and shows other inedited.

Finally, the last appendix presents a catalogue of more than 50 selected archeological finds such as pottery sherds, bronze and bones objects, which represent the main typology founded on the site. This study is indispensable for analyzing the economic activities of the sanctuary and the interrelationship with other urban centers in the region or elsewhere.

This manuscript allows us to recognize the religious panorama of Northern Phoenicia, in which *Baitokaike* appears to be the main rural sanctuary in *Bargylus*. It highlights the three main dimensions of the complex sanctuary at *Baitokaike*: a 'celebratory' architecture that was connected to continuous pilgrimages; a political dimension, as an active economic and social center; and a ceremonial dimension, as a place where intense ritual activities were practiced. It seems that Southern *Bargylus*, or *Aradus peraea*, had played a very important role in the geo-political landscape of the Seleucid dynasty in the border zone with the Ptolemaic kingdom during the 3rd and 2nd centuries BC. This key role would be motivated by the Seleucid concession of autonomy to *Aradus* in 259/8 BC. Therefore, *Baitokaike* constituted an enclave territory, which subsequently became independent inside the *Aradus peraea*. The sanctuary originally appeared as a place of worship, which attracted pilgrims from the surrounding area particularly in the second half of the second century BC. The majority of Hellenistic coins from the site belong to the main series of the nearby city-island *Aradus*. Despite the scarcity of archaeological and historical sources, especially from the Hellenistic period, that limited the attempts to reconstruct the earliest cultural installations, it is possible to recognize the first monuments (nymphaeum, distil temple, aedicule and *sacellum*), which were built in the early Roman period and articulate in the consecrated *Baitokaike* valley as an 'open cult place'. These monuments find parallel examples in those of the early architectural installations, which constituted the origin of the Roman sanctuary complexes in Lebanon such as Qalaat Fakra, Hoson Sfire and Hoson Niha. On the other hand, the architectural and decorative elements show a direct influence from the contemporary sanctuaries in Bekka. Therefore, it seems that *Baitokaike* belongs to an architectural tradition that was characteristic to the Lebanese area, and that this was extended even further North in the coastal mountain range of Syria, within which the *Baitokaike* remains the best preserved example. The celebratory architectural dimension seems, however, to be more evident with the expansion of the place into two big complexes. The construction of a large sanctuary reflects the changing of religious needs and an economic stability paralleled by the extension of the renown of the cult outside the region during the 1st and 2nd century AD. The imported ceramics and the imperial coins from Antioch, *Tripolis*, *Emesa*, Cyzicus and *Aradus* confirm the connection with several areas as a place of continuous pilgrimage. In addition, the dedication of a bronze altar by a centurion to Zeus *Baitokaike* in the sanctuary attest the fame of the cult among Roman soldiers of the third Galician legion at the nearby city of *Raphanea*. The style of the three types of capitals of the sanctuary are very frequent in the shrines datable at the end of 1st and the beginning of 2nd century AD in Syria and Asia Minor. The architectural decorations of the sanctuary gates date back to the same period, but this date does not coincide with the privileges inscription dates and those of the two κάτοχοι (II-III century AD according to the Seleucid era 313 BC and to that of *Aradus* 258). These inscriptions are considerate later and demonstrate the lung constructive *iter* of this complex. This study suggests that the dates of the *Baitokaike* inscriptions may refer to the economic-administrative activities carried out by the shrine sanctuaries during the imperial period rather than the construction of the complex itself. It seems that they relate to a different chronological arc, linked to the imperial confirmation of the Seleucid privileges, which inaugurated the flowering period of the sanctuary under the κάτοχοι during the 3rd century AD, rather than being contemporary with the construction itself. The Aradian era remains therefore the most plausible one used in *Baitokaike*. It is logical to think that the decline of the site took place stating from 5th century AD. It was probably a progressive, slow and spontaneous abandonment of the site caused by the decrease of paganism and the rise of a new religion, which the Roman Empire recognized. In addition, a series of violent seismic activities such as the *Antiochiae* earthquake in AD 526 dramatically ended some life in the site, partially destroying the pagan cult buildings. *Baitokaike* was reborn as a Byzantine religious site, to which a typical agricultural activity of the Syrian area was associated. Byzantine constructions to be found in the smaller complex that was transformed into what seems to be a monastery with a basilica church. The sanctuary and the area in front of it were instead reserved for the agricultural activities of the village linked to the basilica: the *sacellum* was transformed into a *torcular* for oil production and the *temenos* into a lime-producing area. The first centuries of the Islamic period remain unknown at the site, but it seems that the market area raised some activities during the Ayyubbid and Mamluk periods between the 12th and 14th centuries AD.

The political dimension of the *Baitokaike* sanctuary appeared through the analysis of the main Greek-Latin inscription of privileges. The Seleucid concession of the asylum, free exemptions bimonthly markets of pastoral, agricultural and slave trade made it possible that *Baitokaike* became a major economic and social center. Therefore, *Baitokaike* attracted not only the faithful in search of healing or oracular prophecy, but also traders, farmers and shepherds who carried out their activities contributing to the development of site. This manuscript highlights the important role of the κάτοχοι at *Baitokaike*, which does not seem to imply either their own physical possession of divinity (as the literal meaning indicates) nor a religious-secular responsibility into the priesthood of the sanctuary. They were instead a group of believers in Zeus, who were active in the administrative and cultic representative duties, creating a kind of religious association. They acted independently in their contribution to the construction of the sanctuary. In addition, their intervention in order to confirm the previous Seleucid privileges by the Roman emperors, also demonstrates a strong political dimension of the sanctuary.

The ceremonial dimension of *Baitokaike* consists of its important as a place of pilgrimages, as well as a therapeutic and oracular center. The manifestation of 'divine power' at *Baitokaike*, to which the Seleucid Decree referred as the cause of the concession of privileges, probably reflected the 'sacred' landscape of the sanctuary. The spring of the nymphaeum and the castor oil plant, from which the place took its toponym, both played an essential role in the cult of Zeus *Baitokaike*, probably because of their extraordinary hydrogeological and therapeutic characteristics, which were considered as miraculous manifestations of the divine power of Zeus. Cleromancy and oracular divination on the site are probable and could have contributed to the fame of the cult in the region. The typological variety of cultural monuments and their placement in the sacred space also suggest the existence of multiple ritual procedures, such as processions of sacrifice and sacred water.